中国生态旅游与绿色发展报告（2021）

编 委 会

主 编：

马 勇（湖北大学，中国旅游研究院生态旅游研究基地）

编 委：

马 勇（湖北大学，中国旅游研究院生态旅游研究基地）

樊志勇（武汉大学）

张广海（中国海洋大学）

李会琴（中国地质大学（武汉））

李 毅（华侨城旅游研究院）

何凤云（华侨城旅游研究院）

晏 雄（云南财经大学）

任 洁（中南财经政法大学）

童 昀（海南大学）

余意峰（湖北大学）

张 瑞（湖北大学，中国旅游研究院生态旅游研究基地）

陈海明（肇庆学院）

甘卓亭（黄山学院）

学术秘书：

张 瑞（湖北大学，中国旅游研究院生态旅游研究基地）

ANNUAL REPORT ON THE
ECOTOURISM AND GREEN DEVELOPMENT
IN CHINA (2021)

中国生态旅游与绿色发展报告

主编 马勇

中国旅游研究院生态旅游研究基地

中国·武汉

图书在版编目(CIP)数据

中国生态旅游与绿色发展报告.2021/马勇,中国旅游研究院生态旅游研究基地主编.—武汉:华中科技大学出版社,2021.7
ISBN 978-7-5680-7228-1

Ⅰ.①中… Ⅱ.①马… ②中… Ⅲ.①生态旅游-旅游业发展-研究报告-中国-2021 Ⅳ.①F592.3

中国版本图书馆 CIP 数据核字(2021)第 142880 号

中国生态旅游与绿色发展报告(2021)

Zhongguo Shengtai Lüyou yu Lüse Fazhan Baogao(2021)

马勇　中国旅游研究院生态旅游研究基地　主编

策划编辑：李　欢
责任编辑：刘　烨
封面设计：廖亚萍
责任校对：阮　敏
责任监印：周治超
出版发行：华中科技大学出版社(中国·武汉)　　电话：(027)81321913
　　　　　武汉市东湖新技术开发区华工科技园　　邮编：430223
录　　排：华中科技大学惠友文印中心
印　　刷：湖北金港彩印有限公司
开　　本：710mm×1000mm　1/16
印　　张：19.75　插页：2
字　　数：303 千字
版　　次：2021 年 7 月第 1 版第 1 次印刷
定　　价：88.00 元

本书若有印装质量问题,请向出版社营销中心调换
全国免费服务热线：400-6679-118　竭诚为您服务
版权所有　侵权必究

主 编 简 介

马勇　教授、博士生导师，中组部国家高层次人才特殊支持计划领军人才教学名师。现任中国旅游研究院生态旅游研究基地主任兼首席专家、湖北大学旅游发展研究院院长、湖北大学绿色发展研究院院长，同时兼任教育部高等学校旅游管理类专业教学指导委员会副主任，教育部授予的旅游管理国家级特色专业、国家级一流本科专业建设点负责人兼首席教授，教育部授予的"旅游规划与开发"国家级精品课程和国家级教学团队负责人兼首席教授，《旅游学刊》《旅游科学》《旅游研究》《人文地理》等六大旅游学科杂志编委。

马勇教授长期从事生态旅游与绿色发展的研究和人才培养工作，先后主持过国家社会科学基金项目、文化和旅游部重大规划项目等国家级、省部级生态旅游规划及项目策划近百项，出版《旅游生态经济学》《旅游学概论》《旅游规划与开发》等三十余部著作，在《旅游学刊》《地理学报》《地理科学》《中国人口·资源与环境》《自然资源学报》《长江流域资源与环境》《经济地理》《人文地理》等学术期刊公开发表一系列高水平的论文并获得多项科技进步奖、优秀社会科学成果奖和优秀教学成果奖。

内 容 简 介

■碳达峰与碳中和背景下，生态旅游以人与自然和谐共生为准则，以环境保护为前提，以可持续发展为目标，注重生物多样性与旅游资源保护利用，为实现旅游业可持续发展开辟了一条具备可操作性的新途径。因此，全方位剖析生态旅游发展现状，厘清并掌握其发展趋势具有重要现实意义。

■本书是中国生态旅游与绿色发展的年度报告，重点分析中国生态旅游的总体情况及生态旅游资源较丰富的四川、贵州、湖南、江西、陕西、黑龙江、云南等省份的生态旅游发展情况，此外还包括国家湿地公园、海洋生态旅游、滨海旅游目的地"原生态"旅游、生态旅游与环境教育及黄山市生态旅游研究等方面的生态旅游文章，以及以华侨城、元阳哈尼梯田、保山高黎贡山、怒江州及武汉东湖等为研究目的地的实践案例。

■本书顺应当下生态旅游发展趋势，涵盖生态旅游与绿色发展综合报告、区域发展报告、专题研究报告与典型案例等多类型文章，力求多维深入剖析中国生态旅游发展现状特点与未来趋势，为相关政府部门、科研机构和大专院校的专家学者等提供借鉴参考。

Content

■Under the background of emission peak and carbon neutrality, ecotourism takes the harmonious coexistence of man and nature as the criterion, takes environmental protection as the premise, takes sustainable development as the goal, and pays attention to the protection and utilization of biodiversity and tourism resources, thus opening up a new practicable way to realize the sustainable development of tourism. Therefore, it is of great practical significance to analyze the development status of ecotourism in an all-round way, clarify and grasp its development trend.

■The book is an annual report on China ecotourism and green development, focusing on the analysis of the development of ecotourism in China and the provinces with rich ecotourism resources such as Sichuan, Guizhou, Hunan, Jiangxi, Shaanxi, Heilongjiang and Yunnan. The research articles of ecotourism are also included, such as the national wetland park, marine ecotourism, the "original ecological" tourism in coastal tourism destination, ecological tourism and environmental education as well as the study on ecotourism of Huangshan City. In addition, the case study is also introduced, including the case study on OCT, Yuanyang Hani Terrace, Gaoligong Mountain in Baoshan City, Nujiang Prefecture and East Lake of Wuhan.

■Conforming to the development trend of ecotourism, the book covers the comprehensive report on ecotourism and green development, the regional development report, special report and typical cases, and strives to multi-dimensionally analyze the present situation and future trend of China ecotourism development. It will provide reference for experts and scholars of relevant government departments, scientific research institutions, as well as colleges and universities.

前　言

生态旅游发展正面临前所未有的机遇，党的十九届五中全会强调，要"推动绿色发展，促进人与自然和谐共生""深入实施可持续发展战略，完善生态文明领域统筹协调机制"，"一带一路"倡议、长江经济带发展战略、城乡一体化战略等的提出也为生态旅游发展提供了强劲支撑。因此，全方位分析生态旅游的发展现状，进一步厘清并掌握其发展趋势具有重要现实意义。

本书首先介绍了中国生态旅游与绿色发展整体概况，接着对生态旅游资源较丰富的四川、贵州、湖南、江西、陕西、黑龙江、云南等省份的生态旅游发展情况进行梳理。而后，从国家湿地公园、海洋生态旅游、滨海旅游目的地"原生态"旅游、生态旅游与环境教育及黄山市生态旅游研究等方面开展了生态旅游相关专题研究。最后，以华侨城、元阳哈尼梯田、保山高黎贡山、怒江州及武汉东湖等为实践案例，进行了经典案例分析与产品开发研究。

本书由中国旅游研究院生态旅游研究基地统筹编撰，中共中央组织部国家高层次人才特殊支持计划领军人才、湖北大学旅游发展研究院院长、中国旅游研究院生态旅游研究基地首席专家马勇教授担任主编；武汉大学、中国海洋大学、中国地质大学（武汉）、华侨城旅游研究院、中南财经政法大学、湖北大学、云南财经大学、黄山学院、肇庆学院等机构的专家参与了相关部分的撰稿工作。马勇教授对全书的体例和选题做了设计，并会同任洁和张瑞博士承担了全书中英文的统稿和校对等工作。综合报告由马勇、张瑞、刘思雨等专家编写；区域分报告由陈兰兰、李可欣、赵佳玮、刘尧、邓欣、刘霁玮、晏雄、解长雯、史晨旭等专家编写；专题研究报告由陈海明、张芷芸、陈芳、张广海、段若曦、袁洪英、樊志勇、陈思雨、余意峰、陈兰兰、甘卓亭、胡善风、张彬等专家编写；案例报告由李毅、何风云、崔枫、解长雯、史晨旭、周裴妍、闫昕、邓媛媛、李会琴、王蕊、陈星等专家编写。

  本书在编撰过程中借鉴了相关学者的研究成果与相关资料,谨此致谢。由于时间紧张,作者水平有限,书中仍存在纰漏之处,望同行专家与广大读者不吝指正。

主　编
2021 年 3 月

Preface

The development of ecotourism is facing unprecedented opportunities. It's emphasized on the Fifth Plenary Session of the 19th CPC Central Committee that we should promote green development and promote harmony between man and nature, fully implement the strategy of sustainable development and improve the mechanisms for coordinating ecological progress. At the same time, the strategies such as the Belt and Road Initiative, the development of the Yangtze River Economic Belt, the integrated development of urban and rural areas, have provided strong support for the development of ecotourism. Therefore, it is of great practical significance to analyze the development status of ecotourism in an all-round way and to further clarify and grasp the development trend.

The book first introduces the overall situation of ecotourism and green development in China, and then analyzes the development situation of ecotourismin indifferent provinces with rich ecotourism resources such as Sichuan, Guizhou, Hunan, Jiangxi, Shaanxi, Heilongjiang and Yunnan. After that, the research on ecotourism have been carried out based on different projects such as the national wetland park, marine ecotourism, the "original ecology" tourism in coastal tourism destination, ecotourism and environmental education, and the study on ecotourism of Huangshan City. Finally, classical case analysis and product development research are carried out, including the practical cases of OCT, Yuanyang Hani Terrace, Gaoligong Mountain in Baoshan City, Nujiang Prefecture and East Lake of Wuhan.

The book is compiled by the Research Base for Ecotourism of China Tourism Academy. Professor Ma Yong, the leading talent of National High-level Talents Special Support Plan of Organization Department of the CPC Central Committee, President of the Research Academy of Tourism Development of Hubei University, the chief expert of the Ecotourism Research Base of China Tourism Academy, served as editor-in-chief. Ren Jie, from Zhongnan University of Economics and Law serves as the deputy editor. The experts from other institutions participated in the joint compilation, including Wuhan University, Ocean University of China, China University of Geosciences(Wuhan), OCT Tourism Research Academy, Zhongnan University of Economics and Law, Hubei University, Yunnan University of Finance and Economics, Huangshan University, Zhaoqing University, etc. Professor Ma Yong designed the writing framework and topic selection of the book, then carried out the later work of compiling the manuscript and proofreading both Chinese and English with Ren Jie and Dr. Zhang Rui. The general report is written by Ma Yong, Zhang Rui and Liu Siyu. The regional reports are written by Chen Lanlan, Li Kexin, Zhao Jiawei, Liu Yao, Deng Xin, Liu Jiwei, Yan Xiong, Xie Changwen, Shi Chenxu, etc. The research reports are written by Chen Haiming, Zhang Zhiyun, Chen Fang, Zhang Guanghai, Duan Ruoxi, Yuan Hongying, Fan Zhiyong, Chen Siyu, Yu Yifeng, Chen Lanlan, Gan Zhuoting, Hu Shanfeng, Zhang Bin, etc. The case reports are written by Li Yi, He Fengyun, Cui Feng, Xie Changwen, Shi Chenxu, Zhou Peiyan, Yan Xin, Deng Yuanyuan, Li Huiqin ,Wang rui,and Chen Xing, etc.

The book has drawn lessons from the relevant scholars' research results and relevant materials in the compilation process. We are deeply grateful to all colleagues and experts for their valuable advice and support. Due to the limitation of time and ability, there may still be some deficiencies in the book, so we sincerely hope that peer experts and the readers are willing to put forward valuable suggestions.

The Chief Editor

Mar,2021

目 录

Ⅰ 综合报告

B1 中国生态旅游与绿色发展报告 …………马 勇 张 瑞 刘思雨 / 1

Ⅱ 区域分报告

B2 四川省生态旅游与绿色发展报告 ……………………………陈兰兰 / 22
B3 贵州省生态旅游与绿色发展报告 ……………………………李可欣 / 40
B4 湖南省生态旅游与绿色发展报告 ……………………………赵佳玮 / 58
B5 江西省生态旅游与绿色发展报告 ……………………………刘 尧 / 76
B6 陕西省生态旅游与绿色发展报告 ……………………………邓 欣 / 95
B7 黑龙江省生态旅游与绿色发展报告 …………………………刘霁玮 / 111
B8 云南省生态旅游与绿色发展报告 …… 晏 雄 解长雯 史晨旭 / 130

Ⅲ 研究报告

B9 国家湿地公园生态系统服务价值评估研究
　　——以广州海珠国家湿地公园为例 … 陈海明 张芷芸 陈 芳 / 163

B10 基于文献计量分析的我国海洋生态旅游研究进展与趋势
　　……………………… 张广海　段若曦　袁洪英　董跃蕾 / 178
B11 论滨海旅游目的地"原生态"旅游的可持续发展
　　………………………………………………… 樊志勇　陈思雨 / 196
B12 生态旅游与环境教育研究……………………… 余意峰　陈兰兰 / 206
B13 黄山市生态旅游与绿色发展研究报告
　　………… 甘卓亭　胡善风　张　彬　白子怡　朱生东　张俊香 / 221

Ⅳ　案例报告

B14 让生态成为文旅的基因——华侨城生态旅游的创新实践
　　………… 李　毅　何凤云　崔　枫　汤柳云　张昱竹　王　一 / 240
B15 元阳哈尼梯田农业文化遗产发展案例报告
　　……………………………………… 解长雯　周裴妍　史晨旭 / 254
B16 保山高黎贡山生态旅游发展案例报告
　　…………………………………………… 史晨旭　闫　昕　解长雯 / 264
B17 怒江州生态旅游扶贫案例报告 ……… 史晨旭　邓媛媛　解长雯 / 275
B18 生态旅游风景区研学旅行产品开发——以武汉东湖为例
　　………………… 李会琴　王　蕊　陈　星　刘福江　林伟华 / 289

Contents

I General Report

B1 Report on China Ecotourism and Green Development
　　　………………………… Ma Yong　Zhang Rui　Liu Siyu ／ 1

II Regional Report

B2 Report on Ecotourism and Green Development in Sichuan Province
　　　…………………………………………… Chen Lanlan ／ 22
B3 Report on Ecotourism and Green Development in Guizhou Province
　　　………………………………………………… Li Kexin ／ 40
B4 Report on Ecotourism and Green Development in Hunan Province
　　　……………………………………………… Zhao Jiawei ／ 58
B5 Report on Ecotourism and Green Development in Jiangxi Province
　　　…………………………………………………… Liu Yao ／ 76
B6 Report on Ecotourism and Green Development in Shaanxi Province
　　　………………………………………………… Deng Xin ／ 95
B7 Report on Ecotourism and Green Development in Heilongjiang Province

.... Liu Jiwei / 111

B8　Report on Ecotourism and Green Development in Yunnan Province

.... Yan Xiong　Xie Changwen　Shi Chenxu / 130

III Research Report

B9　Evaluation of Wetland Ecosystem Service Value in National Wetland Parks: A Case Study of Haizhu National Wetland Park in Guangzhou City

.... Chen Haiming　Zhang Zhiyun　Chen Fang / 163

B10　Research Progress and Trend of Marine Ecotourism in China Based on Bibliometric Analysis

.... Zhang Guanghai　Duan Ruoxi　Yuan Hongying　etc. / 178

B11　Discuss the Sustainable Development of "Original Ecological" Tourism in Coastal Tourism Destination

.... Fan Zhiyong　Chen Siyu / 196

B12　Research on Ecotourism and Environmental Education

.... Yu Yifeng　Chen Lanlan / 206

B13　Research Report on Ecotourism and Green Development in Huangshan City

.... Gan Zhuoting　Hu Shanfeng　Zhang Bin　etc. / 221

IV Case Report

B14　Make Ecology the Gene of Cultural Tourism — the Innovative Practice of Ecotourism of OCT

.... Li Yi　He Fengyun　Cui Feng etc. / 240

B15　A Case Report on the Development of Agricultural Cultural Heritage of

Yuanyang Hani Terrace

·················· Xie Changwen　Zhou Peiyan　Shi Chenxu　/ 254

B16　A Case Report on Ecotourism Development in Gaoligong Mountain, Baoshan City

·················· Shi Chenxu　Yan Xin　Xie Changwen　/ 264

B17　A Case Report on Poverty Alleviation through Ecotourism of Nujiang Prefecture

·················· Shi Chenxu　Deng Yuanyuan　Xie Changwen　/ 275

B18　Development of Research and Study Travel Products in Ecotourism Scenic Spot —Taking East Lake of Wuhan as an Example

·················· Li Huiqin　Wang Rui　Chen Xing　etc.　/ 289

Ⅰ 综合报告

B1 中国生态旅游与绿色发展报告

马 勇 张 瑞 刘思雨

摘 要： 大力发展生态旅游是实现旅游业可持续发展的重要途径。报告以绿色发展理念为指引，在梳理生态旅游发展历程的基础上，从生态旅游的资源分布、产业发展、相关政策制定、学术研究四大方面对我国生态旅游发展现状进行梳理，而后基于百度指数大数据平台，从关注趋势、新闻资讯、需求图谱、用户画像等维度对2020年生态旅游网络关注度进行评价。报告发现我国生态旅游存在资源利用效率整体偏低、尚未量化生态旅游相关统计指标、大众关注度普遍较低等问题，进而针对性地提出完备管理体制以保障生态旅游资源合理开发、加大科研力度以探寻生态旅游指标量化方式、借力新媒体以提升生态旅游大众关注度等对策建议。

关键词： 生态旅游；绿色发展；特征分析；对策建议

Abstract: Developing ecotourism vigorously is an important way to realize sustainable development of tourism. Guided by the concept of green development, the report, on the basis of sorting out the development history of ecotourism, sorted out the development status of ecotourism in China from resource distribution, industrial development, relevant policy formulation and academic research. Based on the big data platform of Baidu index, the report evaluated the attention of ecotourism network in 2020 from the dimensions of attention trend, news and information, demand graph and user portrait. The report found that Chinese ecotourism has problems such as low resource utilization efficiency, unquantifiable ecotourism related statistical indicators, and low public attention. Then, some countermeasures and suggestions were put forward, such as perfecting the management system to ensure the rational development of ecotourism resources, increasing scientific research to explore the quantification method of ecotourism indicators, and making use of new media to improve the public attention of ecotourism.

Keywords：Ecotourism；Green Development；Characteristic Analysis；Countermeasures and Suggestion

旅游业是助力我国经济增长的重要产业之一,近年来虽发展态势迅猛,但随之滋生的环境污染现象,不仅会造成生态环境破坏,还会阻碍旅游资源合理开发。生态旅游作为新兴旅游产业,依托优质自然资源和良好的生态环境,以可持续发展理念为指引,既是推动生态文明建设的有效途径,也是绿色发展的重要载体。大力发展生态旅游不仅能促进旅游目的地生态环境的可持续发展,还能加强生态旅游者的环保意识与可持续发展观念。我国生态旅游总体发展情况较好,虽仍存提升空间,但前景光明。

报告从生态旅游的发展历程、现状分析及多维评价、存在问题、发展建议四大方面进行总结与阐述。

一、生态旅游发展历程

我国生态旅游发展大致历经如下三个阶段:概念接受阶段(1992—1995年)、实践倡导阶段(1996—2007年)与加速发展阶段(2008年至今)。

(一)概念接受阶段(1992—1995年)

我国旅游业自改革开放以来便得到快速发展,但旅游资源的大力开发导致的各类环境问题也日益凸显,旅游目的地环境保护问题逐渐引起广泛关注。1982年9月,我国成立了第一个国家级森林公园——张家界国家级森林公园,正式拉开生态旅游的帷幕。1993年9月,北京召开了第一届东亚地区国家公园和保护区会议,会上发布了《东亚保护区行动计划概要》,标志着生态旅游概念在我国首次以文件形式得到确认。1995年,首届生态旅游研讨会的召开标志着我国生态旅游学术研究的起步,会议就生态旅游的内涵、生态旅游与自然旅游保护的关系、生态旅游路线等问题进行了研讨,会上发布了《发展我国生态旅游的倡议》。此后,生态旅游的概念在国内被普遍接受,生态旅游研究引起学术界的热烈探讨。[1]

(二)实践倡导阶段(1996—2007年)

1992年联合国环境与发展大会通过了《21世纪议程》,1994年《中国21世纪议程》经国务院审议通过,该议程中的可持续发展总体战略与政策、资源的合理利用与环境保护两大主要部分进一步推动了生态旅游的实践发展。1996年,在联合国开发计划署的支持下,我国召开了武汉国际生态旅游学术研讨会,将生态旅游由研究落地实践。同年,国家旅游局(现文化和旅游部)与中科院共同主持关于生态旅游典型案例研究项目。1998年,国家旅游局提出将九寨沟、迪庆、神农架、丝绸之路、长江三峡、呼伦贝尔草原六地作为重点生态旅游开发区。1999年,由国家旅游局主办的"生态旅游年"顺利举行,大幅度推进了我国的生态实践,生态旅游成为一种被推广倡导的旅游方式。

进入21世纪后,生态旅游实践更受重视。2001年,全国旅游发展会议首次提出建立一批国家生态旅游示范区,国家旅游局将国家生态旅游示范区列为"十五"期间旅游业发展的重点。2007年,中国(南昌)国际生态旅游博览会召开,展会将理论与实践相结合,提供了探索中国生态旅游实践的重要平台。

(三)加速发展阶段(2008年至今)

2008年,国家旅游局在全国生态旅游发展工作会议上发布了征求全国生态旅游示范区标准的意见稿,同年,发布《全国生态旅游发展纲要(2007—2015)》并确定2009年为中国生态旅游年,上述一系列举措都进一步加快了我国生态旅游业构建与完善的步伐。2011年,国家"十二五"规划纲要中提出"全面推动生态旅游",标志着生态旅游的地位进一步提高。2012年,国家旅游局和环境保护部联合印发了《国家生态旅游示范区管理规程》和《国家生态旅游示范区建设与运营规范(GB/T 26362—2010)评分实施细则》。2016年,国家发展改革委和国家旅游局联合印发《全国生态旅游发展规划(2016—2025年)》,同年,国家"十三五"规划纲要中更加明确地提出了要"支持发展生态旅游"。2020年,党的十九届五中全会强调生态环保任重道远,要把生态文明建设作为"十四五"期间的主要发展目标。在各种主体的协力推动下,生态旅游迎来了加速发展时期。

二、生态旅游发展现状分析及多维评价

我国生态旅游发展趋势较好,从资源分布来看,生态旅游资源多样且覆盖范围较广;从产业发展来看,生态旅游具备自身特色且规模逐渐扩大;从政策制定来看,我国不断深入推进生态文明建设,相关部署也全面开展;从学术研究来看,近20年来生态旅游相关研究热度稳步提升;从网络关注度来看,用户受众面较广,热度有待提升。

(一)资源分布现状

我国幅员辽阔,南北纬度跨越近50°,跨越了热带、亚热带、暖温带、中温带、寒温带,东西横跨经度近62°,地形由高原到山地到平原,大陆海岸线长达18000多千米,气温降水组合成多种多样的气候,不同地域的资源组合也形成了多彩丰富的自然资源。森林资源、水资源、生物资源、海洋资源等多种自然资源丰富,据2020年中国统计年鉴及2020年联合国统计司统计数据,我国拥有森林面积22044.62万公顷,世界排名第五。我国生态旅游依托资源禀赋,拥有极好的生态旅游资源基础。[2]

1. 生态旅游资源整体分布

随着绿色发展思想不断被重视,我国针对地文资源、森林资源、水文资源、物种多样性等实行相应保护措施,诸如建立各类自然保护区、风景名胜区、森林公园、地质公园、湿地公园、生态旅游示范区、国家公园等。截至2020年,全国共建立国家级自然保护区474个,国家级风景名胜区244个,国家级森林公园879个,国家级地质公园282个,国家级湿地公园898处,国家级生态旅游示范区114个,全国生态旅游资源类型及数量情况如图1所示。

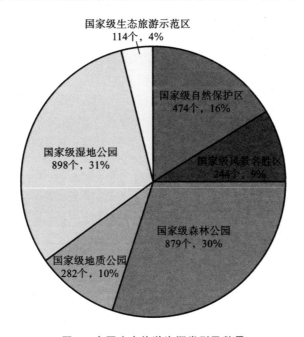

图1 全国生态旅游资源类型及数量

(数据来源:根据中华人民共和国中央人民政府、中华人民共和国生态环境部、中华人民共和国自然资源部、国家林业和草原局、中国风景名胜区协会、保护地平台等相关资料整理。)

由图1可知,国家级森林公园、国家级湿地公园占比较大,这表明森林和湿地作为我国生态旅游资源较为丰富,森林生态旅游和湿地生态旅游产品较具有竞争力。除此之外,我国已设立了三江源、东北虎豹、大熊猫、祁连山、海南热带雨林、神农架、武夷山、钱江源、南山、普达措 10 个国家公园体制试点,总面积 22.29 万平方公里,国家公园总体布局初步形成,生态旅游目的地体系日益完善。

2. 生态旅游资源区域分布

我国各省(自治区、直辖市)生态旅游资源分布存在明显差异,如图 2 所示。黑龙江、湖南生态旅游资源数量位居全国前两位,湖北、山东、四川、江西、内蒙古、陕西、贵州、新疆其次,其生态旅游资源数量明显高于其他省(自治区、直辖市)。综上,我国省(自治区、直辖市)之间生态旅游资源存在分布不均衡等问题。

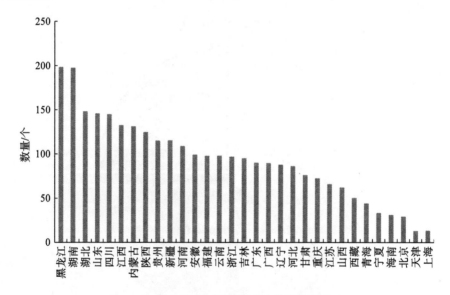

图 2　各省(自治区、直辖市)生态旅游资源概况

(数据来源:根据中华人民共和国中央人民政府、中华人民共和国生态环境部、中华人民共和国自然资源部、国家林业和草原局、中国风景名胜区协会、保护地平台等相关资料整理。)

3. 与生态旅游相关的 5A 级景区分布

生态旅游在绿色发展思想指引下大力发展,已成为我国旅游一大竞争力[3]。我国自然生态资源禀赋,在资源节约与环境保护的基础上发展生态旅游能使生态资源合理变现。第一,以原生态动植物、地貌、景观等吸引游客,遵循绿色可持续发展的观念开发利用,产生可持续的收益。第二,通过传统产业转型升级、延长产业链、承担生态责任等手段,使自然资源得到更加充分合理的开发利用,提高经济效益的同时,进一步反哺生态环境保护。

《中国旅游景区发展报告(2019—2020)》显示,截至2019年底,全国共有A级景区12402家,1A级景区103家,2A级景区2101家,3A级景区6198家,4A级景区3720家,5A级景区280家。在所有A级景区中,自然生态类景区在景区数量上处于主导地位,游客接待量在所有类别景区中排名第二,且收入占比最大,我国与生态旅游相关的5A级景区如表1所示。

表1 全国与生态旅游相关的5A级景区

省(自治区、直辖市)	景区
北京	北京明十三陵景区、北京八达岭—慕田峪长城旅游区
天津	天津盘山风景名胜区
河北	保定白石山景区、保定野三坡景区、承德避暑山庄及周围寺庙景区、保定安新白洋淀景区
山西	长治壶关太行山大峡谷八泉峡景区、晋中介休绵山景区、晋城皇城相府生态文化旅游区、忻州市五台山风景名胜区
内蒙古	阿拉善盟胡杨林旅游区、赤峰阿斯哈图石阵旅游区、阿尔山·柴河旅游景区、满洲里中俄边境旅游区、鄂尔多斯响沙湾旅游景区
辽宁	盘锦红海滩风景廊道景区、鞍山千山景区、本溪水洞景区、大连金石滩景区
吉林	敦化六鼎山文化旅游区、长春净月潭景区、长白山景区
黑龙江	虎林虎头旅游景区、漠河北极村旅游区、伊春汤旺河林海奇石景区、黑龙江牡丹江镜泊湖景区、黑龙江黑河五大连池景区、哈尔滨太阳岛景区

续表

省(自治区、直辖市)	景区
江苏	连云港花果山景区、徐州云龙湖景区、大丰中华麋鹿园景区、镇江句容茅山景区、苏州沙家浜·虞山尚湖旅游区、常州天目湖景区、苏州吴中太湖旅游区、无锡鼋头渚景区、镇江金山·焦山·北固山旅游景区、南通濠河景区、苏州金鸡湖景区、姜堰溱湖旅游景区、扬州瘦西湖风景区、无锡灵山景区、南京钟山风景名胜区－中山陵园风景区
浙江	丽水缙云仙都景区、宁波天一阁·月湖景区、衢州江郎山·廿八都景区、台州天台山景区、杭州西溪湿地旅游区、嘉兴南湖景区、杭州千岛湖风景名胜区、舟山普陀山风景名胜区、温州雁荡山风景名胜区、杭州西湖风景名胜区
安徽	六安万佛湖景区、阜阳颍上八里河景区、六安天堂寨旅游景区、安庆天柱山风景区、池州九华山风景区、黄山风景区
福建	南平武夷山风景名胜区、宁德福鼎太姥山旅游区、泉州清源山景区、宁德白水洋·鸳鸯溪旅游区、三明泰宁风景旅游区
河南	新乡八里沟景区、永城芒砀山旅游景区、红旗渠·太行大峡谷、驻马店嵖岈山旅游景区、南阳西峡伏牛山老界岭·恐龙遗址园旅游区、洛阳龙潭大峡谷景区、洛阳栾川老君山·鸡冠洞旅游区、平顶山尧山－中原大佛景区、洛阳白云山景区、焦作云台山·神农山·青天河景区
湖北	恩施州恩施大峡谷景区、神农架旅游区、宜昌三峡人家风景区、武汉黄陂木兰文化生态旅游区、武汉东湖景区、宜昌长阳清江画廊景区、恩施州神龙溪纤夫文化旅游区、十堰武当山风景区
湖南	张家界武陵源·天门山旅游区、邵阳崀山景区、郴州东江湖旅游区、长沙岳麓山·橘子洲旅游区、湘潭韶山旅游区、衡阳南岳衡山旅游区

续表

省(自治区、直辖市)	景区
广东	肇庆星湖旅游景区、惠州西湖旅游景区、惠州罗浮山景区、佛山西樵山景区、韶关丹霞山景区、清远连州地下河旅游景区、广州白云山风景区、深圳观澜湖休闲旅游区
广西	崇左德天跨国瀑布景区、桂林两江四湖·象山景区、南宁青秀山旅游区、桂林独秀峰·王城景区、桂林漓江景区
海南	三亚蜈支洲岛旅游区、分界洲岛旅游区、呀诺达雨林文化旅游区、三亚南山大小洞天旅游区、三亚南山文化旅游区
贵州	铜仁梵净山旅游区、黔南州荔波樟江景区、毕节百里杜鹃景区、安顺龙宫景区、安顺黄果树大瀑布景区
云南	保山腾冲火山热海旅游区、迪庆州香格里拉普达措景区、丽江玉龙雪山景区、昆明石林风景区
西藏	林芝巴松措景区
陕西	宝鸡太白山旅游景区、商洛金丝峡景区、渭南华山景区
甘肃	张掖七彩丹霞景区、敦煌鸣沙山月牙泉景区、天水麦积山景区、平凉崆峒山风景名胜区
青海	青海湖景区
宁夏	银川灵武水洞沟旅游区、石嘴山沙湖旅游景区、中卫沙坡头旅游景区
新疆	白沙湖景区、巴音州和静巴音布鲁克景区、伊犁州喀拉峻景区、乌鲁木齐天山大峡谷景区、巴音郭楞蒙古自治州博斯腾湖景区、喀什地区泽普金湖杨景区、阿勒泰地区富蕴可可托海景区、伊犁那拉提旅游风景区、阿勒泰地区喀纳斯景区、吐鲁番市葡萄沟风景区、天山天池风景名胜区

续表

省（自治区、直辖市）	景区
江西	萍乡武功山景区、上饶龟峰景区、抚州大觉山景区、宜春明月山旅游区、鹰潭龙虎山旅游景区、上饶三清山旅游景区、吉安井冈山风景旅游区、庐山风景名胜区
山东	东营黄河口生态旅游区、沂蒙山旅游区、济南天下第一泉景区、威海刘公岛景区、青岛崂山景区、泰安泰山景区、烟台蓬莱阁旅游区（三仙山·八仙过海）
重庆	巫山小三峡—小小三峡、彭水阿依河景区、云阳龙缸景区、江津四面山景区、南川金佛山、万盛经开区黑山谷景区、酉阳桃花源旅游景区、武隆喀斯特旅游区（天生三桥·仙女山·芙蓉洞）

（数据来源：根据中华人民共和国文化和旅游部旅游名录整理。）

根据5A级景区数量和表1可得出，生态旅游景区在全国旅游资源中占比较大，且是接待游客的主体，是我国旅游业发展的重要资源和目的地。

（二）产业发展现状

伴随着旅游业的迅猛发展，旅游已成为国民日常生活中不可缺少的重要组成部分，同时亦是国民经济的重要支撑点。我国国内旅游收入规模一直保持稳步上升趋势，2019年旅游总收入规模达6.63万亿元（见图3），国内游客达60.1亿人次。2020年上半年，受新冠肺炎疫情的影响，旅游业经营情况亏损较严重，但随着疫情的快速控制，下半年逐渐好转。我国生态旅游产业尚未构建完善的统计体系，无法获取相关的一手统计数据，但其产业规模与独具的可持续发展特色已逐步形成。以乡村生态旅游为例，在创意经济高速发展的背景下，乡村生态旅游借助新兴媒体"乡村生态旅游＋产业"，发展方式逐步多样化，与工业、地产、体育等产业进行融合，进一步延伸了产业链，提升了产值。依托得天独厚的自然生态资源与文化内涵，近年来生态旅游更是受到社会各界人士的青睐,生态旅游者的队伍也不断壮大。相关研究表明[4][5],乡村生态旅游对缓解农户生计具有重要影响,在精准扶贫中也发挥了积极作用。

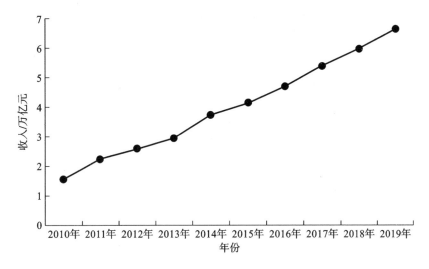

图3　2010—2019年国内旅游总收入

(数据来源:根据《中国旅游统计年鉴》整理。)

(三)政策制定现状

我国生态环境较为脆弱,生态资源环境的保护与经济社会发展间仍存在矛盾。随着我国生态文明建设的不断深入推进,生态旅游作为助推绿色发展的重要方式,正处于黄金发展期,全国旅游会议相关部署也已全面开展。党的十八大首次将生态文明建设与经济建设、政治建设、文化建设、社会建设并列为五大发展目标,并明确指出要将生态文明建设放在突出地位,为生态旅游的科学发展指明了方向。2016年,发展改革委员会与国家旅游局组织编制了《全国生态旅游发展规划(2016—2025年)》,其中指出"我国生态环境仍比较脆弱,生态系统质量和功能偏低,生态安全形势依然严峻,生态保护与经济社会发展的矛盾仍旧突出",因而大力发展环境友好型的生态旅游十分必要。十九大报告点明了"两山"理念的重要性,党的十九届五中全会强调"推动绿色发展,促进人与自然和谐共生",《中共中央关于制定国民经济和社会发展第十四个五年规划和二〇三五年远景目标的建议》中再次强调了要坚持"两山"理论,"提升生态系统质量和稳定性"。作为生态文明建设的重要载体,生态旅游融合发展态势凸显,是实现美丽中国的重要途径。只有明确生态文明建设的重要地位,正确引导生态价值观,提高资源整合利用效率,才能实现生态旅游的可持续发展,进而实现人与自然和谐共生。

(四)学术研究现状

借助中国知网(CNKI)与 Web of Science 对国内外有关"生态旅游"研究的历年热度进行探索。以"(CSSCI 期刊=Y 或者 CSCD 期刊=Y)并且(题名=生态旅游或者 title=中英文扩展(生态旅游))(精确匹配)"为检索条件,专辑导航选择全部,数据库为学术期刊进行跨库检索,得到文献 1005 篇,国内历年发表趋势如图 4 所示。

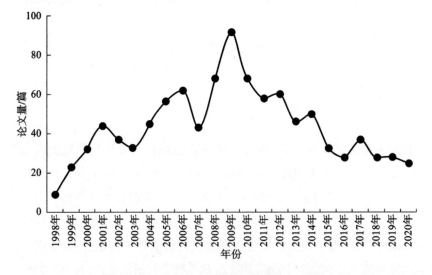

图 4 国内"生态旅游"相关论文发表年度趋势

(数据来源:根据中国知网数据整理。)

1998 年至 2009 年生态旅游相关文献年均数量呈波动上升趋势,2009 年至 2020 年波动递减。以"ecological tourism"为主题词在 Web of Science 上选择核心合集进行检索,得到 3655 条记录,国外历年相关论文发表趋势如图 5 所示。不难发现,1998 年至 2020 年,生态旅游相关的国外文献数量基本呈逐年稳步增长的态势,于2019年突破400篇。

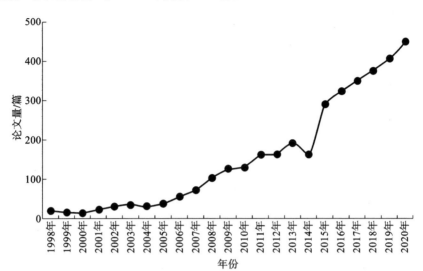

图 5　国外"生态旅游"相关论文发表年度趋势

(数据来源:根据 Web of Science 整理。)

根据上述分析,国外对于生态旅游的研究热度持续高涨,国内相关研究力度有待加强。

(五)基于大数据的生态旅游多维关注度评价

将百度指数数据分享平台作为研究工具,对"生态旅游"这一关键词进行多维关注度挖掘,以反映社会大众与媒体对生态旅游的动态关注。在百度指数平台以"生态旅游"为关键词进行搜索,借助趋势变化、媒体关注、需求图谱与人群画像等工具,对生态旅游的社会关注度及变化趋势展开分析,并试图厘清其发展规律。

1. 关注趋势变化维度

借助搜索指数对百度用户搜索关注"生态旅游"的程度及持续变化进行说明,以用户在百度的搜索量为基础,"生态旅游"为统计对象,科学分析并计算出"生态旅游"在百度网页搜索中频次的加权,根据数据来源将其划分为 PC 搜索指数与移动搜索指数。

2020年1月1日至2020年12月31日百度用户"生态旅游"PC+移动端搜索指数变动较小,由图6,2020年"生态旅游"搜索指数呈W形波动。2020年"生态旅游"搜索指数在一定程度上受到热点时事与国家相关政策的影响。2020年1月的搜索指数明显波动递减,至2020年1月26日搜索指数跌至谷底,可能是受年初暴发的新冠肺炎疫情影响,用户对生态旅游等需要外出的活动关注度普遍降低。

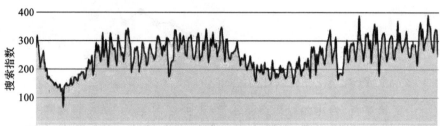

图6 "生态旅游"关键词搜索指数

(数据来源:百度指数。)

此外,根据搜索指数概览结果,2020年1月1日至2020年12月31日,"生态旅游"整体搜索日均值仅247,移动端日均值仅136,说明大众对生态旅游关注度普遍较低,相关部门与媒体机构亟须加大宣传力度,以提高大众关注度与参与度。

2. 新闻资讯关注维度

通过资讯指数对新闻资讯在互联网上对"生态旅游"的关注、报道程度及持续变化情况进行量化,2020年1月1日至2020年12月31日"生态旅游"关键词资讯指数可视化结果如图7所示。资讯指数以百度指数分发与推荐内容数据为基础,由百度用户阅读、评论、转发、点赞、不喜欢等行为的数量加权求和所得。

由图7可知,2020年6月3日,生态旅游资讯指数达全年峰值(132599),当日《人民日报》发表《人民日报生态论苑:生态旅游要坚持保护优先》一文,发布后立即受到网友广泛关注。该文借助权威机构的定义对生态旅游展开解释说明,并强调发展生态旅游一定要坚持生态优先、绿色发展的理念。此外,

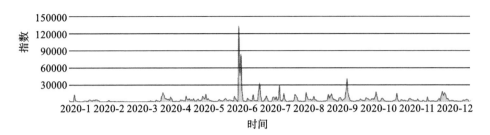

图 7 "生态旅游"关键词资讯指数可视化结果

（数据来源：百度指数。）

2020年6月22日、7月10日以及9月9日均出现了资讯指数小高峰。峰值的出现节点与当日的资讯发布，一定程度上反映出"生态旅游"在新闻发布、媒体宣传等方面的迫切性需求。

3. 相关词需求图谱维度

根据百度用户在搜索"生态旅游"前后的搜索行为及变化中所展现的相关检索词需求，综合计算"生态旅游"与相关词的关联程度，及相关词自身搜索需求，得到如图8所示的"生态旅游"关键词需求图谱。以"生态旅游"为圆心，距圆心越近表示与"生态旅游"相关性越强，反之越弱，并由强至弱划分为3个等

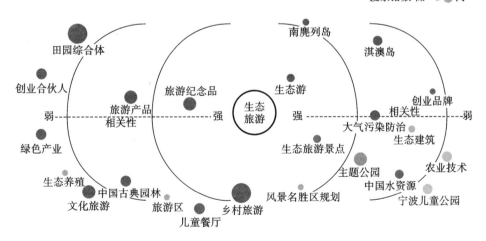

图 8 "生态旅游"关键词需求图谱

（数据来源：百度指数。）

级。相关词圆形半径长短表示其自身搜索指数的大小,半径越大搜索指数越大,反之越小。

图8中第一等级相关词为"生态游""生态旅游景点""南麂列岛""旅游纪念品""风景名胜区规划"与"乡村旅游",其中"乡村旅游"搜索指数最大,排开直接相关词可知,其一,浙江省南麂列岛作为我国唯一的国家级贝藻类海洋自然保护区,在生态旅游相关资源中热度较高;其二,在百度用户的视角下,乡村旅游与生态旅游之间关联性较强。

第二等级相关词有"旅游产品""中国古典园林""旅游区""儿童餐厅""淇澳岛""大气污染防治""主题公园""中国水资源""生态建筑"及"创业品牌"等,其中"淇澳岛""主题公园""旅游产品"及"中国古典园林"搜索指数较大。这说明:第一,珠海市生态旅游区的淇澳岛受到较多用户的关注,热度较高;第二,"中国古典园林"受到搜索"生态旅游"相关用户的广泛关注;第三,关键词"大气污染防治"体现了生态旅游在环境保护方面的重大意义。

第三等级相关词包括"田园综合体""创业合伙人""绿色产业""生态养殖""文化旅游""农业技术"与"宁波儿童公园",其中"田园综合体"搜索指数最大,作为集现代农业、休闲旅游、田园社区为一体的乡村综合发展模式,"田园综合体"通过大力发展旅游助力农业发展、三产融合,是当下热门可持续发展模式,受到百度用户的广泛关注。

相关词在一定程度上反映了百度用户对"生态旅游"的了解需求,集中体现于生态旅游资源以及与"生态旅游"相近的发展模式中。

4. 用户人群画像维度

采取数据挖掘的方法,对搜索"生态旅游"关键词的百度用户进行聚类分析,得到地域分布、人群属性(年龄、性别、兴趣分布)等多维度人群画像,并基于此展开用户属性分析。

1)地域分布

根据百度用户搜索数据,对关注"生态旅游"关键词的人群属性进行聚类分析,得到用户所属区域、省(自治区、直辖市)与部分城市的分布及排名。根据以"生态旅游"为关键词搜索全国区域得到的指数显示,全国七大自然地理分区中搜索指数最高的是华东地区,而后依次为西南、华北、华中、华南、东北、西北地区。全国各省(自治区、直辖市)排序中前十的依次为广东、四川、北京、江苏、浙江、贵州、山东、河南、云南、湖北;全国城市排序前十的依次为北京、成都、上海、贵阳、杭州、广州、昆明、重庆、武汉、长沙。(见表2)

表2 "生态旅游"关键词搜索指数排名前十省份与城市

排名	省(直辖市、自治区)	城市
1	广东	北京
2	四川	成都
3	北京	上海
4	江苏	贵阳
5	浙江	杭州
6	贵州	广州
7	山东	昆明
8	河南	重庆
9	云南	武汉
10	湖北	长沙

(数据来源:百度指数。)

整体而言,"生态旅游"搜索指数较高地区主要集中于沿海华东地区与生态资源充裕的西南地区,搜索指数由东南向西北呈递减趋势。

2)人群属性

(1)年龄分布。

搜索"生态旅游"关键词的百度用户年龄分布情况可知:20—29岁人群占比最高,达47.76%,小于等于19岁人群其次,占比为35.5%,30—39岁、40—49岁,以及大于等于50岁人群的占比依次为10.92%、5.04%与1.47%。

形成上述结果的原因如下:其一,自主旅游时代背景下,相比都市物欲,旅游目的地的自然生态景观、人文氛围等对"90后"乃至"00后"而言更为重要;其二,作为当今网络用户的主力军,29岁以下用户较其他年龄段用户使用网络检索功能次数更高。

(2)性别分布。

根据搜索"生态旅游"关键词的百度用户性别分布情况,不难发现,关注"生态旅游"的用户中,女性比例高达69.75%,明显高于男性所占比例,这表明女性用户相比男性用户而言对"生态旅游"的关注度更高。

(3)兴趣分布。

基于用户搜索行为数据与画像库,对所选范围关注"生态旅游"关键词的用户分布情况进行刻画,得到搜索"生态旅游"关键词的百度用户兴趣分布。由结果显示,"国内游"人群占比为77.31%,这表明关注"生态旅游"关键词用户的预设旅行目的地大多集中于国内。"旅游网站偏好"TGI(Target Group Index)高达290.62,这说明搜索"生态旅游"的用户多借助旅游网站对关键词展开进一步的搜索与了解。

三、存在问题

根据报告对生态旅游发展现状的分析与基于大数据的多维评价,发现生态旅游的发展仍存在以下几方面问题:生态旅游资源利用效率整体偏低;生态旅游相关统计指标尚未量化;生态旅游的大众关注度普遍较低。

(一)生态旅游资源利用效率整体偏低

由生态旅游资源分布现状不难发现,我国大多数区域优势生态资源与当地发展程度不匹配,经济发展水平较低的西部地区生态旅游资源富集程度反而较高。生态旅游依赖于生态环境保护与治理,而发展水平不是很高的西部地区,虽具备得天独厚的生态资源与大量能源资源,但同时也存在着肆意开采等严重破坏生态环境的现象,加之地区环境治理水平较低,原有的生态资源优势难以借助生态旅游转化为经济发展优势。

(二)生态旅游相关统计指标尚未量化

针对生态旅游产业发展现状,报告从全国旅游产业整体收入情况入手,以乡村生态旅游为例进行分析,虽能初步窥探生态旅游产业发展情况,但无法具体量化说明。造成上述结果的原因主要有如下几点:其一,生态旅游界定较为模糊,据不完全统计,国内外生态旅游的相关概念达140多种,其理论体系较混乱的状况可见一斑[6];其二,学术界有关生态旅游的定量研究较少,且成果缺乏可操作性、适应性等,因而导致生态旅游相关指标量化缺乏理论支撑;其三,缺乏对生态旅游市场相关情况与潜力的统计调研,且这类调研缺乏规范的统计口径。

(三)生态旅游的大众关注度普遍较低

依据上文基于大数据的生态旅游多维关注度调查结果可知,大众对生态旅游的关注度普遍较低,主要表现在以下几个方面:其一,2020年1月1日至12月31日整体搜索指数日均值仅247,移动端日均值仅136;其二,新闻资讯指数仅在官方媒体发布相关资讯时略有浮动,其他时间均处较低水平;其三,就地理位置而言,关注"生态旅游"关键词的人群多分布于东部沿海较发达地区,就城市而言,主要集中于各大省会城市及直辖市,分布较不均衡,相关用户地域分布多集中于经济较发达地区;其四,关注"生态旅游"关键词的用户年龄主要为30岁以下,从用户年龄结构来看,"生态旅游"关键词受众面较小。

四、发展建议

针对上一节生态旅游发展存在的问题,提出如下三点对策建议:第一,完备管理体制,保障生态旅游资源合理开发;第二,加大科研力度,探寻生态旅游指标量化方式;第三,借力新兴媒体,提升生态旅游的大众关注度。

(一)完备管理体制,保障生态旅游资源合理开发

我国生态旅游资源十分丰富,待开发资源仍存在,为保障这部分生态旅游资源能得以合理开发与利用,并使已开发资源能进一步提升利用效率,现提出如下建议:首先,建立完善管理制度,制定全国范围及各区域的生态旅游发展

战略,保障未开发资源的开发合理和已开发资源利用的针对性监管;其次,各级部门加强沟通与合作,以绿色发展理念为指引,按层级建立科学的分类保护机制,避免出现重复管理等资源浪费现象;最后,加强监管力度,确定生态旅游资源后期旅游开发具备可持续性。

(二)加大科研力度,探寻生态旅游指标量化方式

针对生态旅游产业缺乏统一口径进行相关指标量化等问题,建议如下:第一,生态旅游基础理论来源于生态学、地理学、经济学等多学科领域[7],因而国内外学者在开展生态旅游相关研究时,需加强跨学科之间的联系,注重概念界定统一与相关理论的逻辑梳理,促进适合生态旅游领域学科理论体系的形成;第二,学术界应注重生态旅游相关的定量研究,防止学术研究与实践脱节的情况出现,将其落地,进而为生态旅游相关指标的量化提供理论支持;第三,相关部门机构应当将解决如何科学地统计、调研生态旅游市场的现状与潜力这一问题作为重点工作之一,与学术研究并行推进,推动生态旅游领域大数据的建立。

(三)借力新兴媒体,提升生态旅游的大众关注度

生态旅游大众关注度普遍较低,针对这一现象提出如下建议:第一,借助当下较流行的抖音、微信公众号、微博等平台,通过短视频、推文或博文等丰富生态旅游宣传形式,加大宣传力度,拓展受众面;第二,合理利用新闻资讯,适时于各权威网络平台和期刊、报纸上发布生态旅游相关资讯,以囊括30岁以上受众人群;第三,根据用户IP所处地域,以大数据为基础,针对性地推送生态旅游相关信息,试图缩小不同区域用户对"生态旅游"关键词搜索热度的差异。

参考文献

[1] 张建萍,朱亮.国内生态旅游研究文献综述[J].旅游论坛,2009(6).
[2] 杨延风,马俊杰.对国内生态旅游理论与实践的反思[J].中国农业资源与区划,2017

(12).

[3] 钟林生,马向远,曾瑜皙.中国生态旅游研究进展与展望[J].地理科学进展,2016(6).

[4] 毕兴,张林,粟海军,张明明.自然保护区生态旅游对农户可持续生计的影响[J].林业经济问题,2020(5).

[5] 秦杨.发展乡村生态旅游 促进精准扶贫[J].人民论坛,2019(3).

[6] 张勇.生态旅游研究存在的问题及原因分析:对生态旅游的重新认识[J].旅游论坛,2008(4).

[7] 毋茜,杨哲,张子俨.生态旅游相关理论基础[J].旅游纵览(下半月),2016(2).

作者简介:

马勇,教授、博士生导师、中组部国家高层次人才"特支计划"领军人才、湖北大学绿色发展研究院院长、中国旅游研究院生态旅游研究基地主任兼首席专家,主要研究方向为生态旅游与绿色发展。

张瑞,湖北大学商学院博士研究生,中国旅游研究院生态旅游研究基地主任助理。

刘思雨,湖北大学商学院硕士。

Ⅱ 区域分报告

B2 四川省生态旅游与绿色发展报告

陈兰兰

摘　要：大众旅游的发展对生态环境已经产生威胁。报告以四川省为例，对四川省生态旅游发展的现状进行探析，并具体对其生态旅游的发展历程、生态资源空间的分布、关注度、生态康养环境指数及现有生态旅游产业的发展进行阐释，以此对四川省生态旅游发展中的问题进行探讨，最后，对四川省生态旅游未来的发展状况进行展望。

关键词：生态旅游；资源分布；关注度；环境指数

Abstract：The development of mass tourism has already posed a great threat to the development of ecological environment. Taking Sichuan Province as an example, this paper analyzes the current situation of ecotourism development of it, and explains the development process, distribution, attention, index of ecological healthandenvironment of existing ecotourism industry. In this paper, the problems in the development of ecotourism in Sichuan Province are discussed. Finally, the future development of ecotourism in Sichuan Province is prospected.

Keywords：Ecotourism； Resource Distribution； Attention Degree； Environmental Index

生态旅游这一概念最早于20世纪80年代提出,是在大众旅游对生态环境产生极大威胁的背景下提出来的。而"生态旅游"一词最早是由国际自然保护联盟(IUCN)特别顾问 H. Ceballos Lascurain 于1983年正式提出,并在后来获得国际上的一致认可。我国生态旅游兴起于20世纪90年代初期,并由此开始在全国掀起一股发展的热潮。四川省作为我国长江上游的重要生态屏障,是我国著名的生态旅游资源大省,其森林、珍稀动植物等资源极其丰富,是我国早期开展生态旅游活动的省份之一。本报告对目前四川省生态旅游发展的现状与问题进行分析,并以此对未来四川省生态旅游的发展前景进行展望。

一、四川省生态旅游发展现状

20世纪80年代,四川省政府通过多边合作等形式开展生态环境保护,并率先在全国进行生态旅游试点的开拓。20世纪90年代,四川省积极实施"政府主导型发展战略",邀请专家编制《四川省旅游发展总体规划》,规划明确指出,川西自然生态旅游区以开发九寨沟、黄龙、稻城亚丁等自然生态旅游产品为重点,建立具有民族风情的世界级生态旅游区,开启了四川省生态建设的步伐。21世纪初期,四川省政府将旅游业的发展列入全省全面建成小康社会、实现跨越式发展的规划中。在2003年第一届四川旅游发展大会上,首次提出"中国第一山"国家旅游区(乐山大佛－峨眉山),促进了四川省旅游业的快速发展。2005年,四川省委省政府确立了"生态立省"的战略方针,并发布了《四川生态省建设规划纲要》,将四川省生态旅游的建设列入生态省建设的重点。而后,四川省委、省政府在制定"四川十一五规划"时,提出了构建"和谐四川""生态四川"的目标,提出要把旅游业作为支柱产业来培养,尤其要把生态旅游作为四川旅游经济新的增长点。"四川十二五规划"强调要将四川省建设成为国际知名、国内一流的世界遗产旅游目的地,基本形成"大旅游"产业体系,基本实现旅游资源大省向旅游经济强省转变。"四川十三五规划"中提出,围绕"旅游产业过万亿元"和"建设世界重要旅游目的地"两大目标进行发展。

陈国阶等结合生态旅游资源等的分布规律,将四川省生态旅游产业的发展分为三个阶段,分别是泛生态旅游为主阶段(2006—2015年)、准生态旅游为主阶段(2016—2030年)、纯生态旅游为主阶段(2030年开始)。

(一)生态资源空间分布

1. 总体分布

四川省文化和旅游厅于2020年4月发布《四川文化和旅游年鉴》,依据年鉴旅游资源统计,筛除不同类别间重复出现的景区,最终统计四川省生态旅游景区共388个,如图1所示。

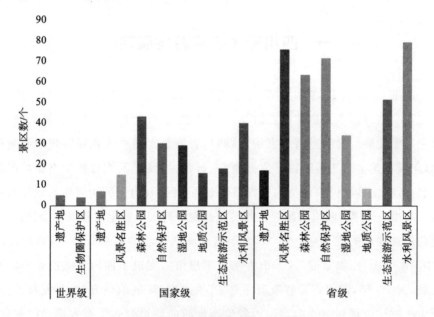

图1　四川省生态旅游景区统计图

(数据来源:《四川文化和旅游年鉴(2020)》。)

四川省矢量底图与交通数据均来源于国家基础地理信息中心,DEM数据下载于地理空间数据云网站。相关生态旅游区的地理坐标在百度地图坐标拾取系统网站中手动拾取得到,并对其坐标进行纠偏处理,采用 ArcGIS10.6 系统将 388 个生态旅游区的地理位置标记在四川省行政区划地图,以备后续分析使用,投影坐标选择为 CGCS2000,得到如图 2 所示的四川省生态旅游景区空间分布图。

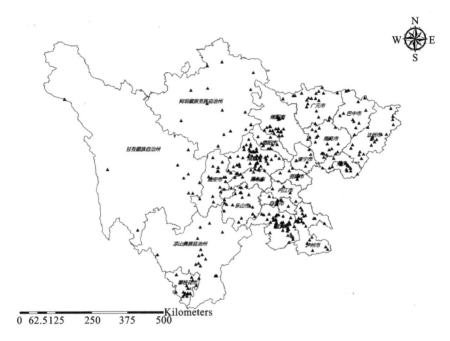

图 2　四川省生态旅游景区空间分布图

(数据来源:依据《四川文化和旅游年鉴(2020)》整理。)

一般采用最邻近指数法点要素的空间集聚特征进行测量,以此判断点要素在区域空间中是否随机、均匀或集聚分布,数学表达式如下:

$$D = \frac{n}{s} \quad R = \frac{1}{2\sqrt{D}}$$

其中,D 表示四川省生态旅游区的分布密度,n 表示总数量,s 表示四川省行政区划面积,R 表示最邻近指数。设 R_1 为最邻近理论距离,R_2 为用 ArcGIS 测算的实际最邻近距离。若 $R_1 > R_2$,说明点要素呈集聚型分布,若 $R_1 < R_2$,表明点要素呈均匀型分布,若 $R_1 = R_2$,表明点要素呈随机分布。通过计算得出四川省生态旅游景区理论最邻近距离为 7.98 km,而 ArcGIS 测算的实际最邻近距

离为 2.53 km,则 $R_1 > R_2$,表明四川省生态旅游区总体呈集聚型空间分布。

2. 集聚特征

由上述分布可知,四川省 388 个生态旅游景区空间分布具备集聚特征,进一步采用 1962 年 Emanuel Parzen 提出的核密度估计法研究其空间集聚的局部表现性,数学表达式如下:

$$\widehat{\lambda_h}(s) = \sum_{i=1}^{n} \frac{3}{\pi h^4}[1 - \frac{(s-s_i)^2}{h^2}\lambda]$$

其中,h 表示搜索区域半径内第 i 个生态旅游区的位置,s 表示待估计某点的位置,s_i 表示以 s 为圆心范围内的试点位置。为恰当反映四川省生态旅游区的局部集聚的表现特征,借助空间分析工具,多次测试最终选择 80 km 作为核密度分析的搜索半径,在成都及宜宾市中部形成了两个较明显的高密度核心分布区,以这两个区域为核心向边缘的密度值逐渐减少。总体来看,四川省南部与中部的生态旅游区较为密集,西北部地区分布相对稀疏,如图 3 所示。

(二)生态资源关注度

1. 景点关注词云图

就旅游者对生态旅游景点的关注度而言,报告通过对"最受旅游者欢迎的四川生态旅游景点"进行检索收集相关文章,而后将其导入"微词云"进行词频分析发现,九寨沟景区断崖式位居第一梯层,青城山、峨眉山、稻城、都江堰等旅游区位居第二梯层,这可能与近年来四川省推出的"四川世界遗产精品线路之旅"活动紧密相关;而贡嘎山、西岭雪山与阆中等旅游景区基本位于第三梯层。上述景区为 2019 年,最受旅游者欢迎的十大生态旅游景区。总体而言,旅游者对四川省生态旅游景区有一定的好感,这与四川省旅游业在近年来不断提升品牌营销与服务质量等举措有紧密联系。(见图 4)

2. 旅游区百度指数

通过利用百度指数对知名度最高的五个生态旅游区进行分析,时间段选择为 2019 年 1 月 1 日至 2019 年 12 月 31 日,其中峨眉山景区在 7 月中后期出现显著的跳动现象,而九寨沟景区在 7 月底 8 月初及国庆期间出现显著的跳

B2 四川省生态旅游与绿色发展报告

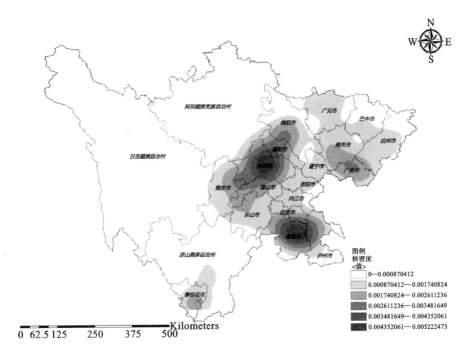

图3 四川省生态旅游资源核密度

(数据来源:依据《四川文化和旅游年鉴(2020)》整理。)

图4 最受旅游者欢迎的四川生态旅游词云图

(数据来源:根据相关资料整理。)

动现象。根据搜索结果,五个景区之间的搜索指数在其他时段基本相近,没有显著波动情况。

(三)生态康养环境指数

1.景区氧生度

氧生度是按照标准对生态旅游目的地环境数据进行科学分析和计算,对旅游目的地的生态环境质量进行的评价,氧生度指数是反映人对生态康养旅游环境舒适感的一个指标,氧生度指数越高,生态环境质量越好。四川省2020年4月至11月生态康养旅游目的地氧生度生态康养环境指数排名前三的景区如表1所示。综合2020年4月至11月这八个月景区的氧生度指数发现,四川省4月、6月、7月、8月、10月的氧生度指数相对较高,说明这几个月相对而言游客的出游舒适度较高,而11月氧生度指数最低,说明11月游客的出游舒适度相对较低。综合来看,4月生态旅游目的地以川南为主,并逐步向川西北、川中和川西地区扩展,而从10月开始向川南收缩。

表1　2020年4—11月旅游景区氧生度指数排名

月份	排名	景区名称	氧生度指数
4	1	稻城亚丁	91.3
	2	金沙滩国际长江漂流基地	89.06
	3	格萨拉生态旅游区	88.63
5	1	金沙滩国际长江漂流基地	86.76
	2	稻城亚丁	85.76
	3	龙潭溶洞	84.89
6	1	龙潭溶洞	95.48
	2	稻城亚丁	93.75
	3	峨眉山旅游风景区	91.16
7	1	龙潭溶洞	95.00
	2	峨眉山旅游风景区	93.33
	3	青龙寺邛海泸山景区	90.08

续表

月　份	排　名	景区名称	氧生度指数
8	1	峨眉山旅游风景区	94.26
	2	龙潭溶洞	92.93
	3	泸定海螺沟冰川森林公园	88.46
9	1	峨眉山旅游风景区	95.52
	2	稻城亚丁	87.97
	3	龙潭溶洞	87.95
10	1	稻城亚丁	92.07
	2	木格措	91.34
	3	格萨拉生态旅游区	85.65
11	1	峨眉山旅游风景区	68.20
	2	龙潭溶洞	63.14
	3	青龙寺邛海泸山景区	61.04

(数据来源：氧生度生态康养环境大数据中心。)

利用微词云对2020年4月至11月份氧生度生态康养环境大数据中心公布的四川省排名前十的生态旅游景区进行词频分析发现，龙潭溶洞、青龙寺邛海泸山景区、峨眉山旅游风景区等生态环境质量总体相对较高，具有较大的气候优势和生态优势；螺髻山风景区、格萨拉生态旅游区、金沙滩国际长江漂流基地、稻城亚丁与大禹祭坛等景区氧生度指数总体居中，生态环境质量处于适宜区间；而观海湾、灵山风景区、天台山国家重点风景名胜区、四姑娘山与康定情歌等生态旅游景区总体氧生度指数相对较低，环境质量有待进一步提升，见图5所示。

2. 县域氧生度

四川省2020年4月至11月县域生态旅游目的地氧生度生态康养环境指数排名前三的如表2所示。综合八个月以来县域的氧生度指数发现，4月、6月、7月、8月、9月与10月份五个月的县域生态氧生度指数相对较高，说明四川省在初春、夏季及初秋等季节气候舒适度较高，地区舒适度从川南向川西北

图5　2020年4—11月氧生度指数景区词频分析

(数据来源：根据相关资料整理。)

地区扩展。此外,对比发现县域康养环境指标与景区指标基本持平。

表2　2020年4—11月县域/区氧生度指数排名

月 份	排 名	县域/区	氧生度指数
4	1	攀枝花城区	94.38
	2	攀枝花仁和	93.08
	3	攀枝花东区	92.07
5	1	攀枝花仁和	88.16
	2	凉山德昌	85.75
	3	攀枝花盐边	85.71
6	1	甘孜得荣	92.77
	2	甘孜乡城	91.59
	3	甘孜巴塘	91.47
7	1	甘孜得荣	93.42
	2	攀枝花城区	93.31
	3	凉山德昌	92.81
8	1	攀枝花	93.01
	2	凉山德昌	90.46
	3	甘孜巴塘	90.09

续表

月　份	排　名	县域/区	氧生度指数
9	1	甘孜炉霍	95.85
	2	甘孜丹巴	95.21
	3	甘孜康定	94.40
10	1	甘孜丹巴	93.41
	2	凉山喜德	93.10
	3	攀枝花米易	92.76
11	1	凉山城区	68.12
	2	攀枝花城区	67.13
	3	凉山德昌	63.93

（数据来源：氧生度生态康养环境大数据中心。）

利用微词云对2020年4月至11月份氧生度生态康养环境大数据中心公布的排名前十的县域进行词频分析发现，凉山德昌、攀枝花仁和、甘孜乡城、攀枝花城区、甘孜巴塘与甘孜得荣等县区总体氧生度指数较高，环境质量相对较好；攀枝花盐边、攀枝花米易、凉山宁南、凉山城区与凉山盐源等县域总体氧生度指数排名居中，环境质量处于适宜状态；而攀枝花西区、凉山木里、阿坝汶川、甘孜康定与甘孜丹巴等县域总体氧生度指数相对较低，环境质量有待进一步提升，如图6所示。

（四）"万亿级"产业俱乐部

1. 生态旅游者"入驻"

据相关数据显示，四川省旅游收入基本呈现逐年上升趋势，占省生产总值比例也在逐步提升，其中，"熊猫走世界·美丽中国"和"全球川菜名馆与四川美食之旅"成为四川在全球范围内推介的"王牌活动名片"。2018年四川省全省实现旅游总收入10112.5亿元，首次迈入旅游"万亿级"产业集群俱乐部。就游客接待量而言，生态旅游游客接待量由2010年的1.4亿人次上升为2018年的3.35亿人次，呈现逐年上升趋势。这一方面是由于四川省旅游业的进一

图 6　2020 年 4—11 月氧生度指数县域词频分析

（数据来源：根据相关资料整理。）

步发展，吸引了大量生态旅游者前来游览；另一方面是由于旅游已成为人们日常生活中的重要组成部分，如图 7 所示。

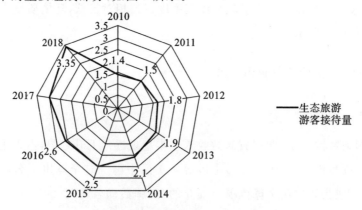

图 7　2010 年至 2018 年四川省生态旅游游客接待量

（数据来源：统计局发布的统计公报。）

2. 生态旅游接待收入

就游客接待收入而言，2010 年至 2019 年四川省旅游业总收入由 1886.09 亿元上升为 2019 年的 11594.3 亿元，而生态旅游直接收入由 2010 年的 210.5 亿元上升为 2019 年的 1150 亿元，都呈现出逐年上升的趋势，这说明四川省近年来旅游产业逐渐发展壮大，逐渐成为四川省经济发展中的重要组成部分。就生态旅游带来的社会收入而言，从最初的 947 亿元上升到 2018 年的 2510 亿元，生态旅游产业已逐渐成为四川省旅游业发展的重点，详见图 8。

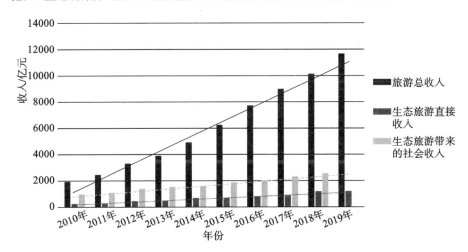

图 8　2010 年至 2019 年四川省生态旅游收入概况

（数据来源：统计局发布的统计公报。）

二、四川省生态旅游发展的问题

（一）基础设施建设

可达性是限制偏远地区旅游业发展的主要因素之一。四川省位于我国西南部，东接重庆，南连贵州与云南，北衔甘肃和陕西，地处我国西北与西南地区的相交地带。四川省位于长江上游，地跨我国第二、三级地形阶梯，地势高低悬殊,地层岩性复杂,地壳活动频繁,易发生自然灾害。从地貌特征看,东部是四周山地环绕、中间低陷的盆地,西部是地域辽阔的高原和山地,海拔在4000米以上,整体高低起伏悬殊,这加大了生态旅游者进入的难度。目前四川省仍有部分偏远山区交通欠发达,截至2018年,"溜索改桥"的"蜀道难"才真正结束。由此可见,地形地貌的特殊性给道路建设造成了阻碍,进而对四川省生态旅游发展产生不利影响。

(二)市场竞争程度

旅游业作为一个产业部门,市场竞争自然也无法回避。首先,四川省是我国"一带一路"倡议的沿线省份,具有十分广阔的发展机遇,但"一带一路"倡议也涉及新疆、青海、陕西、重庆及与云南等临近省份和自治区,这些省份和自治区的发展也会影响到四川省旅游市场的发展;其次,四川省周边旅游市场日益崛起,如青海的江河之源、西藏的朝圣圣地、云南的边境风俗、贵州的少数民族特色、重庆的文化与美食特色及陕西的历史文化特色等,都给四川省旅游业的发展带来极大的挑战。最后,就四川省国际旅游市场的竞争力而言,四川省将大熊猫作为旅游形象的主要宣传点,选择性地屏蔽了其他特色旅游资源,使得多数境外国家及地区的旅游者对四川省没有清晰的认知,这对于其境外旅游市场的开发有消极影响。

(三)旅游开发难度

就旅游开发商而言,相关部门在旅游资源开发时,缺乏深入的调查,缺少全面的科学论证、评估与规划,对生态旅游的认知不清。特别是在进行新旅游区的开发时,多数开发者表现出急功近利的心态,在缺少必要论证与可持续发展思路的情况下,便盲目进行探索式的开发,造成许多不可再生资源的损害与浪费。

被誉为"人间瑶池""童话世界"的九寨沟国家级自然保护区,因早期开发过程中对其周边森林大量砍伐,其湖泊水位逐渐下降,严重影响了当地的生态平衡。大多旅游者生态旅游知识缺乏,环境保护意识不强,留下了大量生活垃圾,九寨沟国家级自然保护区生态系统遭到破坏,水体污染、土壤板结及泥石流等系列环境问题频发,当地部分珍稀动物生存环境恶劣。

(四)认知统一程度

随着生态旅游的发展,越来越多的景区打出生态旅游的口号,而较多的只是停留在口号上,仅仅将生态保护作为其景区发展的一个附属,当环境保护与经济发展目标发生冲突时,往往通过各种方式来保障经济效益。就早期四川省生态旅游的发展而言,相关部门虽然针对森林公园、风景名胜区及自然保护区等,制定了相应的生态旅游项目与生态旅游线路,但在现实的旅游发展过程中,很多地区在对生态资源的开发与发展过程中没有考虑其落地性,仅仅将对生态旅游的理解停留在与自然环境的亲密接触,并把凡是与绿色或自然相关的旅游都理解为生态旅游,这显然是对生态旅游的内涵缺乏正确的认知,并严重违背了发展生态旅游的初衷。

三、"四川模式"的发展经验与未来

(一)"四川模式"的发展经验

首先,四川省坚持实施政府主导型发展战略。四川省委省政府将旅游发展作为政府主导型产业,这就是所谓的"四川模式"。

"四川模式"具体表现在:一是发展机制与体制。四川省成立了专项工作领导小组,并利用竞争机制提出积极召开旅游发展大会。在旅游发展大会的推动下,峨眉山与九寨沟等景区的旅游发展都有了进一步的提升。二是基础设施建设。在政府主导下,四川省积极推出大九寨、峨眉山、青城山—都江堰、大熊猫卧龙、三星堆五大精品国际旅游区,将一个景区规划上升为一个地区的规划,全面提升旅游区的竞争力。三是旅游城市建设。以成都市为发展重点,加快推进主体公园、会展中心与歌剧院等大型工程建设,全面提升以成都市为主的旅游城市的吸引力与凝聚力。

其次,四川省坚持实施旅游精品战略。四川省政府积极发挥省内资源优势,统筹重点与发展特色,突出文化发展内涵,提高新型技术的应用,提高四川省旅游产品在国际市场上的竞争力。以四川省五大精品国际旅游区的发展为例,通过数据统计发现,其收入占全省旅游收入的一半以上,占入境旅游的95%以上。此外,对比全国各区域生态旅游发展态势(见图9),四川省生态旅游产业发展在全国居于领先地位。

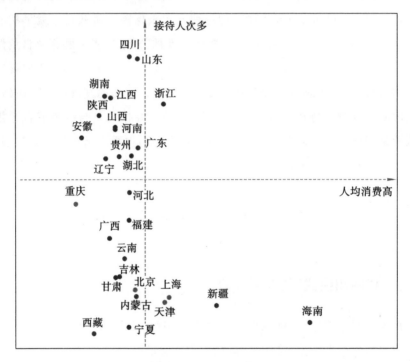

图9　全国各区域旅游发展态势矩阵图

(数据来源:美通社。)

最后,四川省坚持可持续发展战略。从20世纪80年代开始探索生态旅游到21世纪以达到生态旅游发展高级阶段为目标,四川省始终以可持续发展目标为主要战略高度,在进行旅游开发时坚持保护性开发,合理利用旅游资源。

(二)"生态四川"的发展脉动

首先,党的十八大以来,我国将生态文明建设纳入中国特色社会主义"五位一体"的总布局,旅游业在建设美丽中国的发展进程中起到重要作用,同时生态文明建设为生态旅游的可持续发展提供了重要保障。人们对出游意愿多样化的需求日益增多,开始渴望与环境建立一种互通,感受自然与生命的奥妙之美,生态旅游作为一种深层次的旅游体验形式,其注重人与自然之间的互动性,注重加强人在传统文化中的体验感,已逐渐成为人们追求的一种时代潮流。自1992年联合国环境与发展大会倡导实施可持续发展战略以来,我国政府认真履行承诺,并通过了《中国21世纪议程》,该议程从我国的基本国情出发,提出了促进经济、社会、资源及环境等相互协调的可持续发展整体战略。而生态旅游资源开发符合可持续发展战略的思想和原则,是保护生态环境的重要手段。

其次,闲暇时间是旅游者产生出游动机、进行旅游活动的首要前提,是影响旅游者实践旅游动机的决定条件。随着我国居民闲暇时间的增多,旅游逐渐成为人们生活中的重要活动要素之一。《职工带薪年休假条例》于2008年1月1日起施行,自此,职工带薪年休假有了法律保障,带薪休假制度,从整体上推进了"假日旅游"的发展。

最后,经济学家们认为有一种新的经济模式,叫注意力经济,也就是眼球经济。在现代强大社会媒体的推波助澜下,眼球经济比任何时候都要活跃。"5·12"汶川地震对四川省旅游产业造成的损失是巨大的,但2008年国家旅游局局长邵琪伟曾说,特大灾害后,对作为"眼球经济"的旅游业发展是一个巨大的优势和机遇,而汶川地震在给四川省旅游带来重创的同时,也让全世界认识了四川,在四川省旅游品牌建设方面具有重要促进作用。藏族小伙丁真因一段"野性与纯真并存"的短视频意外走红,形成了第一轮舆论波峰,此后"丁真参加选秀节目"等传言又引起舆论的讨论,而以"丁真为家乡代言"等消息为舆论的反转开启了新篇章,此后各地媒体与文旅部门的"抢人大战"将舆论推向了顶峰,丁真事件被评为2020年中国十大旅游事件之一。由此可以发现,丁真事件是四川旅游乃至全国旅游一次成功的营销实践。

(三)"生态四川"未来展望

1. 坚持精品化发展战略

四川省应积极培育具有标志性和引领性的项目,以现有的"大熊猫"品牌为依托,继续拓展旅游示范区、文化走廊及文化公园等的建设,全面提升旅游产品的境地。此外,也应以大九寨世界遗产旅游区为中心,以香格里拉文化生态旅游区、羌族文化生态保护试验区等为支撑建设世界级精品文化旅游区。

2. 加快"互联网＋旅游进程"

针对大数据时代游客的消费行为研究,运用超前整合思维,积极创新旅游产品发展机制,鼓励旅游景区及旅游企业等积极进行"互联网＋"技术创新,积极开展"互联网＋旅游＋双创"活动,利用大数据、云计算、人工智能与 AR 等新技术,打造服务旅游者的智慧旅游体系,全面提升四川省生态旅游产业的竞争力。

3. 全面实施旅游＋产业融合发展

四川省应积极推动景点模式转向全域旅游模式,全面规划"旅游＋"或"＋旅游"机制。一是积极推动"旅游＋第一产业"模式发展,推进农业等与生态的有机融合,打造花卉、红叶、大熊猫与森林文化四大生态旅游系列品牌建设;二是大力推进"旅游＋第三产业"模式,全面推进文化旅游,实现文化内涵与生态旅游的充分融合,提升生态旅游景区的内在文化沉淀。

参考文献

[1] 钟永德,王怀採,李晶博,等.国外生态旅游研究新进展[J].旅游论坛,2008(4).
[2] 李维余.四川森林生态旅游可持续发展战略研究[D].成都:西南交通大学,2007.
[3] 余迅.湖北省美丽乡村试点村空间分异特征及影响因素研究[J].湖北文理学院学报,2020(5).
[4] 唐炎林,苏智先,周良.四川省生态旅游跨越式发展初探[J].南方国土资源,2004(5).
[5] 杜通平,黄萍,赖斌,等.发展四川生态旅游的思路[J].软科学,2005(4).

［6］ 李达帆.生态旅游资源的可持续利用研究［D］.成都:成都理工大学,2006.

［7］ 黄梅英.当前四川生态旅游的SWOT分析及对策研究［J］.赤峰学院学报(自然科学版),2009(10).

作者简介:

陈兰兰,湖北大学商学院硕士研究生。

B3 贵州省生态旅游与绿色发展报告

李可欣

摘　要：生态旅游作为旅游的高阶形式，集经济发展、环境教育和绿色可持续三方面于一身，符合新时代社会建设的发展与人们生活的需要。贵州省是旅游大省，且在生态资源方面独具优势，发展生态旅游的潜力巨大。报告通过对贵州省生态环境、生态资源以及生态旅游发展三方面的比较分析，阐述贵州省生态旅游发展的现状，总结相关问题，并提出对应的发展建议，以期对贵州省的生态旅游发展有借鉴意义。

关键词：生态旅游；贵州省；绿色发展

Abstract: As a high-level form of tourism, ecotourism integrates economic development, environmental education and green sustainable development, which meets the needs of social construction and people's life in the new era. The tourism industry in Guizhou Province has developed well, and has distinct advantages in ecological resources, so it has great potential to develop ecological tourism. Based on the comparative analysis of ecological environment, ecological resources and ecotourism development in Guizhou Province, this paper points out the current situation and problems of ecotourism development in Guizhou Province, and puts forward corresponding development suggestions, in order to provide reference for the development of ecotourism in Guizhou Province.

Keywords: Ecological Tourism; Guizhou Province; Green Development

生态文明建设是人类可持续发展进程中永恒不变的主旋律，继"打好污染防治攻坚战"之后，生态文明建设的新使命"环境治理体系与治理能力现代化"

已被提上日程,坚持和完善生态文明制度体系,促进人与自然和谐共生成为社会每个组成部分的共同目标。"生态"+"旅游"是现阶段的新风尚,在传播生态文明理念和提高生态文明意识、丰富生态旅游文化、完善生态旅游制度方面具有举足轻重的作用。因此应更加重视生态旅游,践行"绿水青山就是金山银山"理论,充分展现开发与保护自然资源多方面的功能与价值。

一、贵州省生态环境优势

众所周知,良好的生态环境是发展生态旅游的基础,生态旅游的发展可以对生态环境的改善起到促进作用,二者相辅相成。生态环境同时也是我们赖以生存的家园,属于自然生态系统的一部分。贵州省给大众留下的印象始终是山多、水多、绿色多。依据中华人民共和国生态环境部发布的2016—2019年中国生态环境状况公报,主要污染物有废水污染物、废气污染物、工业固体废物这三个方面。因此,下文以这三个方面的相关指标来探查贵州省生态环境的状况。

衡量贵州省生态环境污染的指标中,废水排放总量从2009年开始持续增加,废水中化学需氧量(COD)排放量则从2010年有一个显著提升之后维持在相对稳定的状态。事实上,贵州省旅游收入自2010年起显著增长,除了废水总量的持续增长,其他生态环境污染指标都表现良好。从空气质量来看,废气排放中的二氧化硫、氮氧化物和烟(粉)尘等物质是空气质量变差的主要因素。数据显示,二氧化硫、氮氧化物和粉尘三者的排放量的总趋势逐渐下滑,虽有个别年限有所反弹,但并不影响大趋势的走向。可见,具有良好生态环境基础的贵州省,在积极响应国家相关旅游发展和生态补偿的政策之后,生态环境较之前更加优良。(见图1)

从一般工业固体废物的产生、综合利用等情况看,自2003年起一般工业固体废物产生量在持续增长,同时,一般工业固体废物综合利用量也以基本相同的速度在增长。由此可见,贵州省在工业固体废物污染方面也治理得当,需要注意的是工业污染治理投资总额在2013年后突然下降。(见图2)

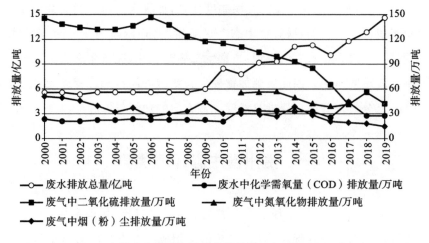

图1 贵州省废水废气污染物排放情况(2000—2019年)

(数据来源:中经网统计数据库。)

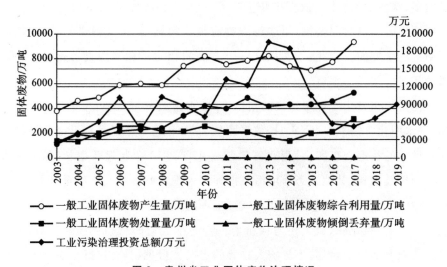

图2 贵州省工业固体废物治理情况

(数据来源:中经网统计数据库。)

二、贵州省生态资源丰富

发展生态旅游,生态资源是关键。长江经济带是具有全国影响力的内河经济带,也是生态文明建设的先行示范带,国家发改委国土开发与地区经济研究所副所长高国力说:"一定要充分利用大数据、云计算、人工智能这些新技术、新业态、新模式,要用于整个长江经济带的绿色生态发展……让整个长江经济带沿线的产业体系能够实现绿色化,实现智能化。①"贵州省作为长江经济带中的一员,坚定不移走生态优先、绿色发展之路,正是贵州省增强自身实体,做好新产业带头示范的机会。虽然贵州省东靠湖南,南邻广西,西毗云南,北连四川和重庆,但其他省份已经形成一定规模和独特形象的旅游景区,这对贵州省就生态资源而言也具有良好的基础。

(一)绿色生态资源丰富

2017年,贵州省在长江经济带各省、直辖市、自治区自然保护区数量和森林覆盖率的排名中分别位列第5名和第4名。(见图3、图4)自然保护区数量仅次于江西、四川、云南和湖南,而森林覆盖率在江西、浙江、湖南之后。由此可见,贵州省生态资源与长江经济带各城市相比较而言,排名并非靠后。且贵州省拥有丰富的矿产资源、水资源、土地资源以及生物资源。

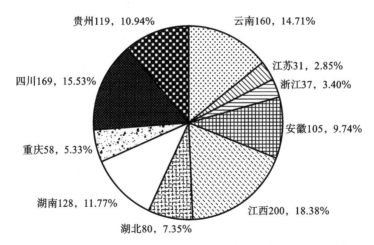

图3　2017年长江经济带各省、自治区、直辖市自然保护区数量(除上海)

---

① 《长江经济带坚持生态优先、绿色发展新动能凸显》,https://www.sohu.com/a/440986669_119038。

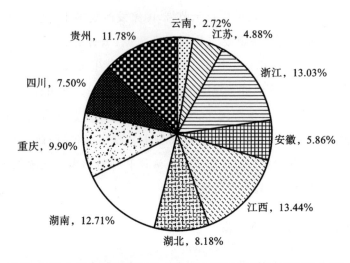

图4　2017年长江经济带各省、自治区、直辖市森林覆盖率(除上海)

注:上海经济发展主要以大都市旅游为主,带动经济发展,故这里将上海排除。

(数据来源:中经网统计数据库。)

(二)贵州省独特的气候资源

贵州省属亚热带季风气候,全年气温变化小、气候宜人、冬暖夏凉,属于天然避暑型独特气候。数据显示,贵州省各州市年平均气温不超过18 ℃,年平均湿度在78%以上(见表1),贵州省各地全年阴天多、日照少,最低温度范围在3—6 ℃,最高在23—25 ℃,是一个避暑的好地方。

表1　贵州省各州市气候概况

行 政 区 划	年平均气温/(℃)	年平均相对湿度/(%)
贵州省	16.04	81.33
黔西南州	17.14	81.75
铜仁市	16.68	80.1
黔南州	16.63	82.08
黔东南州	16.59	81.88
遵义市	15.89	81.38

续表

行 政 区 划	年平均气温/(℃)	年平均相对湿度/(%)
安顺市	15.82	80.83
六盘水市	15.1	78
贵阳市	14.8	83.5
毕节市	14.2	79.63

(数据来源:贵州省统计年鉴。)

三、贵州省生态旅游发展正当时

贵州省旅游自2015年开始呈现井喷式发展,旅游收入以指数趋势上升,在2018中国黑龙江国际生态旅游峰会上,《中国生态旅游发展报告》从国家生态旅游示范区、国家级自然保护区、国家森林公园、国家湿地公园、国家地质公园、国家水利风景区、国家风景名胜区七个生态资源维度进行评估,贵州省在七个生态资源维度总量上排名全国第十。

根据2020年资料,贵州省的A级景区共420家,其中生态旅游景区数量为304家,报告用生态旅游景区个数所占比例,作为贵州省生态旅游收入换算比例(见表2)。

表2 贵州省国内生态旅游估计收入表

年 份	国内旅游收入/亿元	换 算 比 例	生态旅游收入/亿元
2010	1052.70	0.723	761.102
2011	1420.70	0.723	1027.166
2012	1849.49	0.723	1337.181
2013	2358.18	0.723	1704.964
2014	2882.66	0.723	2084.163
2015	3500.46	0.723	2530.833
2016	5011.94	0.723	3623.633

续表

年 份	国内旅游收入/亿元	换 算 比 例	生态旅游收入/亿元
2017	7097.91	0.723	5131.789
2018	9449.58	0.723	6832.046
2019	12296.03	0.723	8890.030

（数据来源：根据2020年贵州省统计年鉴等资料整理。）

生态旅游景区是指相对较少受到人类活动干扰的自然景区，不仅可以为当地社区提供一定的经济支持，并且可以让游客在休闲娱乐的同时了解、学习到相关文化的场所。生态旅游景区应具有的四个基本核心特质，即自然性、学习性、责任感、可持续[1]。故报告所选生态旅游景区为自然保护区、森林公园、风景名胜区、地质公园、湿地公园、国家公园等绿色自然型景区。

贵州省的生态旅游景区收入占总旅游收入较大比例，观察发现，自2010年以来，生态旅游收入呈现指数式增长（见图5）。虽然全国关于生态旅游的相关标准还未统一，但仅从贵州省的生态环境、生态资源以及生态旅游的发展趋势来看，贵州省生态旅游的发展潜力巨大。

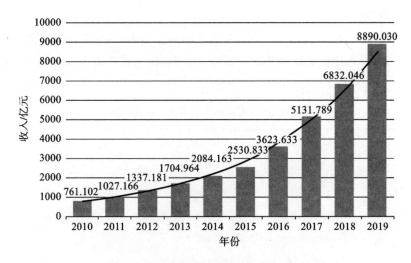

图5 贵州省生态旅游估计收入柱状图

（数据来源：根据相关资料整理。）

(一)生态旅游资源建设良好

依据2017年发布的《旅游资源分类、调查与评价》,可将我国的旅游资源分为8个主类、31个亚类和155个基本类型。按该标准,贵州省的旅游资源8个主类均占,共42种,旅游资源丰富。生态旅游的资源载体是发生生态旅游的重要物质基础,生态旅游的资源分类主要有山地型、森林型、草原型、湿地型、海洋型、沙漠戈壁型、人文生态型。生态旅游产品的类型主要有三个层次:第一是大众生态旅游产品,适应大众化旅游消费市场;第二是生态资源独特的示范型生态旅游产品;第三是数量少、品位高且具有特殊优势的特种生态旅游产品。

贵州省国家级生态旅游示范区有4个、国家级自然保护区10个、国家级森林公园30个,省级自然保护区与森林公园数量更多,贵州省丰富的生态景区资源,是生态旅游绿色文化教育、经济发展、文化传承等重要的前提条件。(见表3)

表3 贵州省生态旅游资源建设情况

类 型	景 区 名 称
国家级生态旅游示范区	荔波樟江、百里杜鹃、贵州省铜仁市梵净山旅游景区、贵州省遵义市赤水景区(4个)
国家级自然保护区	大沙河、佛顶山、宽阔水、习水中亚热带常绿阔叶林、赤水桫椤、梵净山、麻阳河、威宁草海、雷公山、茂兰(10个)
国家级森林公园	百里杜鹃、赤水竹海、贵州九龙山、凤凰山森林公园、贵州黄果树瀑源、贵州仰阿莎、贵州金沙冷水河、贵州福泉、贵州油杉河大峡谷、贵州甘溪、贵州台江、贵州九道水、贵州龙架山、贵州仙鹤坪、贵州毕节、贵州大板水、贵州赫章夜郎、贵州㵲阳湖、贵州紫林山、贵州朱家山、贵州黎平、贵州习水、贵州雷公山、贵州玉舍、贵州燕子岩、贵州尧人山、贵州长坡岭拱陇坪、龙架山、青云湖、蛤蚌河(30个)

(数据来源:根据贵州省文化和旅游厅官网、贵州省林业局、贵州省人民政府的数据整理而成。)

(二)森林公园分布广泛

贵州省森林公园数量众多且占地面积大,观察贵州省森林公园的分布情况,有助于分析贵州省的生态旅游发展情况。其中,梵净山森林生态系统和茂兰喀斯特森林生态系统分别于1986年和1996年被批准加入联合国教科文组织世界生物圈保护网络。遵义、毕节、黔东南森林公园分布数量较多,其他市(州)的森林公园数量相对而言占比较少(见图6)。遵义作为革命老区,拥有丰富的红色文化遗产,内容形式丰富多样,主要呈现出以长征文化为主体的多元性。在全国红色旅游中,贵州省红色旅游也占据一定地位,特别是遵义会议会址,近年来,遵义会议纪念馆年接待游客量在400万人次以上,且受众群体中年轻人的身影越来越多。未来可考虑以"生态旅游+红色文化遗产"的形式,打造"绿色"+"红色"的旅游生态。

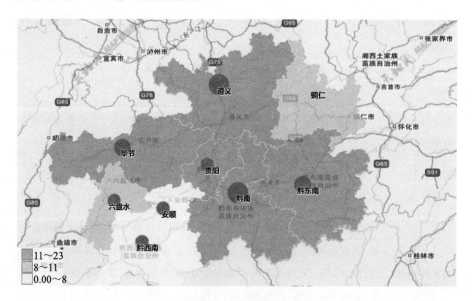

图6 贵州省森林公园分布图

(数据来源:贵州省宏观经济数据库。)

(三)喀斯特独特生态系统

贵州省水流资源十分丰富,苗岭是长江和珠江两流域的分水岭,以北属长江流域,流域面积 115747 平方千米,占全省面积的 66.1%;苗岭以南属珠江流域,流域面积 60420 平方千米,占全省面积的 35%。在此基础上,贵州省岩溶地貌发育典型,构建出特殊的喀斯特自然文化,占全省国土总面积的 61.9%,境内岩溶地貌明显,形态类型齐全,分布范围广泛,构成一种奇特的岩溶生态系统,吸引不少旅游爱好者一探究竟。[①]

(四)国家政策大力支持

近些年,随着国家经济发展战略的调整,旅游发展迎来了新时代,关注政策导向,是旅游投资者和旅游从业者都应该重视的。自 1979 年以来,贵州省旅游业从友好访问、探亲访友等开始逐渐发展,相应旅游基础建设也取得一定进展。

2012—2019 年贵州省生态旅游相关政策文件如表 4 所示。

表 4 贵州省 2012 年至 2019 年生态旅游相关政策文件

年份	政策文件	相关内容
2012	《国务院关于进一步促进贵州经济社会又好又快发展的若干意见》	指明扎实推进生态保护与建设、抓好石漠化综合治理、建立生态补偿机制
2014	《中共贵州省委贵州省人民政府关于支持贵阳市加快旅游业发展的意见》	构建以都市旅游和休闲度假为龙头、商务会展旅游为特色、生态文化旅游为支撑、特色乡村旅游为补充的文化旅游产业体系

[①] 贵州省人民政府网站资料。

续表

年份	政策文件	相关内容
2016	《关于设立统一规范的国家生态文明试验区的意见》	贵州省作为生态资源丰富、资源环境承载能力较强的省份，被纳入首批统一规范的国家生态文明试验区
2017	《生态环境损害赔偿制度改革方案》	力争在全国范围内初步构建责任明确、途径畅通、技术规范、保障有力、赔偿到位、修复有效的生态环境损害赔偿制度
2019	《贵州省加快生态旅游发展实施方案》	明确到2025年，基本建成一批完善的生态旅游产品体系，培育发展生态旅游重点品牌，使贵州省成为具有相对影响力的生态旅游目的地

（数据来源：根据贵州省人民政府官网、贵州省文化和旅游厅官网的数据整理而成。）

四、贵州省生态旅游劣势分析

（一）生态旅游形象未深入人心

随着大众旅游的普及，旅游者的消费倾向更加趋于个性化与原生态。再加上随着环境的不断恶化、资源过度耗费和旅游景观的破坏，全世界兴起了关注生态文明建设的浪潮，生态旅游应运而生，用优质的自然生态环境助力旅游产业发展，再用旅游产业发展带动生态环境改善。贵州省依托优质的自然资源，打造了一批国家5A级旅游景区和国家生态旅游示范区。将"绿色＋"理念和旅游要素融入农业园区、产业园区、示范小镇和城市综合体之中，贵州省在这个国内生态旅游兴起和竞争的大环境之下是有绝对的资源优势的[1]。

---

[1] 《扬起生态贵州强劲风帆——贵州生态文明建设成就综述（上）》，https://m.sohu.com/a/240098356_100000105。

以"贵州＋生态旅游"为组合关键词,得到的百度指数显示,西南、华东地区的人群更加关注贵州省生态旅游。西北地区与东北地区对其关注度较低。

根据调查,北京、上海、广州、杭州、深圳这些较发达城市关注度较高,受众习惯了大城市快节奏的生活方式,更加倾向于原生态纯自然的旅游地。但其他新一线城市及二线城市的关注度则不高,侧面说明贵州省旅游宣传不到位,旅游形象没有深入人心。

从关注人群的年龄段来看,省外市场20岁至39岁年龄段的群体更加关注贵州省生态旅游相关话题,且男性关注者比例大于女性。但众所周知,现在女性消费市场巨大,抓住女性顾客心理和女性消费市场就抓住了巨大的消费市场,所以贵州省生态旅游在发展过程中除了对旅游基础设施、道路交通、生态教育等已知问题进行改善,还要思考如何紧跟潮流,创造自己独特的核心竞争力(见图7、图8)。

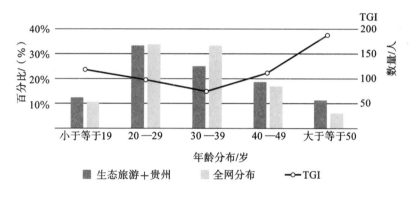

图7 2019年省外市场人群年龄画像图

(数据来源:百度指数。)

贵州省作为旅游目的地在游客的心目中的形象往往是山多、水多、民族多、酒香、经济发展水平不高,这就造成了在旅游业自身形象的塑造上没有统一的思想和主题,周边省区有桂林山水甲天下、四川九寨沟等品牌,这些地方在游客的心中拥有较清晰的游前形象。此外,贵州省的宣传形式较传统,没有充分展示自己的品牌特色,其丰富的旅游资源在国内外知名度及热度并不高。

再加上生态相关法律尚未健全,生态旅游相关界定也没有统一,贵州省的生态旅游发展缺少统一的规划管理,生态旅游市场混乱,许多人只顾眼前的利

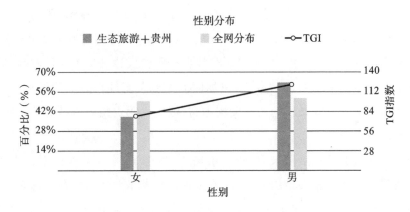

图 8　2019 年省外市场人群性别画像图

（数据来源：百度指数。）

益,盲目模仿其他景区,这不仅使生态资源被破坏、难以恢复,同时也造成了生态旅游景区的同质化。从人文生态角度来看,受到文化融合的影响,生态旅游逐渐汉化失去原有的特色,原生态文化遭到破坏。这些行为均不利于贵州省独特形象及核心竞争力的形成。

(二)旅游交通等基础设施仍需加强

在基础设施方面,贵州省旅游发展起步较晚,关于生态旅游的发展未进入长期的规划之中,进行生态旅游基础设施的投资,比如环境主题讲解、生态旅游活动设施建设,需要投入大量资金,但贵州省经济发展水平不高,对于生态旅游的发展不利。

在旅游交通方面,贵州省地处云贵高原,93%的面积为山地和丘陵,地铁、公路、铁路等建设成本高,截至 2020 年,贵阳仅一条地铁线开通(见图 9),交通设施短缺,就会造成景点分散,给游客带来不便,连接全省与海外客源市场的航道不畅,省内接待游客的公路运输能力不足,乡村公路网络条件和养护同样没有得到足够的重视,崎岖、颠簸而漫长的行程使旅游者倍感疲惫。

(三)居民环保意识有待加强

贵州省因山地众多,经济发展相对较落后,原生态旅游资源丰富,但随着

B3 贵州省生态旅游与绿色发展报告

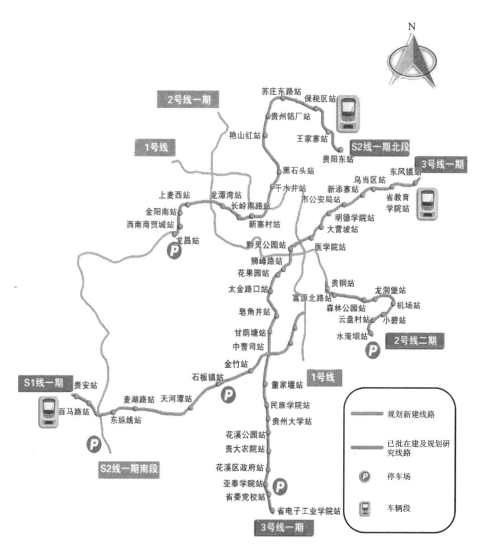

图 9　贵州省地图交通路线图

（数据来源：贵州省交通运输厅官网数据。）

贵州省建设"旅游省""公园省"的步伐加快，且各地居民急切地想通过旅游致富的心理呈上升的趋势，值得引起一定重视。生态旅游发展是一条优质的可持续发展之路，生态旅游蕴含着环境教育等众多功能，绝不能简单地定性为"植树造林""看山看水"等。

贵州省废水中主要污染物排放情况(2011—2019 年)如图 10 所示。

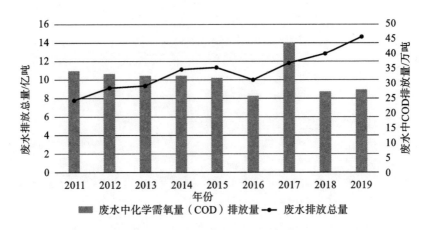

图10 贵州省废水中主要污染物排放情况(2011—2019年)

(数据来源:贵州省宏观经济数据库。)

根据图11,工业废水排放量自2013年至2014年有所增加,而后持续走低,工业废水中化学需氧量排放量同样成比例地逐年降低;反之生活污水排放量与废水中化学需氧量排放量却在逐年递增。这从侧面可以反映出,工业企业在国家政策、法律以及政府监督之下,废水污染得以良好控制,而居民的生态意识淡薄,环境保护意识差,对于"绿水青山就是金山银山"的概念认识不到位,未树立起可持续发展理念。

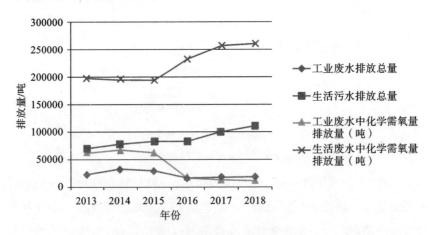

图11 贵州省工业/生活废水排放数据(2013—2018年)

(数据来源:贵州省宏观经济数据库。)

五、贵州省生态旅游发展建议

(一)塑造独特形象,打造核心竞争力

最近几年,贵州省政府致力于形象的塑造,加强了宣传的力度,开始尝试多样化的宣传方式,比如"多彩贵州""爽爽的贵阳"等宣传口号,但在生态旅游宣传创新和宣传力度上与周边旅游大省相比仍有很大的进步空间。贵州省生态旅游发展,应彰显生态旅游特色,其尚未开发资源较多,可以尝试除大众生态旅游之外,打造高级生态旅游景区,限制旅游人数,让旅游者真正体验到原生态旅游产品和优质的服务,逐步摆脱传统的"观光旅游"的思想桎梏,改变旅游资源的利用方式,实现生态旅游产品的特色打造。走创新引领之路,全面实现产品转型和提升,开发独特生态旅游产品。开发生态旅游产品,必须坚持旅游精品战略,突出生态旅游资源特色,提高品位,进行高标准、高质量建设,防止盲目和粗放开发,开发出优质生态旅游产品[2]。日益激烈的客源市场竞争不仅仅需要独特的旅游产品还需要体现个性和充分展示形象的品牌和服务,只有打造独具的特色,才能在激烈的竞争中获得优势。

(二)增强基础设施建设,打造绿色旅游交通

对于贵州省旅游交通而言,贵州省地处高原地区,大部分面积为喀斯特地貌,由于喀斯特地貌不易留住水土,易被流水冲蚀、潜蚀,生态环境非常脆弱,环境承载力较低。脆弱的生态系统一旦被破坏,在短期内就很难恢复。因此,生态旅游是科技含量较高的行业,一旦规划开发过程中没有考虑生态环境系统,就有可能会破坏系统之间的平衡状态,但高层次的旅游规划人才较少,且需要大量资金支撑。生态旅游缺乏管理人才和资金投入,对当地生态旅游发展十分不利[3]。

生态资源在短时间内是不可再生的,一旦规划不合理或者无长远规划,旅游开发就会变成生态破坏,短期内收益良好,但实际付出的代价是巨大的,损

失更是不可估量的。

在规划之前,首先要结合当地特色去思考,每个地域自身的特色与当地的人文、地理、文化、风情等不可分割,将旅游资源赋予文化的内涵,让贵州省的"山""水"有故事,游客也不会再看山只是山,看水只是水了,这样的生态旅游才有活力和生命力。

对于贵州省基础设施而言,在开展生态旅游规划时,应保证在开发过程中尽量减少对生态环境造成的负面影响,各个生态旅游区在规划时可以参照美国学者 Forst 提出的核心保护区、游憩缓冲区和密集游憩区的功能区分方法,遵循适度、有序、分层次开发的原则,慎重开发生态旅游资源。在游憩缓冲区和密集游憩区开发那些不影响或少影响生态环境的旅游项目,不允许任何形式的有损生态环境的开发行动,以维护生态系统的平衡。在核心保护区内,严禁开发任何项目,维护、保持原生态的自然和人文景观。总之,生态旅游规划要求任何旅游项目的开发,应以不破坏生态环境及生态平衡为前提,相关旅游产业基础设施的建设应与自然环境协调统一,做到因地制宜、顺应自然。

(三)树立可持续发展意识

对于可持续发展意识的全面树立,这就需要贵州省想方设法通过各种形式对旅游产业相关人员进行广泛的宣传教育,让生态旅游的参与者都能树立起环保的意识,提高生态旅游意识,强化生态旅游理念。

具体来说,对以下两类人进行宣传教育与培训效果会很好:

第一,从事生态旅游的人员或组织机构。

这类人主要包括各个生态旅游景区的从业人员,当地居民及相关政府主管部门。针对这一类人,应定期开展以"生态旅游"为主题的业务培训,使他们牢固树立环保"3R"(Reduce,Reuse,Recycle)理念,即限制、再使用、再循环,使他们深刻认识到贵州省生态的脆弱性和生态旅游的可持续发展思想,使他们以主人翁的姿态在生态旅游的开发、经营、管理中自觉保护资源环境,强化其生态旅游理念。同时,对各生态旅游景区导游的培训也要加强,增强导游的生态旅游意识,提高其素质,使其在引导游客、介绍旅游景点时,能够向旅游者描述和解释当地的自然景观与原生态文化,传输生态旅游理念。

第二,生态旅游消费者,包括旅游者和潜在旅游者。

在进入景区开始游玩之前,要对这类消费者开展有关生态旅游环境意识教育,如开展简短的进入景区前的生态旅游理念教育或宣传活动,使旅游者在生态旅游景区游玩期间能够时刻保持环保意识,约束与规范自身的各种旅游行为。建议在各大生态旅游景区建立生态旅游博物馆作为旅游的项目之一,通过参观生态旅游博物馆,使游客们切实感受到生态旅游的内涵,从自身做起,倡导生态文明。

参考文献

[1] 张凌云.旅游景区管理[M].4 版.北京:旅游教育出版社,2009.

[2] 魏媛,苏庆华.基于 SWOT 分析的贵州省生态旅游发展研究[J].江苏农业科学,2012(3).

[3] 陈风波.贵州发展生态旅游要注意的事项[J].文化创新比较研究,2017(10).

作者简介:

李可欣,湖北大学商学院硕士。

B4 湖南省生态旅游与绿色发展报告

赵佳玮

摘　要：生态旅游因其经济效益、环境效益与生态效益相结合的特性,已成为当今旅游发展的主流。湖南省风景秀丽、资源丰富,是中国的旅游大省,也是我国生态旅游发展的重点区域。报告通过对湖南省生态旅游的资源总量特征、结构特征以及发展特征进行分析,指出湖南省生态旅游发展的现状以及存在的问题,并为湖南省未来生态旅游的发展提出相应的建议,以期为湖南省以及类似地区未来生态旅游的发展提供借鉴。

关键词：生态旅游；湖南省；研究报告

Abstract：Ecotourism has become the mainstream of tourism because of its combination of economic benefits, environmental benefits and ecological benefits. Hunan Province is an important ecotourism province in China, with beautiful scenery and rich ecological resources. Therefore, it is necessary to make a systematic study on the development of ecotourism in Hunan Province. Firstly, this paper analyzes the characteristics of the resources, structure and development of ecotourism in Hunan Province and points out the current situation and existing problems. Secondly, this paper puts forward corresponding suggestions for the future development of ecotourism in order to provide reference for the future development of ecological tourism in Hunan Province and similar areas.

Keywords：Ecotourism；Hunan Province；Research report

湖南省位于长江中游,省境绝大部分在洞庭湖以南,故称湖南。湘江贯穿省境南北,故简称湘。"三湘四水"是湖南的又一称谓,"三湘"因湘江流经永州、衡阳以及入洞庭湖时,分别与潇水、蒸水、沅水相汇而得名,分别称"潇湘""蒸湘"和"沅湘";四水则指湘江、资江、沅江和澧水。在地理位置上,湖南地处东经108°47′—114°15′,北纬24°38′—30°08′;东以幕阜、武功诸山系与江西省交界,西以云贵高原东缘连贵州省,西北以武陵山脉毗邻重庆市,南枕南岭,与广东省、广西壮族自治区相邻,北以滨湖平原与湖北省接壤。在地势上,湖南省地处云贵高原向江南丘陵和南岭山脉向江汉平原过渡的地带。在全国总地势、地貌轮廓中,湖南省属自西向东呈梯级降低的云贵高原东延部分和东南山丘转折线南端。东面有山脉与江西省相隔,主要是幕阜山脉、连云山脉、九岭山脉、武功山脉、万洋山脉和诸广山脉等,南面是由大庾、骑田、萌渚、都庞和越城诸岭组成的五岭山脉(南岭山脉),西面有北东南西走向的雪峰武陵山脉,跨地广阔,山势雄伟,成为湖南省东西自然景观的分野。湘中大部分为断续红岩盆地、灰岩盆地及丘陵、阶地,海拔在500米以下。北部是全省地势最低、最平坦的洞庭湖平原,海拔大都在50米以下,临谷花州,海拔仅23米,是省内地面最低点①。

湖南省是中国的旅游大省,历史悠久,风景秀丽,旅游资源得天独厚。截至2020年,湖南省有10个国家5A级旅游景区,共322个A级旅游景区,山水风光、名胜古迹遍布"三湘四水"。

一、湖南省生态旅游的特征

(一)生态资源总量特征

1. 生态资源赋存特征

湖南省生态旅游资源类型多样,数量丰富,质量优异。经过几十年生态旅游的发展,湖南省已初步形成了由世界遗产、森林公园、风景名胜区、自然保护区、湿地公园、地质公园、水利风景区、历史文化名城、历史文化名镇等生态旅

---

① 湖南省人民政府网站相关资料。

游资源组成的多种类型的生态旅游体系。从生态旅游资源赋存情况来看,湖南省的国家级湿地公园数量、森林公园数量以及风景名胜区数量均居全国第一,在生态旅游资源总量上,湖南省仅次于山东省,位于全国第二。

在自然生态资源方面,湖南省位于长江中下游南部亚热带季风气候区,有良好的生态和物种多样性。湖南已查明的自然景观资源有一千多处,包括集奇、险、秀于一身的张家界、南岳衡山、世外桃花源的武陵源、诗情画意的壶山以及烟波浩渺的洞庭湖,其中被列入世界自然遗产名录的武陵源景区景色优美,峰峦如聚,被称为自然的迷宫、地质的博物馆、森林的王国、植物的百花园[1]。除此之外,湖南还拥有丰富的森林资源,2019年湖南省森林面积达1189.44万公顷(1公顷=10000平方米),且全省已查明的动植物种类有六千多种,拥有的野生动植物资源丰富。湖南省国家级自然生态旅游景区统计情况如表1所示。

表1 湖南省国家级自然生态旅游景区统计表

类型	景区	数量
世界遗产	武陵源、中国丹霞·崀山、老司城遗址	3
森林公园	张家界、神农谷、莽山、大围山、云山、九嶷山、阳明山、南华山、黄山头、桃花源等	64
风景名胜区	韶山、岳阳楼-洞庭湖、武陵源、崀山、岳麓山、衡山、猛洞河、桃花源、德夯、万佛山-侗寨、紫鹊界梯田-梅山龙宫等	22
自然保护区	炎陵桃源洞、东洞庭湖、西洞庭湖、壶瓶山、张家界大鲵、八公山、莽山、永州都庞岭、小溪等	23
湿地公园	东江湖、猛洞河、雪峰湖、临澧道水河、祁阳浯溪、嘉禾钟水河、中方溆水、洋湖、汉寿息风湖、零陵潇水、麻阳锦江等	67
地质公园	莽山、崀山、郴州飞天山、凤凰、湘西州红石林、湄江、平江石牛寨、大围山、酒埠江、雪峰湖、张家界砂岩峰林等	14

续表

类型	景区	数量
水利风景区	衡东洣水、湘江风光带、金洞白水河、千龙湖、紫鹊界梯田、蔡伦竹海、柳叶湖、清水湖、洋湖、花垣边城茶峒等	43

（数据来源：根据湖南省林业局官网、湖南省文化和旅游厅官网、湖南省水利厅官网数据整理。）

在人文生态旅游资源方面，湖南省历史悠久，可以追溯到旧石器时代，这造就了湖南省深厚的文化底蕴。湖南省有30多处旧石器时期遗址，900多处新石器时期的遗址，炎帝陵、舜帝陵、三国吴简、里耶秦简、南方长城、岳阳楼、马王堆汉墓、岳麓书院、凤凰古城等一大批历史人文景观极大地丰富了湖南省的历史文化宝库。此外，作为中国共产主义运动和新民主主义革命的重要发源地之一，湖南省有着丰富的红色旅游资源，湖南省已有14处红色旅游景区被列入"全国红色旅游经典景区名录"。

此外，湖南省民俗生态旅游资源也十分丰富。湖南省是一个多民族省份，全国众多民族都有居民在境内生活，其中世居的有汉族、苗族、土家族、侗族、瑶族、壮族、白族、回族以及维吾尔族九个民族，每个民族在语言、服饰、信仰、节日、婚俗、建筑等方面都各有特色，如苗族的对歌、刀梯会、芦笙节，侗族的芦笛舞和侗戏等。湖南省的民俗旅游资源具有区域性与民族性、艺术性与实用性、娱乐性与知识性，这些特点促成了湖南省"人有我优，人优我特"的独特旅游资源体系，其民俗风情古朴原始，加上湖南省自然环境复杂多样，形成了湖南省"十里不同天，百里不同俗"的独具特色的民俗旅游资源。表2为湖南省国家级人文生态旅游资源统计表。

表2 湖南省国家级人文生态旅游资源统计表

类型	资源	数量
历史文化名城	长沙市、凤凰县、永州市、岳阳市	4
历史文化名镇	浏阳市文家市镇、岳阳市临湘聂市镇、东安县芦洪市镇、湘西自治州龙山县里耶镇、湘西自治州永顺县芙蓉镇（原王村镇）、长沙市望城区靖港镇、邵阳市绥宁县寨市镇、湘西自治州泸溪县浦市镇	8

续表

类　型	资　源	数　量
历史文化名村	岳阳市岳阳县张谷英村、永州市江永县上甘棠村、怀化市会同县高椅村、永州市零陵区干岩头村、郴州市永兴县高亭乡板梁村、怀化市辰溪县上蒲溪瑶族乡五宝田村、永州市祁阳县潘市镇龙溪村、永州市双牌县理家坪乡坦田村、醴陵市沩山镇沩山村等	18
红色旅游经典景区	湘潭市韶山市毛泽东故居和纪念馆、长沙市红色旅游系列景区、湘潭市湘潭县彭德怀故居和纪念馆、岳阳市红色旅游系列景区、郴州市红色旅游系列景区、衡阳市衡东县罗荣桓故居、张家界市红色旅游系列景区、湘西土家族苗族自治州永顺县湘鄂川黔革命根据地旧址、湘潭市湘乡东山学校旧址、怀化市红军长征通道会议旧址、衡阳市南岳忠烈祠、怀化市芷江县中国人民抗日战争胜利芷江受降旧址与飞虎队纪念馆、株洲市红色旅游系列景区、胡耀邦故居和陈列馆	14

（数据来源：湖南省人民政府官网。）

2. 生态旅游资源分布特征

截至 2019 年，在世界级和国家级层面上，湖南省已有世界级遗产 3 处，拥有森林公园 26 处，风景名胜区 22 个，自然保护区 23 个，湿地公园 67 个，地质公园 16 个，水利风景区 42 个；此外湖南省还拥有 4 个历史文化名城，10 个历史文化名镇以及 25 个历史文化名村。为更好地反映湖南省优质生态旅游资源的分布情况，以湖南省的国家级生态旅游景区为样本，通过百度拾取坐标系统来获取各景区的地理坐标，并应用 ArcGIS 10.5 软件对坐标数据进行处理，得到湖南省国家级生态旅游资源现状分布图。（见图 1）

核密度分析工具用于计算要素在其周围邻域中的密度，为了解湖南省生态旅游资源的分布密度情况，利用 ArcGIS 10.5 软件分别对湖南省国家级的自然生态旅游资源及人文生态旅游资源进行核密度分析，分析结果显示：

在湖南省自然生态旅游资源的分布中，核密度高值地区有两个核心，一个是常德市洞庭湖附近，另一个是衡阳市北部地区；核密度中值地区有多处，包

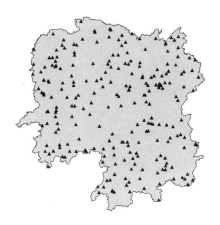

图 1　湖南省国家级生态旅游资源现状分布图

（数据来源：作者自制。）

括张家界市、湘西土家族苗族自治州、长沙市西部地区、益阳市以及郴州中东部地区；核密度值较低的地区主要为湖南省中部娄底市、邵阳市以及怀化市东北部地区。（见图2）

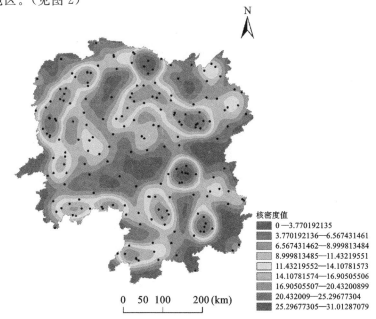

图 2　湖南省国家级自然生态旅游资源分布核密度图

（数据来源：作者自制。）

总体来说,湖南省国家级自然生态旅游资源主要分布在北部以及西南地区,并围绕中心呈现出多点、多片区分布的○形格局。

在湖南省人文生态旅游资源的分布中,核密度高值地区呈现一个核心,即湖南省长株潭地区,这得益于长株潭地区有着丰富的红色文化旅游资源;核密度中值地区有三处,一是怀化市西部地区,二是湘西土家族苗族自治州地区,三是永州市中部地区;核密度低值地区主要为中部常德市、娄底市与邵阳市地区。(见图3)

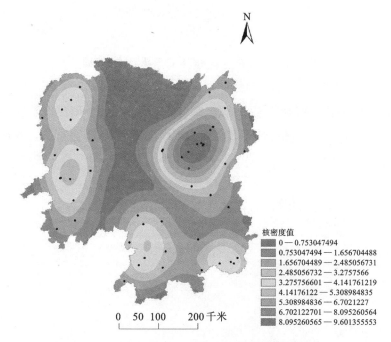

图3　湖南省国家级人文生态旅游资源分布核密度图

(数据来源:作者自制。)

总体来看,湖南省人文生态旅游资源主要分布在东北部长株潭地区、西部地区以及南部永州地区,呈现Y形的分布格局。

(二)结构特征

1. 生态旅游产业结构特征

总体来看,湖南省生态旅游产业存在结构单一和综合效益不高的特征。

首先是生态旅游产业结构较为单一。湖南省生态旅游的跨界融合有待加强,生态旅游产业还主要局限于传统景区、旅行社等领域,与城镇、乡村、立体交通布局等领域,以及文化、体育、健康、养老、农业、工业、科技、教育等相关产业融合度不够。

其次是生态旅游的综合效益不高。湖南省生态旅游地主要收入依靠门票,景区的二次消费项目少,游客的消费水平低,人均消费不高。

2. 生态旅游产品结构特征

从生态旅游的产品结构来看,湖南省的生态旅游产品结构较为单一。湖南省生态旅游资源丰富,但目前湖南省的生态旅游还以观光型产品为主,集休闲、度假、观光、娱乐于一体的复合型生态旅游产品不多,旅游新业态、新产品创新不足,难以满足游客多元化、个性化的消费需求。以武陵源风景名胜区为例,1992年武陵源风景名胜区被联合国教科文组织列入"世界自然遗产名录",至此张家界因其特色山水资源而闻名。长期以来,以武陵源的山、水、洞、林为依托而打造的生态旅游是湖南省生态旅游中的重要项目,但也正是因为其独特的山水自然资源,当地在旅游开发中过度依仗武陵源,对当地的人文旅游资源缺乏认识和开发,致使生态旅游产品单一,文化特色不浓。

(三)发展特征

1. 生态旅游产业规模不断扩大

生态旅游在湖南省旅游业中占有重要地位,而且往往与其他旅游形式难以分开。由于湖南省没有专门的生态旅游收入统计数据,因此以湖南省与生态旅游相关的A级景区数量为依据,通过比例法将湖南省旅游总收入与生态旅游总收入进行转换。截至2019年,湖南省有国家5A级旅游景区9个,国家4A级旅游景区123个,国家3A级旅游景区159个,国家2A级旅游景区29个,国家1A级旅游景区2个;其中与生态旅游相关的景区分别有8个、72个、85个、16个、1个,与生态旅游相关的A级旅游景区数量占总体A级旅游景区数量的56.52%。因此,湖南省生态旅游收入约占整体旅游收入的56.52%。

但是由于转换依据只考虑了2019年湖南省A级旅游景区的数量,而没有考虑每年A级旅游景区数量的变动以及各个景区门票价格与游客接待量等因素,因此采用比例法所得出的56.52%仅仅为估计参考值。(见表3)

表3 湖南省A级旅游景区数量表

等级	总数/个	与生态旅游相关景区数/个
5A	9	8
4A	123	72
3A	159	85
2A	29	16
1A	2	1
总计	322	182

(数据来源:湖南省文化和旅游厅。)

从湖南省生态旅游收入及增速变化情况可以看出,2015年—2019年湖南省生态旅游收入呈快速上涨的趋势,其中2015年—2017年增速较快,2017年—2019年增速逐渐放缓,但年增速均在15%以上。这表明随着社会经济的发展,湖南省的生态旅游产业规模在不断扩大。(见图4)

2. 生态旅游环境不断好转

新中国成立之初,湖南以农业生产为主,在相当长一段时间对自然资源产生过度依赖,围湖造田和毁林开山等事件时有发生。在工业化发展初期,湖南也曾一度偏离对自然的正确认识,各地生态环境被破坏污染。20世纪90年代以来,湖南认真践行生态文明发展,牢固树立生态优先、绿色发展的理念,提出"生态强省"的发展目标[2],对省内的生态环境实施全方位、全地域、全过程的整治,开展栽树、造林、理水等活动,推进对湘江、洞庭湖以及长江岸线的保护治理,使湖南省内的生态环境质量逐渐改善,走上健康发展之路。以湖南省的森林面积和造林总面积为例,2009年—2018年,湖南省年均造林37.38万公顷,湖南省森林总面积由2009年的948.17万公顷增至2018年的1052.58万

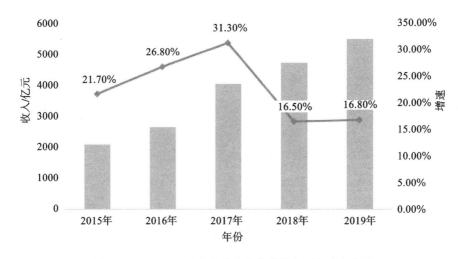

图 4　2015—2019 年湖南省生态旅游收入及增速变化图

(数据来源:《湖南统计年鉴》。)

公顷①,森林覆盖率高达 59.82%,远超全国 22.96% 的平均水平(见图 5)。

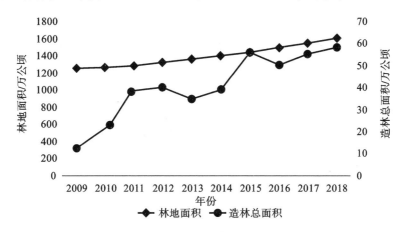

图 5　2009—2018 年湖南省造林面积与林地总面积变化情况

(数据来源:中经网统计数据库。)

3. 生态旅游基础设施不断完善

湖南省在"十二五"与"十三五"期间,加大了对旅游基础设施的建设,旅游

---

① 根据中经网相关数据整理。

基础设施不断完善,总体形成了公路、铁路、航空、水运相结合的立体旅游交通网络体系。在高速公路和高速铁路方面,2019年湖南省高速公路总里程居全国第七位,全省形成了"五纵六横"的高速公路主框架;高速铁路总里程居全国第三位;在航空方面,长沙黄花国际机场、张家界荷花国际机场新航站楼改扩建完成,衡阳南岳机场正式通航,国际直飞航线航班不断增加;在内河航运方面,湖南省内河航运体系完善,基本形成了以洞庭湖为中心,长沙、岳阳为枢纽的内河水运体系。总体来看,湖南省基本形成了"五纵五横"铁路网、"七纵七横"公路网、"一纵五横"水运网、"一枢纽一干多支"航空网的立体交通大格局,旅游发展的交通条件良好。

此外,湖南省还通过大力推进旅游厕所革命、停车场建设、旅游信息公共平台建设等,对旅游配套服务设施不断进行改善。(见图6)

图6 湖南省2015—2020年旅游厕所建设情况

(数据来源:中经网统计数据库。)

4. 生态旅游格局逐渐形成

湖南省立足"一带一部"区位优势,挖掘旅游资源特色,主动融入和对接"一带一路"倡议,加强区域旅游合作,在自然资源、人文资源以及生态旅游发展现实情况的基础上,逐渐形成了四大生态旅游区与一条生态旅游带,构成"四区一带"的生态旅游发展格局。

"四区"分别为湘中长株潭革命感悟和都市休闲生态旅游区、湘北环洞庭湖湖河湿地休闲度假生态旅游区、湘西山水生态休闲和民族风情体验生态旅游区，以及湘东南名山文化生态旅游区。

湘中长株潭革命感悟和都市休闲生态旅游区包括长沙市、株洲市、湘潭市，区域内生态旅游资源与人文旅游资源组合性较好，既包括红色革命文化，又有楚湘名人文化，还拥有山、湖等自然资源，以文化旅游、休闲度假为特色的休闲生态旅游是其发展重点，其定位是我国中部地区重要的旅游集散服务中心和长江中游城市群旅游产业发展核心引领区。

湘北环洞庭湖湖河湿地休闲度假生态旅游区包括岳阳市、常德市、益阳市，区域内包括大量的湿地资源、自然保护区、风景名胜区等优质生态资源以及岳阳楼等特色人文旅游资源，湖泊湿地旅游度假和文化体验生态旅游是其主要旅游产品。其定位是国际知名湖泊型旅游目的地。

湘西山水生态休闲和民族风情体验生态旅游区包括张家界市、湘西土家族苗族自治州、怀化市、邵阳市、娄底市。因位于武陵山区及湘西土家族苗族自治州，其拥有丰富的山水自然风光以及特色的民族民俗风情，且生态旅游资源的质量高、集群性好，因此，生态观光、休闲度假、民俗体验、文化考察等是该区域生态旅游发展的重点项目。其定位是国际知名生态文化旅游目的地。

湘东南名山文化生态旅游区包括衡阳市、郴州市、永州市，"五岳独秀"的衡山就在此区域内，湘东南地区不仅有着以九嶷山为代表的自然生态旅游资源，还有着以炎帝陵为代表的人文生态旅游资源，更有着以衡山为代表的集自然与人文宗教于一体的"和谐统一"的生态旅游资源，生态观光、休闲度假与文化体验是其生态旅游发展的重点。其区域定位为集自然观光、文化体验、生态度假等功能为一体的生态文化休闲度假旅游目的地。

"一带"为湘江生态旅游带。湘江生态旅游带包括岳阳市、长沙市、湘潭市、株洲市、衡阳市、永州市，重点发展观光休闲、文化体验、滨江绿道等旅游产品，充分体现了湖湘文化和两型特色的滨江生态旅游。

湖南省"四区一带"生态旅游格局如图7所示。

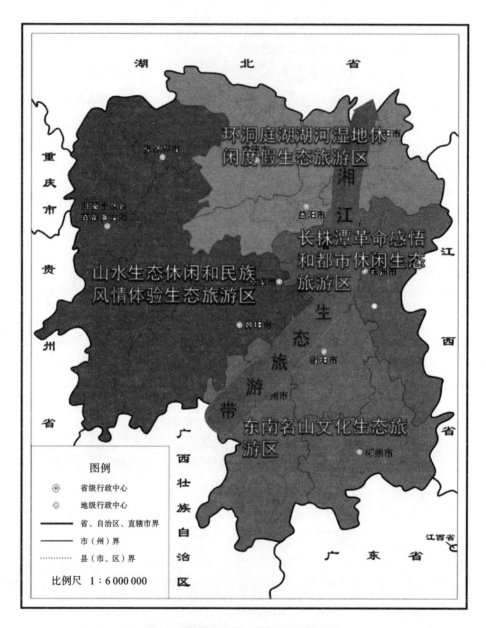

图7 湖南省"四区一带"生态旅游格局

（数据来源：作者自制。）

二、湖南省生态旅游存在的问题

(一)生态意识和环保意识不强

尽管湖南省将"生态强省"作为发展目标,并强调绿色生态环境保护,但仍有些政府部门和个人的生态环境保护意识不强,依旧存在许多为追求经济效益而引发的生态环境破坏现象。2020年湖南省生态环境保护督察组对各地区开展督察"回头看",发现较多生态环境破坏现象,如在张家界市武陵源区天子山核心景区泗南峪社区发现当地村民在江务峪野猪林河道违规开采沙石,造成河道中间和河岸部分林地被毁,小溪道变成大河道,河道内千疮百孔、触目惊心,生态破坏异常严重[①]。

此外,一些旅游基础设施的建设也会对生态环境造成影响。湖南省永州市蓝山县湘江源瑶族乡湘江源至九嶷山公路、湘江源森林公园林道、联村林道、大桥风电场和紫良风电场等施工现场均存在违法施工的问题,引发项目现场土壤流失、植被破坏以及水体污染等生态问题,虽然项目的初衷是修建旅游公路、开发蓝山县湘江源的旅游资源,但由于当地政府及相关职能部门的生态意识薄弱,忽视了湘江源头保护的重要性和紧迫性,从而导致项目施工地区环境破坏严重[②]。

湖南省生态环境保护督察"回头看"典型案例(部分)如表4所示。

表4 湖南省生态环境保护督察"回头看"典型案例(部分)

序号	地区	生态环境破坏事件
1	衡南县	衡南县车江镇采石场生态环境问题虚假整改
2	益阳市	高铁南站建设工地扬尘污染环境

---

① 《湖南省生态环境保护督察"回头看"典型案例(七)》,http://sthjt.hunan.gov.cn/sthjt/ztzl/zyhbdc/bdbg/202009/t20200926_13761266.html。
② 《典型案例通报(十六).蓝山县湘九公路违法施工生态环境破坏问题突出》,http://sthjt.hunan.gov.cn/sthjt/ztzl/zyhbdc/bdbg/202011/t20201104_13950322.html。

续表

序号	地区	生态环境破坏事件
3	株洲市	炎陵工业集中区（西园区）污水处理厂及管网建设严重滞后
4	洞口县	麦元砂场无证开采毁坏绿洲、破坏林地
5	沅江市	城市生活垃圾填埋场环境污染隐患突出，虚假整改
6	娄底市	涟水河干流治污乏力、大量污水直排
7	张家界市	武陵源天子山核心景区江务峪野猪林河道生态破坏问题异常严重并敷衍整改
8	邵阳市	须塘工业区重金属综合治理环境风险严重并整改不严、不实
9	衡阳市	农村地区秸秆焚烧频发，污染环境
10	郴州市	永兴县危险废物填埋场项目敷衍整改
11	株洲市	部分垃圾中转站未批先建、恶臭扰民
12	张家界市	非煤矿山行业生态环境问题突出
13	怀化市	麻阳新代锰业尾矿库渗滤液污染问题严重且整改弄虚作假
14	永州市	蓝山县湘九公路违法施工生态环境破坏问题突出
15	常德市	混凝土行业环境污染问题突出

（数据来源：湖南省生态环境厅官网。）

（二）生态旅游管理制度不完善

首先是生态旅游管理的统筹协调不够。生态旅游资源涵盖了山、水、森林、民俗等各种资源，因此，生态旅游除涉及旅游、文化、林业、水利等相关方面部门外，在开发和运营过程中还涉及工商、公安、消防、卫生、交通运输等多个部门，生态旅游在发展过程中难免会与各个部门产生冲突，但没有明确的部门或机构进行统筹协调，则难以形成发展的合力。

其次是旅游管理的缺位。在生态旅游景区中，一些高风险的旅游项目如高空类、高速类、水上类、潜水类、探险类等缺乏明确的部门进行审批、监管，一些缺乏专业条件和安全保障的个人和机构纷纷投入高风险旅游项目的开发、经营,安全隐患较多。

最后是生态旅游法规不完善。湖南省已建立了22个国家级风景名胜区,23个自然保护区以及26个国家级森林公园,但湖南省却并没有制定相关的法律法规以应对生态旅游发展过程中出现的如生态环境破坏、游客不文明行为等问题。

(三)生态旅游对外宣传不充分

从湖南省旅游客源的结构能看出湖南省旅游宣传推广方面存在不足。目前,湖南省的旅游客源呈现省内游客多、省外游客少,国内游客多、入境游客少,普通游客多、高端游客少的特点,"湖南人游湖南"占据了半壁江山,入境游客只占游客总数的0.48%,而且高端游客少,这与湖南旅游对外宣传不到位有较大关系。

从百度指数数据来看,以"湖南+生态旅游"为搜索关键词,时间设为2020年1月1日至2020年12月31日,分析结果显示湖南省生态旅游搜索指数最高的省(自治区、直辖市)是湖南本省,其次是广东省,浙江省、北京市、山东省等地的搜索指数较高。这也可以看出,对湖南省生态旅游关注度最高的还是湖南本省,其次是临近的经济较发达的广东省,其他对湖南生态旅游关注度较高的省(自治区、直辖市)均分布在我国中东部地区,西部和东北部地区对湖南省的生态旅游关注度不高。湖南省在我国西部和东北部地区的宣传不到位,导致这些地区对湖南省的生态旅游关注度较低。

三、湖南省生态旅游发展建议

(一)加快生态旅游体制建设

首先是完善生态旅游综合管理机制。各级旅游行政主管部门要强化生态旅游市场综合治理工作中的组织协调和监督检查职能,加强旅游部门与林业、水利、交通、质监、民族宗教等部门的协调配合,依法规范旅游市场。相关职能部门要认真履行职责,密切配合旅游行政主管部门依法开展工作。

其次是加强旅游行业自身建设。要进一步加大旅游行业协会建设,推进行业自律,维护各方合法权益,促进旅游行业健康发展。

最后是强化旅游安全保障,建立并完善有关法规和相应的管理制度。

(二)推进生态旅游产业融合

生态旅游因为其较强的包容性和资源的多样性,很容易与相关产业进行融合,并与上下游企业形成产业链延伸,因此,"生态旅游+其他产业"是生态旅游未来发展的重要趋势[3]。

首先是"生态旅游+第一产业",如当生态旅游与林业融合时,可共同推进森林旅游的发展;当生态旅游与水利融合时,则可以推进湿地旅游的发展。

其次是"生态旅游+第三产业",如生态旅游与交通、康养、气象等相融合,可促进生态旅游廊道、康养旅游以及气象旅游的发展。

最后当生态旅游与研学结合时,可促进生态旅游规划设计、生态旅游教育以及生态旅游培训等项目的发展,促进生态旅游产学研一体化。

湖南省拥有丰富的生态旅游资源,可实施"生态旅游+"模式,与林业、农业、渔业、生态度假等结合形成产业集群,促进湖南省生态旅游多样化发展。

(三)推动生态旅游产品优化

首先要提升生态旅游产品的特色和品位。目前,湖南省的生态旅游仍以观光游览为主,在未来的发展中,生态旅游产品要从"大众观光型"产品向"休闲度假型"产品转变,充分发挥湖南省生态旅游的民族特色、地域特色、生态特色以及人文特色,大力发展特色生态旅游产品。

其次要优化生态旅游产品结构,积极推进生态旅游绿道、生态旅游度假区、生态康养旅游以及生态研学旅游基地等旅游新兴业态的建设,满足游客多样化的旅游需求,塑造湖南文明、绿色、健康、安全的旅游目的地形象。

（四）扩大生态旅游对外宣传

旅游业是注意力经济、眼球经济、形象经济，加速发展旅游业，必须加大宣传、营销、推介力度。目前，湖南省的客源主要来自省内，省外游客数量较少且对湖南省生态旅游的关注度也较低。因此，湖南省在未来要扩大对外宣传力度，重点对国内中西部地区以及境外地区进行宣传和营销，提升湖南省生态旅游的知名度，促进湖南省生态旅游进一步发展。

（五）秉持可持续发展理念

生态旅游就是要以可持续发展理念为原则，以保护环境为前提，统筹人与自然和谐发展为准则的一种旅游方式，发展生态旅游就是要坚持走绿色、可持续的道路。

首先要坚持先保护再开发的原则，坚持生态优先、保护第一，在保护好生态资源的基础上再进行旅游开发，实现绿色发展。

其次要坚持先规划再开发的原则，习近平总书记强调发展旅游业要坚持规划先行，在发展生态旅游时要发挥规划的引领作用，通过制定科学、严谨的旅游规划来保证旅游开发合理、有序地进行，达到既发展旅游经济，又不会对旅游环境造成破坏的目的。

参考文献

[1] 袁蔷,袁正新.张家界生态旅游优化研究[J].现代商业,2019(13).
[2] 胡长清.关于推动绿色大省向生态强省转型的战略思考[J].林业经济,2018(7).
[3] 乔丽杰,祁颖,陈丽红.浅谈张家口市生态旅游和全域旅游产业之融合发展[J].现代营销,2018(2).

作者简介：

赵佳玮,湖北大学商学院硕士。

B.5 江西省生态旅游与绿色发展报告

刘 尧

摘 要：生态旅游因其经济效益、环境效益与生态效益相结合的特性,已成为当今旅游发展的主流。江西省生态资源丰富,是我国生态旅游发展的重点区域。报告对江西省生态旅游发展进行了回顾,对其资源现状和产业现状进行了描述,从资源分布、资源增长、市场需求、市场增长四大方面进行了分析,指出江西省生态旅游发展的现状以及存在的问题,并对江西省生态旅游未来的发展提出相应的建议。

关键词：生态旅游；江西省；研究报告；对策建议

Abstract: Ecotourism has become the mainstream of tourism development because of its characteristics of the combination of economic, environmental and ecological benefits. Jiangxi Province is rich in ecological resources and is the key area of ecotourism development in China. This paper reviewed the development of ecotourism in Jiangxi Province, described the resource and industry status of the company, analyzed resource distribution, resource growth, market demand and market growth, pointed out the current situation and existing problems of ecotourism development in Jiangxi Province, and putted forward some suggestions for the future development of ecotourism in Jiangxi Province.

Keywords: Ecotourism; Jiangxi Province; Research Report; Countermeasures and Suggestions

"生态旅游"的概念最初由世界自然保护联盟(IUCN)特别顾问——墨西

哥学者 H.Ceballos Lascurain 于 1983 年提出。1993 年国际生态旅游会议把生态旅游定义为具有保护自然环境和维系当代人们生活双重活动的旅游活动。1986 年,在墨西哥召开的国际环境会议上正式确认了生态旅游的概念。1992 年在巴西里约热内卢召开的世界环境与发展大会上提出可持续发展的概念,进一步倡导各国促进生态旅游发展,使生态旅游成为一个区域性的社会经济发展战略。[1]

我国在 20 世纪 90 年代中期引入生态旅游的概念与理论,并于 1982 年建立了我国第一个森林公园——张家界国家森林公园,张家界国家森林公园以神奇的地貌和优美的环境展示了森林公园的风姿,成为我国发展生态旅游的一个成功范例。吕华等将我国的生态旅游景区主要分为九大类:①山岳生态景区,如五岳;②湖泊生态景区,如长白山天池;③森林生态景区,如神农架;④草原生态景区,如呼伦贝尔草原;⑤海洋生态景区,如北海;⑥观鸟生态景区,如鄱阳湖越冬候鸟自然保护区;⑦冰雪生态旅游区,如玉龙雪山;⑧漂流生态景区,如塞罕坝机械林场;⑨徒步探险生态景区,如珠穆朗玛峰。[2]

国家文化和旅游部发布的数据显示,2019 年中国全年实现旅游总收入 6.63 万亿元,同比增长 11%,旅游业对 GDP 贡献为 10.94 万亿元,占 GDP 总量的 11.05%,旅游业在国民经济中的地位越来越重要。而生态旅游这种有别于传统大众旅游,将旅游活动与生态保护、环保教育、文化体验和区域发展密切结合的旅游形态,已成为 21 世纪国际旅游发展的主流,生态旅游带来的经济效益也是不容忽视的。

江西省森林茂盛,具备发展生态旅游业的基础资源。对江西省生态旅游的发展现状和发展特征进行描述和分析,对江西省发展生态旅游提出相关建议,可以促进江西省生态旅游发展。

一、江西省生态旅游发展回顾

江西省地处中国东南偏中部长江中下游南岸,东邻浙江省、福建省,南连广东省,西靠湖南省,北接湖北省、安徽省。境内除北部较为平坦外,东西南三面环绕有幕阜山脉、武夷山脉、怀玉山脉、九连山脉和九岭山脉,中部丘陵起伏。全境有大小河流2400余条,赣江、抚河、信江、修河和饶河为江西省五大河流。其中,鄱阳湖为中国最大的淡水湖,也是世界上最大的候鸟栖息地。江西省气候温暖,雨量充沛,森林覆盖率达63.1%,这些奠定了江西省生态旅游资源丰富的基础。

江西省"十五"期间确立了走生态经济可持续发展的道路;"十一五"期间积极发展生态旅游,做出了具体的生态旅游发展规划。江西省适时提出了"在中部地区崛起"战略,以及"三个基地、一个后花园""环鄱阳湖旅游圈""环鄱阳湖城市圈""鄱阳湖生态经济区"等发展战略。

2009年12月12日,国务院批复《鄱阳湖生态经济区规划》。2010年11月20日,江西省举办以"生态中国、绿色江西"为主题的中国鄱阳湖生态文化节,全面展示了江西省独有的生态文化。2016年,江西省旅游局(现文化和旅游厅)和江西省环境保护厅(现生态环境厅)制定《江西省省级生态旅游示范区评定办法(试行)》,保护自然环境、合理利用生态资源、规范省级生态旅游示范区创建工作。2013年,江西省提出"旅游强省"的发展战略,并提出:到2017年每个区市至少建成1处国家生态旅游示范区,同时,打造一批乡村旅游、生态旅游、温泉旅游、水体旅游、工业旅游示范点;推进鄱阳湖生态旅游区建设;推动赣浙闽皖国际文化生态旅游示范区建设,与周边省(自治区、直辖市)联合推出跨省域精品旅游线路;支持旅游资源丰富地区开展城乡建设用地增减挂钩试点工作,挂钩周转指标可用于生态旅游项目。2015年,江西省提出"绿色崛起"的发展方针。

在生态保护和建设方面,江西省陆续出台了《江西省实施〈中华人民共和国水土保持法〉办法》《江西省鄱阳湖湿地保护条例》《江西省森林条例》《江西省森林防火条例》等;先后提出了"山上办绿色银行""建设绿色生态江西"等科学理念,从深化林业产权制度改革入手,连续组织实施了"山江湖工程""造林灭荒""山上再造""退耕还林"等一系列生态环境保护工程,实现了森林资源全面增长。同时,提出以"一流的水质、一流的空气、一流的生态环境、一流的人居环境、一流的绿色生态保护和建设机制"为目标,构建"五河一湖"及东江源头生态环境安全格局,保持"五河"及东江源头优良的生态环境,使鄱阳湖永保"一湖清水"。"五河"源头及东江源头保护区内地表水水质达到Ⅱ类以上,鄱阳湖监测断面Ⅲ类以上水质比例达到78%以上。

2020年1月1日,江西省正式施行《江西省生态文明建设促进条例》,将每年六月确定为江西省生态文明宣传月。2020年"江西森林"成为森林旅游新理念传播、新模式推广、新产品展示、新品牌推介的多元化平台,打造出森林旅游的"江西样板"。由江西省林业局和江西广播电视台主办、江西省音乐家协会协办的"中国森林歌会"云接力和城市区域赛热度持续上升,人们纷纷参与,纵情高歌。其中,抖音平台云接力短视频投稿量突破2700条,抖音热点话题"中国森林歌会"播放量接近两千万次。

二、现状分析

(一)资源现状

江西省总面积达16.69万平方千米,土地分布素有"六山一水二分田,一分道路和庄园"之称[3]。江西省是生态旅游资源大省,截至2014年,共有4处世界遗产、6处国家遗产、3个世界地质公园,国家级森林公园46处、省级森林公园110处、市县级森林公园14处,已建成自然保护区188处(国家级自然保护区13处)、省级自然保护区37处、市县级138处,总面积118万公顷(1公顷=10000平方米),占全省面积的7.1%。这些森林公园和自然保护区共同构成了江西省生态旅游的基本框架。

根据江西省生态旅游景区种类统计图(见图1)可以看出,江西省的生态旅游资源以森林公园为主,国家森林公园总占比达64%,其次是水利风景区和湿地公园,江西的森林覆盖率为发展生态旅游提供了良好的资源基础。

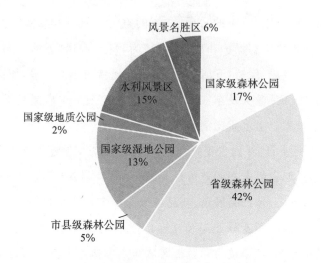

图 1　江西省生态旅游景区种类统计图

（数据来源：根据江西省文化和旅游厅官网资料整理。）

江西省旅游资源一览表如表 1 所示。

表 1　江西省旅游资源一览表

类别	名单	数量/个
世界遗产	庐山风景名胜区、三清山风景名胜区、上饶龟峰、鹰潭龙虎山	4
世界遗产预备名单	赣南围屋、婺源汪口—理坑古村落、井冈山—黄岗山	3
世界地质公园	江西庐山世界地质公园、三清山世界地质公园、龙虎山世界地质公园	3
国家地质公园	江西庐山国家地质公园、明月山国家地质公园、江西三清山国家地质公园、江西武功山国家地质公园、江西龙虎山国家地质公园	5
国家5A级旅游景区	庐山风景名胜区、井冈山风景旅游区、龙虎山风景名胜区、三清山风景名胜区、婺源江湾景区、景德镇古窑民俗博览区、瑞金市共和国摇篮旅游区、明月山旅游区	8

续表

类别	名单	数量/个
国家级风景名胜区	庐山风景名胜区、明月山国家级风景名胜区、仙女湖风景名胜区、井冈山风景名胜区、三清山风景名胜区、三百山风景名胜区、梅岭—滕王阁风景名胜区、龟峰风景名胜区、高岭—瑶里风景名胜区、武功山风景名胜区、神农源风景名胜区、大茅山风景名胜区、庐山西海风景名胜区（原云居山—柘林湖风景名胜区）、龙虎山风景名胜区、上饶灵山风景名胜区	15
国家级森林公园	云碧峰国家森林公园、明月山国家森林公园、阳岭国家森林公园、庐山山南国家森林公园、武功山国家森林公园、安源国家森林公园、梅岭国家森林公园、怀玉山国家森林公园、万安国家森林公园、泰和国家森林公园（白鹭湖国家森林公园）、岩泉国家森林公园、三百山国家森林公园、三爪仑国家森林公园、江西景德镇国家森林公园、五府山国家森林公园、毓秀山国家森林公园、翠微峰国家森林公园、灵岩洞国家森林公园、清凉山国家森林公园、鄱阳湖口国家森林公园、三叠泉国家森林公园、梅关国家森林公园、铜钹山国家森林公园、五指峰国家森林公园、龟峰国家森林公园、瑶里国家森林公园、九连山国家森林公园、陡水湖国家森林公园、军锋山国家森林公园、峰山国家级森林公园、阁皂山国家森林公园、柘林湖国家森林公园、三湾国家森林公园、上清国家森林公园、九岭山国家森林公园、岑山国家森林公园、天花井国家森林公园、碧湖潭国家森林公园、上十岭国家森林公园等	46
国家湿地公园	鄱阳湖国家湿地公园、孔目江国家湿地公园	2
国家级候鸟自然保护区	鄱阳湖国家级候鸟自然保护区	1

（数据来源：叶文《中国生态旅游发展报告》。）[4]

(二)产业现状

根据江西省2019年统计年鉴数据显示,江西省2019年全年全省接待国内旅游者79078.3万人次,比上年增长15.7%;国内旅游收入9596.7亿元,增长18.5%;接待入境旅游者197.2万人次,增长2.8%,国际旅游外汇收入8.7亿美元,增长16.1%。由于当前生态旅游收入没有专门的统计数据,所以用旅游总收入进行转换,以江西省A级景区数量为依据,将旅游总收入与生态旅游收入进行转换。根据江西省文化和旅游厅2020年3月发布的通知,江西省共有421个A级旅游景区,其中国家5A级旅游景区12个、国家4A级旅游景区146个、国家3A级旅游景区226个、国家2A级旅游景区37个。对421个景区进行筛选区分,与生态旅游相关的国家5A级旅游景区9个、国家4A级旅游景区60个、国家3A级旅游景区70个、国家2A级旅游景区12个,如表2所示。

表2 江西省A级景区统计

等级	总数	与生态旅游相关景区个数
5A	12	9
4A	146	60
3A	226	70
2A	37	12
合计	421	151

(数据来源:根据江西省文化和旅游厅官网数据及百度相关资料整理。)

以A级旅游景区中与生态旅游相关的景区数量占总数量之比进行生态旅游收入转换。江西省生态旅游相关景区为151个,A级旅游景区总量为421个,生态旅游景区占比为35.87%。在此以江西省旅游业发展总体情况的35.87%分析生态旅游的发展情况。

由2010—2019年江西省生态旅游国内收入概况(见图2)可以看出,江西省生态旅游收入逐年增长,且增长速度越来越快,2019年达3442.33亿元,表明江西省生态旅游越来越受到国内旅游者的青睐,随着人们绿色环保意识的逐渐提高,生态旅游在旅游总市场的占比也将逐渐提升,因此在未来的产业调整中,江西省要加大对生态旅游的投入,包括生态旅游资源的恢复与保护等。

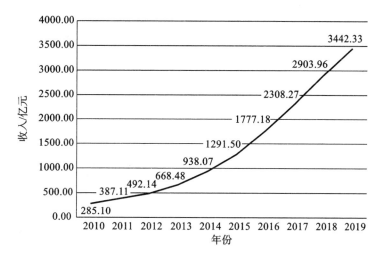

图 2　2010—2019 年江西省生态旅游国内收入概况

(数据来源:根据近年《江西省旅游统计年鉴》数据整理而得。)

由 2010—2019 年江西省生态旅游外汇收入概况(见图 3)可以看出,生态

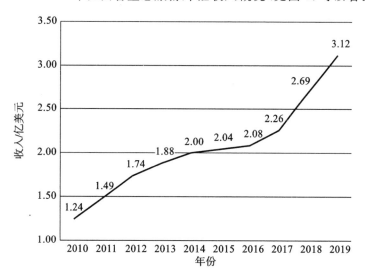

图 3　2010—2019 年江西省生态旅游外汇收入概况

(数据来源:根据近年《江西省旅游统计年鉴》数据整理而得。)

旅游在入境旅游市场也处于逐年增长的状态,但与国内旅游者市场不同的是,入境旅游市场的增长速度在2010—2016年逐年放缓,2016年至今,江西省生态旅游入境旅游市场的增速变快,可能是"一带一路"政策的实施,加大了中国近年来对外开放程度,国外旅游者开始大量涌入国内市场,使得入境旅游市场规模扩大。

此外,在产业定位方面,从2000年起,江西省委省政府提出了"三个基地,一个后花园"的发展战略,即把江西建成沿海发达地区产业梯度转移的承接基地、优质农产品供应基地、劳务输出基地和沿海地区群众旅游休闲的后花园,实现江西省"在中部地区崛起"的大战略。江西省以其得天独厚的生态环境与生态旅游资源为依托,把发展生态旅游作为加强生态环境与生态旅游资源保护、拉动经济增长的重要环节来抓,取得了显著成绩。

三、发展特征分析

(一)资源分布特征

中国生态旅游主要依托森林公园、自然保护区,高质量的生态旅游资源是发展生态旅游业的优质基础,而评价生态旅游资源的一个重要标准是森林资源。江西省三面环山,形成一个相对独立、完整的水陆复合生态系统。良好的气候资源、水资源、土地资源的分布有利于生物多样性的形成,森林覆盖率居全国第二,仅次于福建省。良好的绿色生态环境为江西省发展生态经济,尤其是生态旅游经济提供了得天独厚的自然条件。

对江西省的旅游景区进行筛选,选出与生态旅游相关的景区,筛选出的主要生态旅游景区类型数量如表3所示。

表3 生态旅游景区类型数量表

类型	数量/个
国家级森林公园	46
省级森林公园	110

续表

类 型	数量/个
市县级森林公园	14
国家湿地公园	33
国家地质公园	5
水利风景区	40
风景名胜区	15
合计	263

（数据来源：由江西省林业局官网、江西省文化和旅游厅官网、江西省水利厅官网相关资料整理而得。）

景区筛选完毕之后，在拾取坐标系统中找到每个景区的经纬度坐标，导入ArcGIS软件中进行核密度分析，江西省生态旅游资源核密度如图4所示。

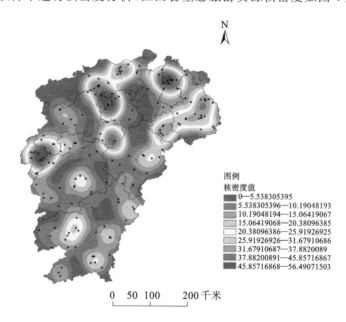

图4 江西省生态旅游资源核密度图

（数据来源：作者自制。）

从该图可以看出，江西省的生态旅游资源分布呈现赣北、赣西与赣东北地区核密度值较高、生态旅游资源较为丰富，赣南与赣东地区核密度值较低、生态旅游资源较少的特点,因此,江西省可以在北部地区重点发展生态旅游。

(二)资源增长特征

森林和自然保护区等是主要的生态旅游资源,分析森林资源与自然保护区数量可以得出江西省对生态旅游资源的保护程度与对生态旅游发展的支持程度。对中经网统计数据库数据进行分析,得到2009—2018年江西省森林面积变化情况、2009—2019年江西省造林面积变化情况、2010—2019年江西省自然保护区数量变化情况。

根据图5,可以看出2009—2018年江西省森林资源增长特征为先稳定、后增长,总体呈上升趋势,这说明江西省在森林生态资源的恢复与保护工作上做得比较到位。

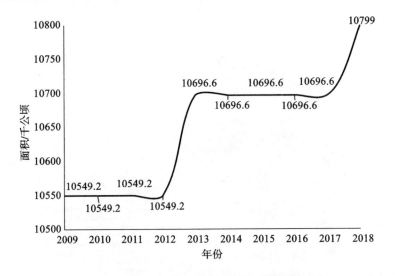

图5　2009—2018年江西省森林面积变化情况

(数据来源:中经网统计数据库。)

根据图6可以看出,2009—2019年江西省造林面积增长特征为总体增长。2009—2014年江西省每年的造林面积变小;2014—2018年的造林面积总体增大,而2019年造林面积又有所下降,为269354公顷。

根据图7可以看出,2010—2019年江西省自然保护区的数量特征为总体

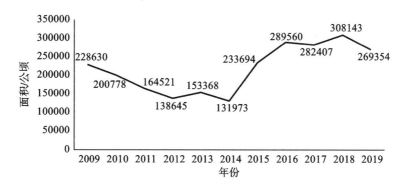

图6 2009—2019年江西省造林面积变化情况

（数据来源：中经网统计数据库。）

平稳，上升下降交替。总体来看，2010—2019年，自然保护区数量总体有所增加，但2014—2019年，省自然保护区的数量处于减少的状态，截至2019年数量下降为190个，这说明近几年江西省的自然资源保护工作力度有所减弱，因此，江西省还需加强对自然资源的保护。

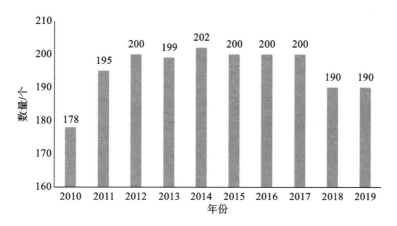

图7 2010—2019年江西省自然保护区数量变化情况

（数据来源：中经网统计数据库。）

（三）市场需求特征

江西省处于长江航运的黄金水道上，京九铁路、105国道连通南北，浙赣线横贯东西。江西省分别与浙江省、福建省、广东省等沿海经济发达省份及安徽省、湖南省和湖北省等为邻,与上海市、江苏省等地联系密切,素有"东南沿海的后花园"之称[5]。江西省是长江经济带的重要组成部分,也是连接长三角、珠三角和闽三角三个经济发达区域的纽带,同时,江西省还处于东部向西部经济开发重心转移的必经要道上,具有极佳的地理位置。再加上丰富的生态旅游资源,使得江西省的生态旅游市场需求极大,由于当前没有专门统计生态旅游市场的数据,报告通过百度指数对江西省的生态旅游市场需求特征进行分析。

1. 省外市场

以"江西＋生态旅游"进行百度指数关键词检索,时间为2020年1月1日至2020年12月31日,根据百度指数人群画像进行分析。

2020年1月1日至2020年12月31日的一年之中,江西省、广东省、江苏省、浙江省、山东省、北京市、四川省、河南省、上海市、河北省十大省(直辖市)网民搜索江西生态旅游的次数较多,这说明十大省(直辖市)旅游者较为关注江西省的生态旅游。对于江西省来说,可以以广东省、江苏省、浙江省、山东省等地为机会市场,吸引省外旅游者前来旅游。

根据图8可以看出,20—29岁年龄段的网民对"江西＋生态旅游"搜索次数最高,其次为30—39岁年龄段的网民,50岁及以上的网民的搜索指数最低,这说明年轻网民对江西省生态旅游的关注度越来越高。但是需要注意的是,50岁及以上的网民对网络的使用频率远远比不上年轻人,因此,50岁及以上网民搜索频率低可能是因为他们使用网络不多,而不是他们对生态旅游的兴趣不足。

2. 省内市场

以"江西＋生态旅游"为关键词进行百度指数检索,时间为2020年1月1日至2020年12月31日,范围从全国缩小为江西省内,根据百度指数人群画像进行分析,结果如图9所示。

对图9省内市场人群画像进行分析,可以看出,南昌市居民对省内生态旅游的关注度最高,可能因为南昌属于省会城市,经济发展水平比较高;第二至第九名依次为赣州市、上饶市、宜春市、九江市、吉安市、抚州市、萍乡市、景德

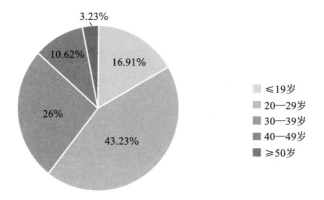

图 8 搜索"江西+生态旅游"用户年龄分布状况

（数据来源：百度指数。）

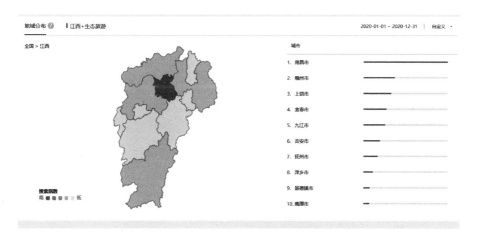

图 9 省内市场人群画像

（数据来源：百度指数。）

镇市、鹰潭市。在发展省内生态旅游市场时应以南昌为主，赣州、上饶、宜春、九江为辅，吉安、抚州等地次之。

（四）市场增长特征

对估计的江西省生态旅游国内收入与生态旅游外汇收入数据进行分析，可以得到江西省生态旅游产业市场收入与生态旅游人数的增长特征（见图10）。

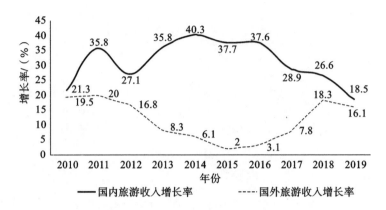

图 10　2010—2019 年江西省生态旅游收入增长趋势概况

（数据来源：根据《江西省旅游统计年鉴》数据整理而得。）

由数据可知，2010—2019 年江西省生态旅游的国内收入整体是增长的，但是 2016—2019 年增长趋势有所放缓。近年来江西省生态旅游的入境收入也是逐年增长，但是增长幅度较低，2010—2015 年增速逐年放缓，2015—2018 年增速有所提升。

根据图 11 可以看出，2010—2019 年江西省国内生态旅游游客数量每年都处于增长状态，除 2011 年增速极大之外，每年的增速比较均衡，稳定在 20％左右，2011 年上饶市三清山景区升为国家 5A 级旅游景区，可能促进了当年旅游

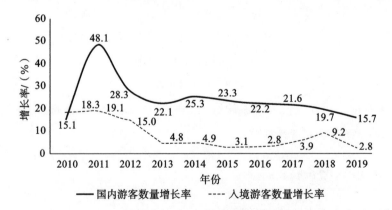

图 11　2010—2019 年江西省生态旅游游客数量增长趋势概况

（数据来源：根据《江西省旅游统计年鉴》数据整理而得。）

业的发展。2010—2019年江西省入境生态旅游游客数量也处于增长状态,但是增速较低,且2010—2017年增速变缓,2018年增速有所上升,但2019年增速又变缓,总体增长但增速波动不稳。

四、发展建议

(一)北主生态旅游,南打文化旅游

根据前文的核密度分析图可以看到,江西省生态旅游资源主要分布在北部地区,因此江西省在发展生态旅游时赣北地区可以以良好的生态旅游资源作为依托,借庐山、三清山、龙虎山的名山效应,婺源"中国最美乡村"名气,景德镇"瓷都"的国际效应,构建鄱阳湖生态旅游产业圈。赣南地区可以开辟萍乡—宜春—新余—南昌工业文化、新农民文化生态旅游走廊,以及赣州—吉安—南昌客家文化、红色革命、赣文化生态旅游走廊,构建文化旅游产业圈。

(二)四色资源整合,突出生态特色

江西省红色旅游资源、绿色山水资源、古色历史文化资源、蓝色旅游资源交相辉映,形成了最具代表的"3461"(3个"四",6个"一")品牌①,即四大名山(庐山、井冈山、三清山、龙虎山)、四大摇篮(中国革命摇篮井冈山、军队摇篮南昌、共和国摇篮瑞金、中国工人运动摇篮安源)、四个千年(千年瓷都景德镇、千年名楼滕王阁、千年书院白鹿洞、千年古刹东林寺)以及一湖(中国最大淡水湖鄱阳湖)、一村(中国最美乡村婺源)、一海(庐山西海)、一峰(龟峰)、一道(小平小道)、一城(共青城)等闻名于世。

江西省的生态旅游资源结构迥异,尤以山水、田园风光见长。所以,江西可以以生态为主题,对"红色、绿色、古色、蓝色"四色旅游资源进行有效的整合,大力推广宣传,增加合力效应,突出生态特色和风格,用红色吸引人、绿色

---

① 中国旅游网相关资料。

留住人,增强整个旅游景区的吸引力,提升旅游资源价值,极大地提升生态旅游资源价值,实现"1+1>2"的效果,提高江西生态旅游资源对旅游者尤其对主要客源地(长三角、珠三角、闽南三角地区)的吸引力。

江西省四色资源分类如表4所示。

表4 江西省四色资源分类表[7]

种类	概念	典型景区举例
"红色"旅游资源	"红色"旅游资源指的是中国共产党成立以后至新中国成立以前,包括中国共产党创建初期、大革命时期、土地革命时期、红军长征时期、抗日战争时期、解放战争时期等历史时期重要的革命纪念地、纪念物及其所承载的革命精神	南昌八一起义纪念馆、井冈山黄洋界综合景区、萍乡安源景区、瑞金叶坪综合景区、秋收起义铜鼓纪念馆、永新三湾改编旧址、万载中共湘鄂赣省委省苏维埃旧址、于都中央红军长征第一渡旧址、秋收起义修水策援地、景德镇新四军改编旧址等
"绿色"旅游资源	"绿色"旅游资源指以绿色为主色的山林、草地的旅游资源	庐山、井冈山、龙虎山、三清山、武功山、武夷山、九岭山、桃红山、翠微山、宜黄、马头山、云居山、水浆、岩泉天柱峰等自然生态保护区
"古色"旅游资源	"古色"旅游资源是指具有悠久的历史,能激发旅游者的旅游动机和旅游行为的古迹、遗址、民族风情、文化艺术等资源	千年古镇景德镇及其陶瓷文化、道教名山龙虎山、庐山东林寺、九江能仁寺、永修真如寺、吉安净居寺、南昌西山万寿宫、临川天主教堂、江南三大名楼滕王阁、庐山白鹿洞书院、吉安白鹭洲书院、铅山鹅湖书院、千年古村乐安流坑、南昌绳金塔、九江锁江楼塔和大胜宝塔、庐山西林寺塔、景德镇红塔、赣州舍利塔、大余喜佑寺塔、吉安古南塔、赣州北宋古城墙、民间傩舞

续表

种类	概念	典型景区举例
"蓝色"旅游资源	蓝色旅游资源主要是指海洋和湖泊资源(江西主要是湖泊)	鄱阳湖、柘林湖、仙女湖、三百山东江源、上犹江等生态旅游区

(数据来源:《江西生态旅游产业发展的思考》。)[6]

(三)男女比例均衡,精准定位宣传

根据百度指数中搜索人群的男女性别比例可以看到(见图12),男性网民对江西省生态旅游的关注度高于女性网民,可能是因为江西省的生态旅游以名山为主,男性旅游者的体力普遍较好,因此对江西省的生态旅游关注度高于女性旅游者,但是男女比例总体上相对均衡(见图12)。

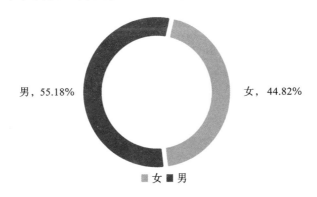

图12　江西省生态旅游搜索男女比例图

(数据来源:百度指数。)

在进行生态旅游宣传时,既不能单纯以男性旅游者为主,也不能单纯以女性旅游者为主,要抓住旅游者的总体特征,进行精准的定位宣传。同时,可以设立一个生态环境保护体验区,让旅游者体验如何正确地保护生态环境,并对环境保护意识较强的旅游者给予奖励,激发旅游者的环境保护意识。

（四）抓住业态机遇，开发创新项目

世界生态旅游的一个新动向，是人们不再满足于只是欣赏大自然的美丽风光，而是想亲身体验大自然，于是，狩猎、探险、度假等感受、追踪真实自然的旅游活动成为生态旅游的新时尚[7]。江西省综合创新水平在全国仅排第16位①，所以当前江西省除了采用新媒体等形式大力推广生态旅游，扩大江西省生态旅游知名度，还应加快技术创新，将产品形式多样化，加快乡村生态旅游、生态农业园等多种参与性高的生态旅游模式的打造，丰富露营、漂流等多种体验形式，推动生态旅游产业向规范化、规模化、深层次、高品位的方向发展。

此外，江西省还应规范生态旅游规划，一些地方政府高举"旅游兴市、旅游兴县"大旗，希望通过生态旅游来实现地区快速发展，但一些生态旅游景区在开发与建设时缺乏全面科学的论证、评估与规划，开发者急于求成，对旅游资源重开发轻保护，造成了旅游资源的损坏与浪费。

参考文献

[1] 程道品,王金叶,郑文俊,等.生态旅游开发理论与实践研究——以广西壮族自治区为例[M].北京:科学出版社,2009.

[2] 吕华.论我国生态旅游的现状、问题与对策[J].焦作大学学报,2007(3).

[3] 金卫根,孙丽萍,吴瑞娟.略论江西生态旅游资源的保护性开发[J].福建林业科技,2005(2).

[4] 叶文,张玉钧,李洪波.中国生态旅游发展报告[M].北京:科学出版社,2018.

[5] 王立国,魏琦.江西省生态旅游SWOT分析及其战略选择[J].江西农业大学学报(社会科学版),2006(2).

[6] 刘芳,赵晓丽.江西生态旅游产业发展的思考[J].南昌高专学报,2011(3).

[7] 王万山.江西发展生态旅游的对策思考[J].江西改革,2001(5).

作者简介：

刘尧，湖北大学商学院硕士。

---

① 中国科学技术发展战略研究院:《中国区域科技创新评价报告2020》。

B6 陕西省生态旅游与绿色发展报告

邓 欣

摘 要:十九大以来,党中央和国务院高度重视生态文明建设,一系列生态文明举措的推进为发展生态旅游提供了良好的机遇。当前,陕西省生态旅游不断涌现新的亮点,生态旅游规模持续扩大,正处于发展生态旅游的良好时机。因而,报告选取陕西省作为研究对象,对陕西省生态旅游的发展现状进行了分析,指出陕西省生态旅游发展的三大特征,并以此为基础对陕西省的生态旅游发展做出评价。文章旨在为陕西各地区发展生态旅游提供一些建议。

关键词:陕西省;生态旅游;发展现状;发展特征;发展评价

Abstract:Since the 19th National Congress of the Communist Party of China, the Party Central Committee and the State Council have attached great importance to the construction of ecological civilization and promoted a series of ecological civilization measures, which provide good opportunities for the development of ecological tourism. At present, the ecotourism of Shaanxi Province has been emerging new highlights and the scale of tourism has been expanding continuously, which is a good time to develop ecotourism. Therefore, taking Shaanxi Province as the research object, this paper points out the three characteristics of the development of ecological tourism in Shaanxi Province while analyzing the current situation. On this basis, the development of ecotourism in Shaanxi Province is evaluated. The article aims to provide some suggestions for the development of ecotourism in various regions.

Keywords:Shaanxi Province;Ecotourism;Development status;Development characteristics;Development evaluation

一、陕西省生态旅游发展现状

(一)生态旅游资源丰富多样

1. 地质地貌生态旅游资源

秦岭坐落于陕西省宝鸡市境内,作为华夏文明的龙脉,秦岭拥有极其丰富的生态旅游资源。以秦岭为界,将我国内陆划分为南方和北方,且南北两方的气候差异很大。同时,秦岭是中国两大重要水系——长江和黄河的分水岭。因此,秦岭的地质地貌,以及其拥有的各类水资源、动植物资源和矿产资源独具特色。秦岭上的太白山是秦岭山脉的主峰,也是我国大陆东部第一高峰,其海拔高度最高可达3700米。太白山3000米以上的高峰上留存了第四纪末次冰川遗迹,至今保存得较为完善,通过其可以窥见万年前冰川的地貌轮廓。太白山顶峰为拔仙台,拔仙台作为冰川活动的中心,拥有形态各异、千奇百怪的冰蚀、冰缘,富有很高的科研价值和观赏价值。

2. 动植物生态旅游资源

陕西气候复杂多变,生态条件多样,由此,拥有丰富多样的动植物资源。陕西的动植物资源大多分布在秦岭巴山一带,具有显著的地带性分布特点。陕西野生陆生脊椎珍贵动物众多,截至2015年,有野生动物600多种,其中鸟类380种、哺乳类147种,均占全国的30%左右;两栖爬行类动物77种,占全国的13%。其中珍稀动物69种,大熊猫、金丝猴、羚牛、朱鹮等12种动物被列为国家一级保护动物。由于生态的多样性,陕西的植物资源同样种类繁多。秦岭巴山素有"生物基因库"之称,有野生种子植物3300余种,约占全国的10%。珍稀植物达30种、药用植物近800种。中华猕猴桃、沙棘、绞股蓝、富硒茶等资源都极具开发价值。生漆产量和质量居全国之冠。红枣、核桃、桐油是传统的出口产品,药用植物天麻、杜仲、苦杏仁、甘草等具有重要的药用价值。(见表1)

表 1　陕西省动植物生态资源

生态旅游资源	类别	数量	在全国所占比例
动物资源	鸟类	380 种	约 30%
	哺乳类	147 种	约 30%
	两栖爬行类	77 种	约 13%
植物资源	野生种子植物	3300 余种	约 10%
	珍稀植物	30 种	—
	药用植物	近 800	—

（数据来源：http://www.wutongzi.com。）

3. 森林生态旅游资源

陕西省的森林资源尤为可观。秦巴山区、关山、黄龙山和桥山等地区都分布着广袤的森林，林区内同时蕴藏丰富的动植物资源，生态环境十分优美。国家林业局（现国家林业和草原局）第九次全国森林资源清查结果显示，陕西省的森林面积达 887 万公顷，天然林面积 562 万公顷，人工林面积 247 万公顷，森林覆盖率达 43.06%。从数量上看，陕西省拥有森林公园 88 个，其中，国家级森林公园 35 个，省级森林公园 53 个，森林公园数量位居全国前列。经过 30 多年的发展，陕西的森林生态旅游日趋完善，形成了以长城沿线、黄土高原、秦岭山地、巴山山地为主题的森林生态旅游特色线路。此外，以骊山、金丝峡、黎坪、长青、太白山等为代表的一大批森林公园、自然保护区也成为陕西省重要的生态旅游目的地。[①]

陕西省森林和天然林面积如图 1 所示。

4. 人文生态旅游资源

陕西省的生态旅游资源不仅包含自然生态旅游资源，人文生态旅游资源也包含其中。陕西省人文生态旅游资源源远流长。陕西省是中国境内蓝田人、大荔人的发源地，上古传说黄帝、伏羲、女娲等部落都崛起于陕西省，陕西

---

① 国家林业和草原局、国家公园管理局相关资料，http://www.forestry.gov.cn/main/65/content-761403.html。

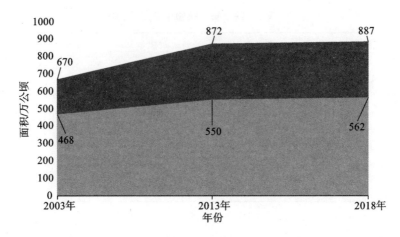

图 1　陕西省森林和天然林面积图

■森林面积　■天然林面积

（数据来源：国家林业局（现国家林业和草原局）全国森林资源清查结果。）

省是五千年文明的发祥地、"世界第八大奇迹的诞生地"，是历史上建都朝代最多、历时最久的地方。蓝田县位于秦岭北麓，是陕西人文生态旅游的代表。蓝田县历史悠久，作为人类先祖的发祥地之一，蓝田县萌发了最早的华夏文明，举世闻名的蓝田玉就产于此。蓝田县一直以来扎根于蓝田文化，立足于生态资源优势，将生态旅游发展为其优势产业。

（二）生态旅游格局基本形成

1. 农业生态旅游

西安是发展以田园风光、生态休闲为主题的农业生态旅游的典型城市。西安地处黄河流域中部的关中平原，气候属于暖温带半湿润大陆性季风气候，四季分明的天然优势为西安发展农业生态旅游提供良好的条件。西安的农业资源十分丰富，由于地处关中平原，地势平坦，土地肥沃，西安被赋予"八百里秦川"的美誉。同时，西安作为中华文明的重要发源地之一，拥有悠久的农业发展历史以及灿烂的农业文化[1]。

自西部大开发战略实施以来，西安的农业生态旅游得到了快速发展，形成了特色的生态旅游产品，如长安的板栗、灞桥的樱桃、鄠邑的葡萄等。"十三五"期间,西安大力发展生态休闲农业,围绕生态农业、果蔬采摘、种养体验、户外运动和休闲度假等模式,建设了一批具有农业示范、田园风光展示、旅游休闲观光、农村生活体验和特色民俗接待为一体的休闲农业与乡村旅游示范区,逐步形成了一批极具特色的生态旅游产品。

2. 休闲生态旅游

宝鸡是发展民俗与自然风光相结合的休闲生态旅游的典型城市。宝鸡地处关中平原西部,巍巍秦岭南屏,滔滔渭河中流,关陇山地西阻北横,自然风光十分绚丽多姿。宝鸡地质构造复杂,东、西、南、北、中的地貌差异大,南面、西面和北面三面环山,山水、田园风光兼备,呈现"六山一水三分田"的格局。同时,宝鸡历史文化悠久,极具民俗风情,其地方工艺众多,存有凤翔泥塑、西府皮影、千阳刺绣、木版年画、安塞剪纸等一大批非遗原生态手工艺品,素有"民间工艺美术之乡"的美誉。

宝鸡积极开发生态旅游线路,推出了太白山秦岭生态游、大水川养生度假游、关山草原风情游、七彩凤县休闲游、秦山渭水休闲游、诗意田园民俗游等一系列的生态旅游产品。

3. 湿地生态旅游

渭南主要发展黄河湿地生态游。渭南拥有陕西省最大的湿地——陕西黄河湿地省级自然保护区。保护区北起韩城禹门口,南至潼关港口,总面积45986公顷,是全省面积最大的河流湿地,也是我国黄河中游地区面积最大的湿地。保护区内气候温和,动植物资源丰富,拥有黑鹳、白鹳、丹顶鹤、大天鹅、鸳鸯等国家一、二级保护鸟类。近年来,渭南市始终坚持湿地保护和修复工作,截至2020年,渭南全市湿地总面积121.8万亩,湿地保护面积达87.45万亩,湿地总面积和湿地保护率均为全省第一。[①]

此外,渭南蒲城卤阳湖国家湿地公园景色宜人,赏心悦目,西岳华山险峻秀丽,集休闲、度假、娱乐、游览于一体,为渭南发展生态旅游提供了良好的基础。

---

① 数据来源于渭南市林业局相关资料。

4. 水域风光生态旅游

安康是发展以水域风光为主的生态旅游的典型城市。安康瀛湖生态旅游区是国家4A级旅游区,总面积约102平方公里,水域面积达77.5平方公里,是西北五省最大的人工湖,素有"陕南千岛湖"之称。民众对瀛湖这样评价:它壮阔不失温婉,衔秦巴,吞汉江,浩渺烟波。一直以来,陕西省政府十分重视瀛湖生态旅游区的发展,并认为,瀛湖有着难得的生态旅游资源,对于带动陕南自然山水休闲度假旅游有着积极作用,要力争把瀛湖生态旅游区打造成为集休闲、度假、养生、娱乐、科普教育等为一体的国家级生态涵养旅游发展示范区。

5. 森林生态旅游

商洛是发展森林生态旅游的典型城市。商洛是陕西唯一全境位于秦岭腹地的城市,森林覆盖率达69.56%,是"中国气候康养之都"。灵秀商南,被誉为"秦岭封面",丰富的自然资源使其十分适合发展生态旅游。商洛拥有金丝大峡谷国家级森林公园、天竺山国家级森林公园、牛背梁国家级森林公园、木王国家级森林公园等众多森林资源。金丝大峡谷国家级森林公园被誉为"中国奇峡""天下奇峡""中国最美的大峡谷""峡谷奇观,生态王国"等,它以资源的稀有性和唯一性成为中国生态景观中的一颗璀璨明珠。天竺山国家级森林公园以雄、险、奇、幽、秀而闻名,有"秦岭奇观"之美称。

森林已成为商洛的天然名片,吸引了一大批生态旅游者来访。如今,商洛不断推进旅游与相关产业融合发展,不断丰富生态旅游产品类型,积极创建气候康养之都。

陕西省生态旅游格局如图2所示。

(三)生态旅游规模不断扩大

迈入新时期,陕西省旅游市场的定律发生了改变。过去的"五千年文明看陕西"的风向已然转变,如今,以"山水秦岭"引领的陕西旅游新形象正在快速树立,生态旅游不断壮大的局面正成为陕西旅游的自豪。诸如陕南金丝峡、关中西安世园会、岚皋南宫山、宝鸡太白山、陕北黄河文化游等新的生态风采不

陕西省生态旅游与绿色发展报告

图2 陕西省生态旅游格局

(数据来源:陕西省地图来源于陕西测绘地理信息局,标注为作者整理。)

断涌现,吸引了大批的生态旅游者来访。"十三五"期间,陕西省加大力度推进生态旅游建设体系,指引陕西生态旅游发展的方向和道路,陕西的生态旅游规模不断扩大。

2014年,全省累计接待境内外旅游者3.32亿人次,其中生态旅游人数占境内外旅游人次的57.5%,达1.91亿人次,比上年增加16.5%;旅游总收入达到2521.4亿元,生态旅游收入占旅游总收入的42.38%,达1068.57亿元,比上年增长18.1%[2]。由于2020年数据缺失,在不考虑疫情的特殊影响下,本文尝试借鉴2014年生态旅游收入与生态旅游人数分别占旅游总收入与旅游总人数的比重,对2020年陕西省生态旅游数据进行估算。2020年,陕西省接待境内外游客3.57亿人次,旅游总收入2765.55亿元,生态旅游人数以占比57.5%测算,为2.05亿人次;生态旅游收入以占比42.38%测算,为1172.04亿元。陕西的生态旅游产业已经站在了新的起点,拥有广阔的发展前景。

二、陕西省生态旅游发展的特征

(一)生态旅游空间特征

以生态旅游资源数量为主要衡量指标,分析陕西省的整体生态旅游分布。陕西生态旅游资源分布范围广且相对集中,主要分布于渭河、秦岭、汉江沿线以及延安、榆林地带和黄河沿岸等地区,西安、汉中、宝鸡、延安等是生态资源十分丰富的城市。北部以延安和榆林为代表,多是一些纪念型景观和古代遗迹;中部以县市为中心,呈放射状分布着各种帝陵遗迹;东侧主要集中了各种各样的生态景观,包括壶口瀑布、龙门风景名胜区等。总体来看,陕西的生态旅游主要沿着交通线路和河流分布,组合多样,资源丰富,发展水平良好。

(二)生态旅游产品特征

1. 产品结构

在产品结构上,陕西生态旅游产品过于单一,重视人文生态旅游而忽视自然生态资源类旅游[3]。人文旅游"一枝独秀"的陕西,能够让人联想到周秦汉唐古长安、兵马俑、钟鼓楼等人文生态游。普查结果显示,陕西省共有旅游资源单体9972个,其中五级旅游资源单体154个、四级409个、三级1165个、二级1378个、一级2373个、未上级别的4493个,优良级旅游资源(包括三级、四级、五级)共1728个(见图3)。陕西省自然旅游资源的单体数量仅占旅游资源单体总数的6.69%,在遗址遗迹、建筑与设施、旅游商品和人事活动四个人文旅游资源主类中,资源单体数量占到了总数的93.3%,即人文旅游资源丰富,自然旅游资源相对匮乏。[1]因此,在生态旅游产品上,以人文类景观为依托的人文生态旅游产品多,而以自然景观为依托的自然生态旅游产品少,生态旅游产品结构严重失衡。

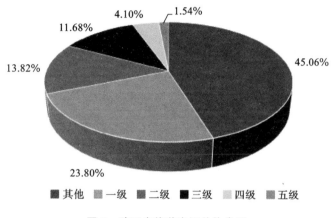

图3 陕西省旅游资源单体类型

(数据来源:陕西省旅游资源普查结果。)

2. 产品开发

在产品开发上,陕西生态旅游产品开发缺乏深度,仅以单一的观光自然游为主要发展方式,缺乏新意。产品开发时,过于重视短期利益而忽略了长远发展,一些短视行为如盲目开发、破坏性开发、低档次重复建设等频频发生,从而导致自然环境以及历史文化环境等诸多环境被破坏。开发的旅游产品虽然不同,但其形式和核心内容趋同,产品同质化严重,地方文化特色被掩埋,生态旅游同质于一般大众旅游。自然生态发展空间被掠夺,出现"只见人在山中游,鸟兽踪迹却无影踪"的状况。

(三)生态旅游的市场特征

1. 整体市场

对生态旅游整体市场进行分析,在百度指数关键词内输入"生态旅游",可得到全国在2019年1月1日至2020年12月31日对生态旅游的关注情况。

从整体市场来看,陕西对生态旅游的关注排名较为靠前,在全国34个省级行政区域中,陕西省对生态旅游关注排名第十,说明陕西省人民对生态旅游较为关注,陕西省的生态旅游市场有较好的前景。

2. 地区市场

对开展生态旅游地区的市场进行分析,在百度指数关键词内输入"生态旅游+陕西",可得到各地区在2019年1月1日至2020年12月31日对陕西省生态旅游的关注情况。从地区市场看,各省(自治区、直辖市)中,除陕西本省以外,对陕西省生态旅游关注度最高的省级行政区域为广东,其次为江苏、浙江,之后是北京和山东,排在第六到第九的分别是河南、四川、河北以及上海。从各省(自治区、直辖市)对陕西省生态旅游的关注情况可知,陕西省在发展生态旅游时应以这些省(自治区、直辖市)为重点客源市场,大力进行旅游市场营销。

对陕西省生态旅游的关注度平均值和波动情况进行分析。从关注度平均值来看,陕西省生态旅游关注度平均值为4499,表现出较高的关注度水平。从关注度波动情况来看,陕西省生态旅游关注情况表现出较大的波动。2019年3月、8月,2020年1月、6月关注度出现了明显的低谷。2020年1月中旬关注度处于极低水平;6月跌回较低水平,应是疫情反复造成的。2019年6月、10月,2020年4月、7月陕西省生态旅游关注度出现明显的高峰,2019年10月关注度极高应是由于"十一"黄金假期,大量游客前往陕西生态旅游景点游玩,2020年7月关注度极高,应是由于暑期刚开始,生态旅游市场迎来小高潮。(见图4)

3. 消费者市场

陕西省的生态旅游消费者中男性占比57.46%,女性占比42.54%。总体来看,男女比例差距较小,男性游客基本与女性持平。因此,陕西省的生态游客在性别上较为均衡。(见图5)

陕西省的生态旅游消费者年龄结构以青年为主、中年为辅。中青年旅游者占比共81.1%,其中,20—29岁年龄段的游客比例是34.87%,30—39岁年龄段的游客比例是29.84%,40—49岁年龄段的游客比例是16.39%。(见图6)

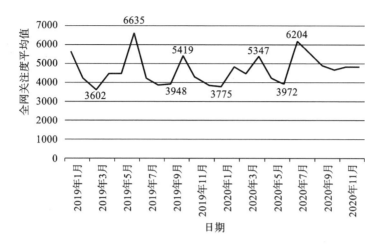

图 4　陕西省生态旅游关注度情况

（数据来源：百度指数。）

图 5　陕西省生态旅游消费者性别比例

（数据来源：百度指数。）

三、陕西省生态旅游发展评价

(一)陕西省生态旅游存在的问题

1. 生态旅游环境问题

陕西省的生态旅游得以快速发展，离不开其本土丰富的自然资源优势，然而，资源越是富集的地区，越容易陷入"资源诅咒"定律。陕西省生态旅游开发

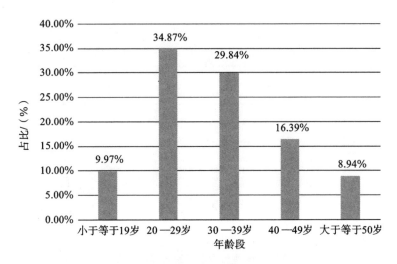

图 6　陕西省生态旅游消费者年龄比例

（数据来源：百度指数。）

时部分资源被滥用，导致自然资源破坏严重，致使生态旅游开发出现倒序发展，陕南秦巴汉水之地、关中平原、陕北黄土高原及沙漠，也分别出现了相应的生态资源退化、生物物种减少、环境气候恶劣等一系列生态资源破坏严重的连锁问题。（见表2）

表 2　陕西生态旅游环境问题

地　区	环　境　问　题
陕南秦巴汉水之地	①秦岭南面浅山区支脉土壤侵蚀高达 1500 吨/平方公里，滑坡、泥石流、洪涝等地质灾害频发； ②秦岭自然区域内林麝、云豹等珍稀动物种群数量减少； ③汉江中下游水量骤减，年均减少约 95 亿立方米，占丹江口大坝以上地表水资源总量 388 亿立方米的四分之一
关中平原	①关山草原生态景区林地减少约 30%，地表径流萎缩，水源涵养量因草场植被破坏而降低； ②渭河受 60% 以上的化工废水和生活污水的污染，造成水资源短缺，以北侵蚀河岸[4]

续表

地　区	环　境　问　题
陕北黄土高原及沙漠	黄土高原中部南部沟壑、塬峁破碎程度加大,河流含沙量增多,西南部子午岭自然保护区生态侵蚀程度达到6%[5]

(数据来源:作者根据相关资料整理所得。)

2. 生态旅游规划问题

陕西省的生态旅游规划主要存在两方面的问题。一方面,规划理念难以创新。陕西的生态规划仍停留在以往阶段,只注重表层的生态,往往打着生态旅游的名义,却背道而驰地做着一些与生态不符的规划开发。由于未能清楚地认识到生态的重要性,一些生态旅游景区管理人员不重视、游客不配合,导致生态旅游景区污染较一般场所更为严重。另一方面,生态规划时缺乏切实可行的规划措施。为了顺应生态旅游的发展潮流,在开发时不顾自身是否适合生态旅游开发,未充分了解自身自然资源优势,盲目进行规划实施,照搬硬套他人模式,大肆圈地造园,劈山修路,过分利用自然资源进行粗放式发展。

3. 生态旅游管理问题

陕西的生态旅游起步晚、发展快,发展到如今,已经逐渐显现出瓶颈疲软状态。由于缺乏专业化的管理模式,仅仅以一般大众景区的管理方式去管理生态旅游景区,出现了管理失衡、管理错位、决策分散等行业管理力度缺失、运行机制缓慢、市场开放化程度低等严重问题。与一般大众旅游不同,生态旅游涉及的资源权属、产业要素、行业部门错综复杂,门类繁多。一方面,部分国家行政部门职权交叉,叠加管理,工作效率不高。地方部门组织管理流于形式,管理消极不作为。民间组织缺乏参与权和监督权,生态旅游的发展信息无法即时得到申报和反馈。另一方面,产业发展机制不协调、宏观调控手段弱化,导致生态景区旅游收益逐渐下滑。此外,当地居民缺乏专业技能和知识,盲目跟从被动化地参与,在破坏自然环境的情况下,无法真正获取长远有效的经济收益。

(二)陕西省生态旅游发展的对策

1. 合理保护陕西省生态环境

区别于一般大众旅游,生态旅游以"生态"为核心特色,因而,旅游区域的生态保护功能极其重要。在自然原始区域下的一个生态系统,本身具备一定的自我调节能力,但这种自我调节能力是有限度的,当人为的或自然因素的干扰超过了这种限度,生态系统就会遭到破坏。陕西省的生态旅游由于发展不当,生态特性被破坏,因而,保护陕西的生态环境成了其生态旅游持续发展的核心所在。

首先,在生态旅游的开发初期,就应实现功能区域的分工。在陕西这一特色地域上,根据自然资源的分布概况,科学地对某一自然区域进行划分,如被誉为"国家中央公园"的秦岭山脉,实行四大功能区域科学划分,即禁止开发区、限制开发区、重点开发区、优化开发区。在此区域内,集中实现五大生态的重点保护,从而积极有效地加强源头建设。

其次,在生态旅游的维护期,注重平衡环境的可容载量。合理均衡的生态旅游环境容量,不仅是保护生态环境免遭破坏的有力屏障,而且是游客在旅游过程中衡量自身安全性、舒适性、体验性的尺度。陕西省应在全面掌握生态旅游区域的生态环境质量现状以及自然社会经济状况的基础上,科学分析旅游区域的空间容载量,合理地制订长远而有效的计划,从而推动陕西联合西北整个区域的大生态旅游体系。

2. 科学规划陕西生态发展

生态旅游规划是以生态伦理学和一般旅游规划为指导,形成有别于大众旅游规划的一种高级形式,有机结合旅游活动和自然环境特性,合理地进行生态旅游资源开发,以及旅游发展活动的总体部署,协调自然资源、生态环境、旅游活动三者的关系,以取得良好的社会效益、经济效益和生态效益[3]。因此,高水平、科学化地规划生态旅游是生态旅游成功开发和健康稳步发展的前提与基础。

陕西省应对其生态旅游发展区进行统筹规划,形成生态旅游的集群优势。

从"十一五"旅游业发展专项规划到"十三五"旅游业发展专项规划,陕西省现有的重点生态旅游资源已突显出来,因而,应对已形成规模的生态旅游项目和产品进行分类、整合,逐一规划,统筹部署,科学合理布局,如秦岭山脉、巴山汉水、沿黄河陕北风域等特色生态旅游。

3. 有效管理陕西生态运行

生态旅游的持续运行,需要不断创新旅游业的管理机制,才能不断契合旅游业发展中产生的新需要。

首先,要营造良好的政策、法制和服务环境。旅游产业的升级转型,需要相应的法规、政策的支持,需要走标准化提高产业素质的道路。积极改进不符合旅游发展的相关政策、法律法规及行业标准,逐步完善旅游业的行业管理办法,建立全面与时俱进的旅游法规、行业制度和标准体系。要妥善且恰当地处理好市场经济条件下政府、企业与相关组织的关系,不断培养发展旅游行业协会及与旅游业息息相关的机构组织,发挥好旅游行业协会的领导核心作用。加强旅游人力资源培养与开发,尤其要注重培养和引进一批具有专业素养、国际眼光的旅游人才。

其次,创新旅游协调机制。发展生态旅游业,不仅需要旅游部门的参与,更需要全社会的参与。要充分调动各方面的积极性,健全完善更高效的产业调控、部门协调、综合管理的体制机制,形成旅游部门调度统一、相关部门默契配合的工作局面。

此外,还应加强行业管理,提高从业人员的服务质量。生态旅游形象的好坏,一定程度上取决于旅游产品的质量高低,尤其是行业管理的水平、服务质量的高低,对此,陕西还应下苦功夫,加大宣传力度,加强业界管理,提高服务意识。在管理方面,应注意协调各主管部门工作,取缔各种低俗不雅的人造景观,禁止滥收费、乱拉客、狠宰客;从服务上应注重每一环节的质量,不仅要提高接待客人的服务质量,更重要的是提高景区设施服务质量。景区设施服务质量可以在一定程度上代表当地的管理态度和文化积淀。陕西对自己的定位是文化旅游城市,应对这方面多重视、下功夫。

参考文献

[1] 曹璞,李亚娟.西安市发展农业生态旅游的思考与建议[J].农业工程,2019(7).
[2] 叶文,张玉钧,李洪波.中国生态旅游发展报告[M].北京:科学出版社,2018.
[3] 洪剑明,冉东亚.生态旅游规划设计[M].北京:中国林业出版社,2006.
[4] 张东妮.新时期陕西生态旅游科学发展对策分析[D].西安:陕西科技大学,2014.
[5] 杨妮,李小明.ASEB下的陕西生态旅游开发模式分析[J].陕西农业科学,2013(4).

作者简介：

邓欣,湖北大学商学院硕士研究生。

B7 黑龙江省生态旅游与绿色发展报告

刘霁玮

摘　要：生态旅游又称为绿色旅游，是不同于传统旅游业的新型旅游形式，既包括观光、游憩、探险等基本旅游功能，同时还提供养生、教育、文化等蕴含生态理念的活动。十九大提出"建设生态文明是中华民族永续发展的千年大计"，而黑龙江省发展生态旅游既是对该精神的贯彻落实，也是在遵循国家政策方针的背景下推动省域生态文明建设，因此研究黑龙江省生态旅游发展状况对该省生态旅游的可持续发展有重要作用和现实意义。

关键词：黑龙江省；生态旅游；发展现状

Abstract: Ecotourism, also known as green tourism, is a new form of tourism which is different from traditional tourism. It not only includes sightseeing, recreation, exploration and other basic tourism functions, but also provides activities containing ecological concepts such as health preservation, education and culture. The 19th National Congress of the Communist Party of China proposed that "The construction of ecological civilization is a millennium project for the sustainable development of the Chinese nation", the development of ecotourism in Heilongjiang Province is both the implementation of this spirit and the promotion of provincial ecological civilization construction under the background of national policies and guidelines. Therefore, it is of great importance and practical significance to its sustainable development by researching the development status of ecotourism in Heilongjiang Province.

Keywords: Heilongjiang Province; Ecotourism; Development status

随着传统大众旅游对环境破坏的影响日益明显,生态旅游逐渐在旅游市场中占据重要地位。1980年Ecological Tourism一词首次出现在Moulin发表的文章中。随后在1983年,生态旅游概念正式由世界自然保护联盟(IUCN)提出[1],之后四年,生态旅游的概念逐渐被总结为"出于研修、欣赏和享受风景及当地的野生动植物和文化特征等目的到相对未开发过或未被污染过的自然区域去旅行"。在生态旅游的发展历程中,由于侧重点不断发生变化,生态旅游定义也不尽相同,生态旅游进入我国源于1993年通过的《东亚保护区行动计划纲要》。至今为止,生态旅游已经在我国发展了二十余年,比较典型的生态旅游的定义是郭来喜的界定:生态旅游是以大自然为舞台,以高雅科学文化为内涵,以生态学思想为设计指导,以休闲、度假、保健、求知、探索为载体,旅游者参与性强,品位高雅、形式多样,既能使旅游者身心健康、知识增益,又能增强热爱自然、珍惜民族文化、保护环境的意识,弘扬文明精神,实现可持续发展的旅游体系[2]。总体而言,生态旅游的定义暂时无法固定,但其内涵基本包括了生态保护与旅游地发展。

我国旅游资源丰富,有众多适合生态旅游的森林公园、自然遗产地与自然风景区等,发展生态旅游一方面有助于保护原生态的自然环境,另一方面也能通过旅游业带动经济增长。文化和旅游部数据中心发布的数据显示,2019年全年实现旅游总收入6.63万亿元,比上一年增长11%,旅游业对GDP的综合贡献为10.94万亿元,占GDP总量的11.05%。其中,通过生态旅游获得的经济收益不可忽视。

一、黑龙江省生态旅游发展概况

(一)研究区域概况

黑龙江省,简称黑,省会哈尔滨,位于中国最东北部,面积47.3万平方千米,蕴含丰富的生态旅游资源。黑龙江省的资源优势体现在三方面:生态资源、气候资源以及历史人文资源。生态资源首先包括湖泊、森林、冰雪、湿地、草原等自然资源,例如被称为"世界三大冷泉"之一的五大连池等;其次是依托森林公园、自然保护区及风景名胜区等条件发展起来的森林资源等,黑龙江省与其他省区市比较,有着更为丰富的森林资源。气候资源则体现在黑龙江省温润多雨、清凉宜人,既能开发夏季避暑项目,又能丰富冬季滑雪项目,全省建有高、中档滑雪场近百家,雪道、雪具、缆车等硬件设施完善,接待和服务方面都有很高的水平。历史人文资源包含历史文化资源与少数民族资源。黑龙江曾是唐代渤海国、辽代、金代及清代"肇兴之地",至今还保留着唐代渤海国上京龙泉府遗址以及金代上京会宁府遗址。此外,作为移民城市的绥芬河市不仅有大白楼、东正教堂旧址(基督教福音堂)、人头楼、新华街斜拉大桥等人文景观,还有浓郁的异国风情,文化色彩鲜明,民俗边境游极具吸引力。近年来,依托核心景区、重点旅游线路,围绕"北国好风光,尽在黑龙江"旅游品牌,黑龙江开发冰雪游、避暑游、森林游、湿地游等"冰爽系"拳头产品,以五大连池、镜泊湖等为代表的"凉爽夏季"和哈尔滨冰雪大世界、亚布力滑雪旅游度假区、中国雪乡、北极村等为代表的"冰爽冬季"两大品牌旅游产品日趋成熟,知名度不断提高。

(二)生态资源赋存

黑龙江作为中国最东北部的一个省,有着自身独特的艺术文化特色和独特的民族风情,并且黑龙江省是我国生态示范省,有大量生态旅游资源发展的资源载体(见表1)。

表1 黑龙江省生态旅游资源情况

主 类	亚 类	基 本 类 型
地文资源	生物化石点	嘉荫龙骨山、逊克县的黑龙江沿岸及乌拉嘎地区
	名山	松峰山
	火山熔岩景观	五大连池、嫩江科洛火山群、五大连池的火山口、石龙景观、宁安的火山堰塞湖——镜泊湖、玄武岩台地和北湖火山口等

续表

主类	亚类	基本类型
地文资源	山石风景	帽儿山、龟形石、丞相峰、椅子山、龙石阵
	沙(砾石)地、沙滩	嫩江沙地、哈尔滨和佳木斯的沙滩
水文资源	岛屿	古城岛、名山岛、黑瞎子岛、八岔岛、大黑河岛、明月岛、柳树岛、珍宝岛,林甸县地热
	河流	黑龙江、乌苏里江、松花江、绥芬河4大水系,现有流域面积在50平方千米及以上的河流2881条,总长度为9.21万千米
	湖泊	淡水湖241个,咸水湖12个,水面总面积3037平方千米(不含跨国界湖泊境外面积),主要湖泊有兴凯湖、镜泊湖、连环湖等
	森林	全省森林覆盖率47.3%,林地面积26.17万平方千米。有寒温带的落叶松白桦林,温带的红松阔叶林,以及针、阔叶纯林和混交林
	草原	松嫩平原草地类型以草甸类草地和干草地为主;三江平原草地类型以草甸类草地和沼泽类草地为主;区域内的虎林市月牙湖国家级草地类自然保护区是典型的沼泽类草地;北部、东部山区半山区草地主要为林间草地
	湿地	全省湿地面积5.56万平方千米,有沼泽湿地、河流湿地、湖泊湿地和人工湿地四大湿地类型,其中沼泽湿地面积4.27万平方千米,全国最大,河流湿地0.75万平方千米,湖泊湿地0.35万平方千米,人工湿地0.19万平方千米,共有138处湿地自然保护区,72处湿地公园和9处湿地保护小区
生物资源	古树名木	红松、樟子松、人工培育的中草药园、良种繁育园、种质资源保护基地、养鹿场、狩猎场等

续表

主　类	亚　类	基　本　类　型
人文资源	历史古迹	哈尔滨顾乡、荒山、密山新开流古人类遗存、齐齐哈尔市的昂昂溪遗址和同江市古人类文化遗址、依兰县五国城遗址
	古今建筑	阿城白城金代宫殿遗址,宁安东京城镇唐代渤海国遗址及石灯、古井,清代宁古塔遗址,侵华日军的虎林虎头要塞,东宁的东宁要塞,孙吴县的胜山要塞等
	地方产品	鄂伦春族的桦皮工艺制品、赫哲族的鱼皮工艺制品及柳编、草编工艺品及生活用品;根雕、木雕;阿城版画、大兴安岭桦树皮画;饮品有五大连池矿泉水、小兴安岭刺五加茶、椴树蜜、大兴安岭北极神茶等
	社会风情	少数民族赫哲族、鄂伦春族、达斡尔族及朝鲜族的民俗、民居
天象资源		雪景、漠河的北极光、雾凇

(数据来源:《中国生态旅游发展报告》,科学出版社。)

(三)生态旅游目的地现状

此外,黑龙江省在国家级生态旅游示范区、国家级自然保护区、国家级森林公园、国家级地质公园、国家级湿地公园、国家级水利风景区、国家级风景名胜区等方面均有生态资源储量。黑龙江省林业和草原局数据显示,截至2020年7月,黑龙江省森林覆盖率达到47.3%,有国家级生态旅游示范区5个、世界级地质公园2个、国家级地质公园10个、国家级湿地公园38个(2020年新增11个)、国家级风景名胜区4个(见表2)、国家级自然保护区44个、国家级水利风景区32个(见表3)以及国家级森林公园67处(见表4)。

表2 黑龙江省部分生态旅游目的地

类别	数量/个	名称
国家级生态旅游示范区	5	伊春汤旺河林海奇石国家生态旅游示范区、哈尔滨松花江避暑城国家生态旅游示范区、黑河五大连池风景区、五常凤凰山国家森林公园、哈尔滨呼兰河口湿地公园
国家级地质公园	10	五大连池风景名胜区、镜泊湖风景名胜区、兴凯湖国家地质公园、凤凰山国家地质公园、伊春小兴安岭国家地质公园、漠河地质公园、青冈猛犸象地质公园、伊春嘉荫恐龙国家地质公园、鸡冠山景区、伊春花岗岩石林国家地质公园
国家级风景名胜区	4	五大连池风景名胜区、镜泊湖风景名胜区、大沾河国家森林公园、哈尔滨太阳岛风景名胜区
2020年新增国家级湿地公园	11	哈尔滨松北国家湿地公园、饶河乌苏里江国家湿地公园、东宁绥芬河国家湿地公园、齐齐哈尔江心岛国家湿地公园、亚布力红星河国家湿地公园、蚂蜒河国家湿地公园、七台河桃山湖国家湿地公园、安达古大湖国家湿地公园、富裕龙安桥国家湿地公园、呼中呼玛河源国家湿地公园、漠河大林河国家湿地公园

（数据来源：作者根据相关资料整理。）

表3 黑龙江省国家级自然保护区与水利风景区

所在地区		名称
哈尔滨市	自然保护区	黑龙江平顶山国家级自然保护区、黑龙江大峡谷自然保护区
	水利风景区	哈尔滨太阳岛风景名胜区、哈尔滨呼兰河口湿地公园景区、哈尔滨长寿湖水利风景区、哈尔滨呼兰富强水利风景区、哈尔滨白鱼泡水利风景区、哈尔滨西泉眼水利风景区、五常龙凤山水利风景区、哈尔滨金河湾湿地植物园景区、哈尔滨白鱼泡湿地旅游区

续表

所在地区		名　　称
鹤岗市	自然保护区	鹤岗萝北太平沟景区
	水利风景区	鹤岗鹤立湖水利风景区、鹤岗清源湖旅游景区
黑河市	自然保护区	五大连池风景名胜区、大沾河国家森林公园、公别拉河自然保护区、中央站黑嘴松鸡自然保护区、北安乌裕尔河国家湿地公园
	水利风景区	孙吴县二门山水库水利风景区、黑河市山口湖旅游景区
牡丹江市	自然保护区	牡丹峰国家森林公园、穆棱东北红豆杉自然保护区、小北湖自然保护区、老爷岭东北虎自然保护区
	水利风景区	—
鸡西市	自然保护区	农垦当壁镇兴凯湖旅游度假区、珍宝岛湿地国家级自然保护区、鸡西鸡东县凤凰山风景区、森工东方红湿地旅游景区
	水利风景区	青年水库、农垦兴凯湖第二泄洪闸水利风景区、农垦当壁镇兴凯湖旅游度假区
佳木斯市	自然保护区	三江自然保护区、三环泡自然保护区、七星砬子东北虎自然保护区、八岔岛自然保护区、洪河国家级自然保护区、抚远市黑瞎子岛旅游区
	水利风景区	佳木斯柳树岛水利风景区

续表

所在地区		名　称
伊春市	自然保护区	翠北湿地自然保护区、乌马河紫貂自然保护区、碧水中华秋沙鸭自然保护区、友好自然保护区、丰林自然保护区、新青白头鹤自然保护区、乌伊岭湿地自然保护区、红星湿地水利风景区、凉水自然保护区
	水利风景区	美溪回龙湾国家森林公园、红星湿地水利风景区、上甘岭水利风景区、卧龙湖水利风景区、乌伊岭源头湾景区、伊春河水利风景区、滨水新区水利风景区、新青湿地水利风景区
双鸭山市	自然保护区	饶河东北黑蜂自然保护区、双鸭山七星河湿地生态旅游区、挠力河自然保护区
	水利风景区	—
绥化市	自然保护区	明水自然保护区
	水利风景区	红旗泡水库、兰西县河口水利风景区
大兴安岭地区	自然保护区	漠河北极村旅游区、岭峰自然保护区、盘中自然保护区、绰纳河自然保护区、黑龙江大兴安岭双河源国家湿地公园、大兴安岭南瓮河景区、大兴安岭多布库尔生态旅游景区、呼中国家森林公园
	水利风景区	—
七台河市	自然保护区	—
	水利风景区	—

续表

所在地区		名　称
大庆市	自然保护区	—
	水利风景区	大庆黑鱼湖生态景区
齐齐哈尔市	自然保护区	齐齐哈尔扎龙自然保护区
	水利风景区	齐齐哈尔泰来泰湖国家湿地公园旅游景区、齐齐哈尔尼尔基水利风景区、甘南县音河湖水利风景区、齐齐哈尔劳动湖水利风景区

（数据来源：作者根据相关资料整理。）

表4　黑龙江省国家级森林公园名单

所在地区	名　称
哈尔滨市	金龙山国家森林公园、凤凰山国家森林公园、小兴安岭红松林国家森林公园、哈尔滨香炉山风景区、方正龙山国家森林公园、兴隆国家森林公园、八里湾国家森林公园、亚布力国家森林公园、双子山国家森林公园、长寿山国家森林公园、呼兰国家森林公园、丹清河国家森林公园、驿马山国家森林公园、金泉国家森林公园、龙凤国家森林公园、一面坡国家森林公园、长寿国家森林公园、哈尔滨国家森林公园、乌龙国家森林公园
鹤岗市	龙江三峡国家森林公园、鹤岗国家森林公园、红松林国家森林公园
黑河市	大沾河国家森林公园、五大连池国家森林公园、胜山要塞国家森林公园
牡丹江市	牡丹峰国家森林公园、火山口国家森林公园、三道关国家森林公园、夹皮沟国家森林公园、六峰山国家森林公园、镜泊湖国家森林公园、雪乡国家森林公园、威虎山国家森林公园、绥芬河国家森林公园

续表

所在地区	名　称
鸡西市	乌苏里江国家森林公园、神洞山国家森林公园、珍宝岛国家森林公园
佳木斯市	大亮子河国家森林公园、华夏东极国家森林公园、七星峰国家森林公园、桦川国家森林公园、五顶山国家森林公园、街津山国家森林公园
伊春市	茅兰沟国家森林公园、五营国家森林公园、溪水国家森林公园、伊春美溪回龙湾国家森林公园、仙翁山国家森林公园、小兴安岭石林国家森林公园、金山国家森林公园、廻龙湾国家森林公园、乌马河国家森林公园、日月峡国家森林公园、桃山国家森林公园、伊春兴安国家森林公园
双鸭山市	青山国家森林公园、七星山国家森林公园、完达山国家森林公园
绥化市	大青观国家森林公园、望龙山国家森林公园
大兴安岭地区	加格达奇国家森林公园、呼中国家森林公园、北极村国家森林公园
七台河市	石龙山国家森林公园、勃利国家森林公园
大庆市	大庆国家森林公园
齐齐哈尔市	齐齐哈尔国家森林公园

（数据来源：作者根据相关资料整理。）

二、黑龙江省生态旅游发展分析

（一）规模分析

根据文化和旅游部数据，2019年，黑龙江共有155家星级酒店，比上一年减少18家。从星级酒店构成来看，三星级酒店占据黑龙江星级酒店较大市场，2019年黑龙江共有93家三星级酒店、37家四星级酒店、6家五星级酒店、

19家二星级酒店。从经营情况来看,2019年黑龙江星级酒店实现营业收入13.09亿元,其中餐饮收入占比32.09%,客房收入占比52.81%,其他15.1%,利润总额亏损0.43亿元,平均房价为268.23元/间夜,低于全国平均水平(353元/间夜),且平均出租率为40.55%,低于全国平均水平(55.18%);从旅行社数据来看,全省国内社609家,边境社125家,出境社(不带边境)43家,出境社(带边境)55家,全国百强社4家,导游22964人,出境领队1584人。2019年,该省全年共接待中外游客2.2亿人次,同比增长19%,其中国内游客2.15亿人次,入境游客110.7万人次,实现旅游收入2684亿元,同比增长19.6%。

此外,根据统计出的黑龙江省生态旅游资源情况绘制数量分布图(见图1)及省域分布情况,可见在黑龙江省内生态旅游资源目的地最多的是国家级森林公园,为67个,占比41.36%,其次是国家级自然保护区,占比27.16%;而生态资源最富饶的市级单位为哈尔滨市,占总体资源的22.22%,其次是伊春市,占比为19.75%。

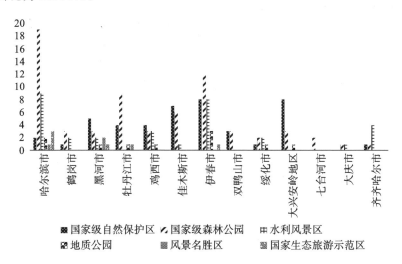

图1 黑龙江省生态旅游资源数量分布

(数据来源:作者根据相关资料整理。)

由近年来黑龙江统计年鉴数据可知,从2010年至2019年,黑龙江省旅游业总产值由883.9亿元增加到了2683.8亿元,国内旅游收入稳定上升,除了2014年出现短暂下跌情况,其余年份均保持良好增加趋势。国内旅游总收入增长率与旅游产业总产值增长率自2015年之后基本稳定在17%以上;且外汇收入、国内旅游收入的整体起伏趋势保持一致,都表现出在2013年之后有大幅度跌落,如表5所示。现因缺少数据,根据《中国生态旅游发展报告》①中湖北省计算生态旅游相关数据方法来计算黑龙江省生态旅游具体数据,其中黑龙江省3A级景区共141个,其中和生态旅游相关的为99个,占比70.21%;黑龙江省4A及5A级景区共116个,其中和生态旅游相关的为73个,占比62.93%。因此取其均值66.57%,黑龙江省2010年至2019年生态旅游规模如见图2所示。

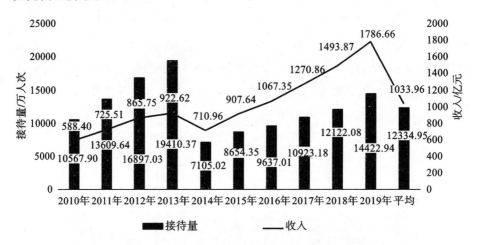

图2　黑龙江省2010—2019年生态旅游规模

(数据来源:《黑龙江统计年鉴》。)

此外,将"生态旅游＋黑龙江"作为关键词在百度指数中进行搜索,时间范围为2011年1月1日至2020年12月31日。发现在此期间,搜索量的最高峰为2020年4月中旬,即疫情稳定复工复产初期。后疫情时代人们对旅游的态度及价值取向也发生重大变化,表现为更加渴望回归自然的心态,对康养休闲的高追求使得大众旅游无法轻易满足人们的需求,旅游愿景从单纯的观光娱乐变为青睐于感受目的地的文化内涵。

---

① 《中国生态旅游发展报告》,科学出版社。

B7 黑龙江省生态旅游与绿色发展报告

表5 2010—2019年黑龙江省旅游产业基本情况汇总

年份	入境旅游接待量 人次/万人次	增长率(%)	国内旅游接待量 人次/万人次	增长率(%)	总接待量 人次/万人次	增长率(%)	外汇收入 收入/万美元	增长率(%)	国内旅游收入 收入/亿元	增长率(%)	旅游业总产值 总产值/亿元	增长率(%)	生态旅游规模 接待量/万人次	收入/亿元
2010	172.42	20.99	15702	44.8	15874.42	44.49	76250	18.86	832	37.29	883.85	36.06	10970.81	610.83
2011	206.52	19.77	20237	28.88	20443.52	28.78	91762	11.49	1032	24.04	1089.81	23.3	14128.52	753.17
2012	207.62	0.53	25174	24.4	25381.62	24.15	83548	-9.24	1248	20.93	1300.47	19.33	17541.24	898.75
2013	152.9	-26.3	29004	15.2	29157	15.05	6.04	-27.7	1348	8	1385.9	6.6	20150.40	957.80
2014	141.7	-7.3	10530.9	-6.8	10672.7	5	5.6	-6.8	1031.5	9.4	1067.96	8.7	7375.90	738.07
2015	83.5	-41	13000	21.89	13000	21.89	3.95	-29.8	1337	29.62	1363.4	27.7	8984.30	942.25
2016	95.7	14.7	14380.4	11.3	14476.1	11.3	4.6	15.9	1572.9	17.6	1603.3	17.8	10004.43	1108.04
2017	103.9	8.5	16304.2	13.4	16408.1	13.4	4.8	4.7	1876.6	19.3	1909	19.1	11339.64	1319.31
2018	109	5.1	18100	11	18209	11	5.4	12	2207.8	17.7	2244	17.6	12584.24	1550.83
2019	110.7	1.4	21554.5	19.1	21665.2	19	6.5	20	2640.2	19.6	2683.8	19.6	14972.82	1854.77
平均	—	-0.361	—	18.317	—	19.406	—	0.941	—	20.348	—	19.579	12805.23	1073.38

(数据来源:《中国旅游统计年鉴》《黑龙江统计年鉴》。)

(二)游憩价值

游憩价值的评价常常通过访谈或问卷调查的方式展开调查,以获得被调查者在面对自身假想游憩环境遭到破坏时愿意支付的最大补偿值。由麻占梧[3]的研究可知,2013年扎龙湿地的年游憩价值为2252.77万,而2013年扎龙湿地的年游客量为22.4万人,占黑龙江省当年总游客量的0.077%,由此换算得到2019年黑龙江省生态旅游的游憩价值为2252.77÷0.077%×66.57%＝194.76亿万元。

(三)政策分析

借助国家政策,在"一带一路"倡议下,黑龙江省与俄罗斯交流合作的机会日益增多,借此契机加大对俄输送生态旅游服务,使中俄边境旅游市场格局产生变化。

一方面在两国政府的积极推动下,签证便利化与双边城市直达新航线得到落实,黑龙江省借助其优越的旅游资源吸引了大量入境游客,旅游合作快速发展。从近几年的数据来看,黑龙江省的入境游客量一直呈高度增长状态,有较稳定的增长率,其中全国俄罗斯游客有一半以上是从黑龙江省入境。

另一方面,依据中俄跨境合作"旅游搭台、经贸唱戏"的传统模式,黑龙江省凭借边境线优势、陆地口岸优势以及旅游资源优势在中俄战略合作的重点——东北亚经济圈占据中心地位,进一步促进了经济增长。

2019年8月,党中央、国务院批复设立中国(黑龙江)自由贸易试验区,中国最北端自由贸易试验区正式获批。其中黑龙江自贸区涵盖哈尔滨、黑河、绥芬三个片区,哈尔滨片区重点发展高新技术产业和现代服务业,黑河片区作为中俄交流合作的重要基地,重点发展跨境产业,绥芬河片区重点发展进口加工业,片区之间定位虽不同,但都为对俄开展贸易合作提供了新的平台,由此加强双方跨境发展,促进黑龙江省对俄旅游产业高质量发展迈向新进程。

党的十九大报告中指出,"人与自然是生命共同体,人类必须尊重自然、顺应自然、保护自然……我们要建设的现代化是人与自然和谐共生的现代化,既要创造更多物质财富和精神财富以满足人民日益增长的美好生活需要,也要提供更多优质生态产品以满足人民日益增长的优美生态环境需要"。由此可见,"生态优先,绿色发展"的趋势已成为发展大方向。在新冠疫情的影响下,人们对于全球生态文明建设有了更深刻的思考,由于人类过度利用自然资源导致自然界的生态平衡被打破,最终人类遭到大自然的报复,因此人类必须正确处理与自然的关系,构建新型的符合新时代特征的生态文明理念[4]。疫情发生后,政府及旅游相关部门第一时间采取积极措施疏导与消解大众负面情绪,从而降低游客风险感知,构建安全稳定的旅游发展大环境[5]。而全国各地纷纷出台旅游业恢复振兴计划,重塑旅游地安全新形象,丰富生态旅游产品宣传,优化环境与生态保护,牢牢把握了旅游者生态意识觉醒的特点。生态旅游的发展,对资源节约、生态环境保护以及生态文明建设有重要影响,大健康时代来临之际,生态旅游已成为新常态下经济增长的重要引擎,并为黑龙江省旅游业创新发展提供新机遇。

(四)区位优势

黑龙江省的地缘区位对本省生态旅游发展有着重要作用。首先,黑龙江省归属于东北亚经济圈和东北东部经济带,其富含东北特色代表性的生态旅游资源和产品具有统筹性;其次,黑龙江省同俄罗斯有较长的边境线,中俄黑龙江大桥以及铁路、公路大桥都将极大缩短两地之间的交通距离,减少行程运行时间,促进双边经贸合作。

另外,在入境游方面,黑龙江省的地理位置优越,既有日本、韩国、蒙古的邻国优势,还有中俄边境优势,因此黑龙江省一直维持了较好的入境收入水平,2010年至2019年平均接待入境游客量为138.4万人次(见图3)。但将入境游客接待量与国内游客接待量相比,可以发现,相较于境外游客,国内旅游者对黑龙江旅游产业的发展起着关键作用。

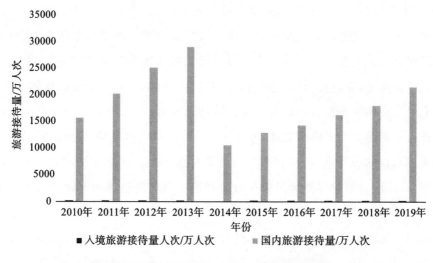

图 3　黑龙江省 2010—2019 年旅游接待量

(数据来源:《黑龙江统计年鉴》。)

(五)现存不足

1. 生态旅游产品少特色

黑龙江省并非国内唯一的生态旅游目的地,且东北三省之间也有旅游同质化的现象。以冰雪旅游市场为例,冰雪资源已经不是黑龙江省独有的,华中、华北地区的冰雪项目有更加优越的交通区位及高速建设进程,这给游客更加宽泛的选择;在森林旅游市场上,截至 2018 年,我国已有 897 座国家级森林公园,几乎涵盖各省(自治区、直辖市),2018 年全国森林旅游人数达 16 亿人次,这意味着全国森林资源与黑龙江森林资源形成了强有力的竞争,同质化严重;另外,根据国家林业和草原局已发布的《2020 年国家重要湿地目录》,我国新增国际重要湿地 29 处,至今已有 57 处国际重要湿地且分布在全国各处,与黑龙江省大部分处于未开发状态的湿地相比,其他省份的湿地旅游已日趋成熟,对黑龙江省的湿地旅游发展产生制约。且黑龙江省目前在生态旅游的模式上集中于景点休闲以及乡村农家乐等方式,停留在游客走一走、看一看的表面模式,因此旅游开发者并未深入挖掘能开展生态旅游的旅游目的地的文化内涵,更不会去对相应的设施设备做更新与加工,直接导致的结果就是生态景区缺乏属于当地特色民俗文化的项目,旅游产品缺乏特色。另外,各生态旅游景区在生态科普方面表现单一,缺乏有趣味性与教育意义的旅游项目,很难通过出游增强旅游者的生态意识,甚至无法使游客感知生态旅游相较于其他旅游的益处,大大降低了旅游者的重游率。

2. 生态旅游规划待完善

黑龙江省在开展生态旅游过程中,缺乏对其部分旅游规划实地性的有效深入调查和研究,从而使生态旅游规划在实际运行和操作中的可行性和科学性大打折扣,从而浪费了大量的人力物力[6]。该结果的形成包含以下几方面的原因:第一方面是旅游资源开发团队,无论是政府还是企业调研考察者,都存在工作经验不足、缺乏深入调研以及科学评估与论证等问题,表现出了在旅游发展总体规划方面存在着重"经济"而轻"生态"的状况。黑龙江省森林面积从2010年的1962.13万平方千米增加到2019年的1990.46万平方千米,十年之间的增长率仅为1.44%,远低于全国6.14%的增长率①。第二方面是生态旅游规划过程中标准缺失和监测缺位[7]。相关数据显示,黑龙江省缺乏生态旅游景区标准认证制度,并且在旅游者的管制以及生态环境的监测上缺乏投入。

3. 生态旅游管理未健全

黑龙江省的生态旅游目前还未形成良性的产业链。从内部环境来说,没有形成各生态资源之间的整合与区域协作,同质景区之间没有进行特色互补,重复开发旅游产品导致资源浪费与产品质量下降及吸引力降低;同时,各景区之间缺乏互助与分工协作,并没有进行集体宣传共同合力扩大知名度。从外部环境来说,各生态旅游地对旅游从业人员的规范化服务培训不足,对其生态知识的灌输不足,影响从业者自身的素质,进一步影响了游客的重游率。另外,黑龙江省过于依赖冬季旅游特色项目,闲置了广阔的生态资源,没有通过有效的管理形成生态旅游公共服务体系。一方面是生态景区配套设施不够,

---

① 《中华人民共和国2020年全国国民经济和社会发展统计公报》。

距离形成高质量的生态休闲娱乐环境还有较大差距;另一方面是黑龙江旅游区交通条件有待改善。旅游交通往往是当地旅游经济可持续发展的命脉,而黑龙江现有交通基础设施等条件不佳,且现有交通运输线路布局密度低。此外,在生态景区内缺少高质量的旅游服务,该问题直接影响了旅游者的满意度,这是管理者对生态旅游从业人员整体素质培训不到位的结果。

4. 生态旅游营销不到位

虽然信息技术不断发展的大背景为旅游景区营销创造了良好条件,但是部分景区在营销媒介的转变上仍未跟上时代步伐。黑龙江省生态旅游的宣传主要还是借助广播、电视营销宣传以及网络营销,营销成本高且营销策略单一,没有突出效果。同时,管理人员对营销不够重视,缺乏专业营销人才精准把握景区游客的群体结构与消费需求,导致营销无差异化,尤其是没有突出景区的生态定位,景区宣传更像观光场所,缺少环境教育的元素,不利于游客建立对生态旅游景区独有的认知,有形展示不明显。

5. 生态旅游环境需修复

把握资源开发与生态环境保护之间的平衡是难点,目前黑龙江省前景开阔的冰雪旅游市场、森林旅游市场、湿地旅游市场都是珍贵的生态旅游资源市场,但同时黑龙江也面临着传统的粗放型经济增长方式与陈旧经济发展观念的影响,给其生态环境带来了不可磨灭的损失。传统旅游业所开展的各项活动遗留的问题,如汽车尾气、生活垃圾等均对环境造成极大压力,伴随的还有资源濒临枯竭的问题,如黑龙江省森林的"空心化"、土地流失以及耕地质量严重下降等现象,这些都为黑龙江省生态旅游的发展带来阻碍。

三、黑龙江省生态旅游发展未来展望

良好的国际与国内环境为黑龙江省提供了绝佳的生态旅游机遇,黑龙江省自身拥有的各类生物资源、水体资源、气候资源、人文资源等资源优势以及区位优势进一步为其生态旅游的开展提供了条件。与此同时,黑龙江省也出现了缺乏生态旅游系统谋划、旅游从业人员素质不高、生态教育理念不够深入、生态旅游品牌不响等问题,需要政府、企业以及群众共同努力,在保护的前提下合理开发与利用生态资源,以达到黑龙江省生态旅游的可持续发展。

首先应践行可持续发展理念,用保护中发展的手段维护自然环境与人居环境,既不损害大自然,也让民众受益。

其次要科学合理制定生态旅游发展规划,在布局、开发、设施建设、交通可进入性、旅游产品质量等方面提供高品质支撑。

最后要合理引进人才,整合不同专业背景的人才,共同为管理生态旅游出谋划策,及时解决生态旅游可持续发展中出现的问题。

参考文献

[1] 杨开忠,许峰,权晓红.生态旅游概念内涵、原则与演进[J].人文地理,2001(4).

[2] 郭来喜.中国生态旅游——可持续旅游的基石[J].地理科学进展,1997(4).

[3] 麻占梧.扎龙湿地生态旅游资源价值评估与开发研究[D].哈尔滨:东北林业大学,2015.

[4] 马枫,张盾.新冠肺炎疫情治理与新型生态文明构建——从德勒兹对马克思生态思想的解读看[J].哲学动态,2020(10).

[5] 王金伟,王国权,王欣,等.新冠肺炎疫情下公众焦虑心理对出游意愿的影响研究——旅游业恢复信心的中介作用[J].西南民族大学学报(人文社会科学版),2020(11).

[6] 石长波,王玉,汤姿,等.生态文明视角下黑龙江省旅游业发展研究[M].北京:旅游教育出版社,2015.

[7] 王海荣.黑龙江省生态旅游经济发展研究[J].北方园艺,2018(4).

作者简介:

刘霁玮,湖北大学商学院硕士研究生。

B8 云南省生态旅游与绿色发展报告

晏雄 解长雯 史晨旭

摘 要：丰富的生态旅游资源是云南旅游业可持续发展的重要基础。回顾和分析云南生态旅游取得的成效和存在的问题并提出解决对策，对全国生态旅游的发展具有重要的借鉴意义，报告从生态旅游资源禀赋、生态旅游政策、生态旅游业发展现状三个层次对云南省生态旅游发展现状进行了系统、全面的梳理和整合，并对近几年来云南省在生态旅游方面所取得的成效进行了总结，主要体现在生态旅游品牌创建初见成效、生态旅游扶贫效果显著、生态文明建设突飞猛进三大方面。针对云南省生态旅游发展现状，指出了包括对生态旅游内涵认识不足，管理体系不健全、制度建设不完善，基础设施、公共服务设施投入不足以及开发规划不系统，品牌效应有待进一步加强等问题。进而提出了正确认识生态旅游，制定统一发展规划；分区互补发展，打造线路产品；树立强大的旅游品牌形象，改进市场营销手段；强化高素质人才培养，全员参与生态旅游建设；打造云南"直过民族"活态博物馆；农业文化遗产保护与生态旅游融合发展，助推乡村产业全面振兴以及丰富生态旅游业态，培育新经济增长点和产业竞争力等对策措施，以促进云南生态旅游业可持续发展。

关键词：云南省；生态旅游；可持续发展

Abstract：Abundant ecotourism resources are the important foundation for the sustainable development of tourism industry in Yunnan Province. Reviewing and analyzing the achievements, problems and solutions of ecotourism in Yunnan Province are of great referential meaning to the development of ecotourism in China. This paper systematically and comprehensively organizes and integrates the current situation of ecotourism development in Yunnan Province from three aspects: resource endowment of ecotourism, policy of ecotourism and the current situation of ecotourism, and then summarizes the achievements of ecotourism in Yunnan Province in recent years, the achievements are mainly reflected in three aspects: the brand creation of ecotourism has achieved initial success, the effect of poverty alleviation through ecotourism is remarkable and the construction of ecological civilization has grown tremendously. According to the current situation of ecotourism development in Yunnan Province, this paper points out some problems, such as insufficient understanding of ecotourism connotation, imperfect management system, incomplete system construction, insufficient investment in infrastructure and public service facilities, unsystematic development planning, and the brand effect should be further strengthened, etc. In order to promote the sustainable development of ecotourism in Yunnan Province, this paper proposes that we should have a correct understanding of ecotourism, formulate a unified development plan, develop regional complementarity, create route products, establish a strong brand image of tourism, improve marketing methods, promote the cultivation of high-quality talents, have whole participation in the construction of ecotourism, build a living museum of "direct transition nationalities" in Yunnan, integrate development of agricultural cultural heritage protection and ecotourism, boost the comprehensive revitalization of rural industries, diversify the forms of ecotourism and cultivate new points of economic growth and industrial competitiveness.

Keywords: Yunnan Province; Ecotourism; Sustainable development

云南省简称"滇",位于中国西南边陲,是东亚季风气候、西南季风气候、青藏高山高原气候的交汇区,气候宜人,全省大部分地区平均温度在5—24 ℃,年温差一般为10—15 ℃,被冠以"春城"的美誉。云南地处特提斯—喜马拉雅构造域与滨太平洋构造域的交界处,地质构造异常复杂,显现出"东部岩溶地貌、西部三江并流、南部热带雨林、北部雪山冰川"奇特罕见的生态环境,全省地貌景观类型几乎包含了除沙漠、海岸外的所有地貌景观。复杂的气候类型和地形条件使云南形成了丰富多样的动植物景观资源,因此云南又被称作"动植物王国""野生动物物种的基因库"。云南不仅有着极富潜力的自然生态旅游的条件,而且有着更为优越的人文生态旅游条件。云南省拥有52个民族,其中白族、哈尼族、傣族、傈僳族、佤族、独龙族等15个民族为云南特有的少数民族,是特有民族最多的省份。众多民族,多种语言,多样歌舞,多种民俗,多姿服饰,构成绚丽多彩的民族风情,云南生态旅游具有极好的发展基础和极大的发展潜力。

一、云南省生态旅游发展现状

(一)云南省生态旅游资源现状

云南省具有类型丰富、数量众多的生态旅游资源,布局上划分为滇西北高山峡谷片区、滇中高原湖泊片区、滇西地热火山片区、滇西南热带雨林片区、滇东南喀斯特地貌片区以及滇东北红土高原片区六大生态旅游区,依据国标分类,云南省生态旅游资源主要包括地文资源、水域风光、生物景观、天象与气候景观、遗址遗迹、建筑与设施、旅游商品、人文活动八大类型,具体包括22个亚类,几乎涵盖了除海滨和沙漠之外的所有生态旅游资源类型。(见表1)

表1 云南生态旅游资源

主　类	亚　类	资　　源
地文资源	综合自然旅游资源	云南位于高原山区,属青藏高原的南延部分,地形波状起伏,平均海拔2000米,孕育了高黎贡山、无量山、玉龙雪山、哈巴雪山、梅里雪山等山地旅游资源
	沉积与构造	云南晋宁梅树村剖面、云南曲靖陆相泥盆系剖面、云南澄江动物化石群

续表

主　类	亚　类	资　　源
地文资源	地质地貌过程遗迹	云南拥有成片的喀斯特地貌,阿庐古洞是亚洲较壮观的天然溶洞之一,石林更被称为"天下第一奇观"
	自然变动遗迹	云南东川区小江泥石流沟 腾冲地热火山风景名胜区
水域风光	河段	云南省地跨六大水系拥有大小河流共600多条,其中较大的有180条,更形成了独特的三江并流景观(金沙江、澜沧江、怒江)
	天然湖泊与池沼	云南省拥有九大高原湖泊:滇池、洱海、抚仙湖、程海、泸沽湖、杞麓湖、异龙湖、星云湖、阳宗海
	瀑布	昆明瀑布公园、罗平九龙瀑布、莫里瀑布、叠水河瀑布、石林大叠水瀑布、宜良雌雄双瀑、三潭瀑布
	泉	安宁温泉、下关温泉、云县小定西沸泉、腾冲热海等
	冰雪地	玉龙雪山、梅里雪山、轿子雪山、哈巴雪山
生物景观	树木	2019年云南省森林覆盖率同比增长2.1个百分点,达到62.4%;森林蓄积量同比增长0.5亿立方米,达到20.2亿立方米
	草原与草地	云南省全省草原面积2.29亿亩,可利用草原面积达1.78亿亩,开发利用前景广阔
	花卉地	世界园艺博览园、斗南花卉等
	野生动物栖息地	云南有兽类300种,鸟类793种,爬行类143种,两栖类102种,淡水鱼类366种,昆虫1万多种。鱼类中有5科40属250种为云南特有。鸟兽类中有46种为国家一级保护动物,154种为国家二级保护动物。拥有大山包黑颈鹤自然保护区、会泽黑颈鹤自然保护区、西双版纳野象谷等

续表

主 类	亚 类	资 源
天象与气候景观	光现象	大理的"洱海观月"、昆明的"滇池月夜"、梅里雪山的"日照金山"、鸡足金顶
	天气与气候现象	鸡足山的"秋日云海"
遗址遗迹	史前人类活动场所	楚雄元谋人遗址景区、"中国最后一个原始部落"——云南翁丁村
	综合人文旅游地	双廊古镇旅游度假区、束河古镇旅游度假区、湖泉·水乡生态园旅游度假区等生态旅游度假区,元阳哈尼梯田、红河撒玛坝万亩梯田、罗平油菜花、普洱茶园、天士力帝泊洱生物茶谷等生态人文旅游地
建筑与设施	居住地与社区	纳西族、傈僳族的木楞房,哈尼族的土掌房,傣族、景颇族的竹楼等少数民族特色民居
	水工建筑	昆明的松花坝水库,阳宗海等水库观光游憩带及陆良坝子、昆明坝子等堤坝段落
旅游商品	地方旅游商品	2018年云南省政府开展云南省绿色食品"十大名品"评选活动,评选出"十大名茶""十大名花""十大名菜""十大名果"和"十大名药材"绿色食品
人文活动	现代节庆	"七彩云南·运动德宏"体育文化旅游节、云南巍山国际火把节等现代节庆活动
	民间习俗	火把节、绕三灵、藏历新年、三朵节、阔时节、泼水节、目瑙纵歌、藏历新年、白族三月街、密枝节等

(数据来源:依据各地州上报调研材料以及云南省文化和旅游厅相关材料整理,整理时间为2020年11月。)

云南省生态旅游资源丰富、独具特色,是中国生态旅游资源较富集的地区之一,拥有众多世界级、国家级高质量的生态旅游资源。云南拥有世界遗产5

处(分别是世界文化遗产丽江古城、世界自然遗产三江并流、世界自然遗产中国南方喀斯特云南石林、世界文化遗产红河哈尼梯田、化石类世界遗产澄江生物群)、国家级自然保护区20个、国家级森林公园32个、国家级地质公园12个、国家级湿地公园16个、国家级水利风景区21个(见表2)。全省共有A级景区244家,其中5A级景区9个、4A级73个、3A级99个、2A级60个、A级3个(见表3)。①

表2 云南省生态旅游发展的主要资源载体

类型	国家级
自然保护区	云南高黎贡山国家级自然保护区、西双版纳自然保护区、云南无量山国家级自然保护区、昆明轿子雪山、苍山洱海自然保护区、云南哀牢山国家级自然保护区、文山国家级自然保护区、南滚河自然保护区、永德大雪山自然保护区、云南乌蒙山国家级自然保护区、药山国家级自然保护区、大山包黑颈鹤自然保护区、云南元江国家级自然保护区、会泽黑颈鹤自然保护区、白马雪山自然保护区、云龙天池自然保护区、纳板河流域国家级自然保护区、黄连山自然保护区、金平分水岭自然保护区、云南大围山自然保护区(20个)
森林公园	云南磨盘山国家森林公园、云南东山国家森林公园、云南珠江源国家森林公园、云南龙泉国家森林公园、云南西双版纳国家森林公园、云南钟灵山国家森林公园、云南五老山国家森林公园、云南澜沧国家森林公园、云南观音山国家森林公园、云南墨江国家森林公园、云南博吉金国家森林公园、云南永仁金沙江国家森林公园、云南双江古茶山国家森林公园、云南宝台山国家森林公园、云南新生桥国家森林公园、云南圭山国家森林公园、云南飞来寺国家森林公园、云南紫金山国家森林公园、云南铜锣坝国家森林公园、云南灵宝山国家森林公园、云南棋盘山国家森林公园、云南五峰山国家森林公园、云南鲁布革国家森林公园、云南十八连山国家森林公园、云南章凤国家森林公园、云南金殿国家森林公园、云南太阳河国家森林公园、云南花鱼洞国家森林公园、云南来凤山国家森林公园、云南清华洞国家森林公园、云南天星国家森林公园、云南巍宝山国家森林公园(32个)

---

① 数据来源于云南省文化和旅游厅《云南省A级景区名录》(2019年10月更新)。

续表

类 型	国 家 级
地质公园	云南石林风景名胜区、云南大理苍山地质公园、丽江老君山国家公园黎明景区、云南腾冲火山国家地质公园、云南澄江动物群古生物国家地质公园、云南罗平生物群地质公园、云南巍山红河源地质公园、云南九乡峡谷洞穴国家地质公园、云南禄丰恐龙国家地质公园、云南东川泥石流地质公园、云南丽江玉龙雪山冰川国家地质公园、云南泸西阿庐国家地质公园(12个)
湿地公园	云南红河哈尼梯田国家湿地公园、云南普者黑喀斯特国家湿地公园、云南晋宁南滇池国家湿地公园、云南盈江国家湿地公园、云南洱源西湖国家湿地公园、云南江川星云湖国家湿地公园、云南兰坪箐花甸国家湿地公园、云南泸西黄草洲国家湿地公园、云南保山青华海国家湿地公园、云南玉溪抚仙湖、云南沾益西河国家湿地公园、云南通海杞麓湖国家湿地公园、云南石屏异龙湖国家湿地公园、云南蒙自长桥海国家湿地公园、云南鹤庆东草海国家湿地公园、云南普洱五湖国家湿地公园等(16个)
水利风景区	洱源县茈碧湖水利风景区、珠江源国家森林公园、丘北县丘北纳龙湖水利风景区、双柏县双柏查姆湖水利风景区、临沧冰岛水利风景区、宜良九乡明月湖水利风景区、祥云县青海湖水利风景区、普洱市洗马河水利风景区、丘北县摆龙湖水利风景区、泸西县阿庐湖水利风景区、保山市北庙湖水利风景区、芒市孔雀湖水利风景区、泸西县阿拉湖水利风景区、景谷傣族彝族自治县昔木水库水利风景区、建水县绵羊冲水利风景区、思茅梅子湖水利风景区、泸西县五者温泉风景区、明月湖景区、文山君龙湖水利风景区、丽江泸沽湖景区、普洱西盟勐梭龙潭景区(21个)

(数据来源：依据各地州上报调研材料以及云南省文化和旅游厅相关材料整理,整理时间为2020年11月。)

表3　云南省与生态旅游相关的A级景区

景区级别	景 区 名 称
5A	腾冲地热火山风景名胜区、大理市崇圣寺三塔文化旅游区、迪庆州香格里拉普拉措景区、昆明石林风景名胜区、昆明世博园景区、丽江市玉龙雪山景区、丽江古城景区、中国科学院西双版纳热带植物园、普者黑国家风景名胜区

续表

景区级别	景 区 名 称
4A	腾冲和顺古镇、蝴蝶泉、巍宝山景区、大理祥云水目山文化旅游区、大理宾川鸡足山、大理南诏风情岛、迪庆香格里拉大峡谷、迪庆香格里拉蓝月山谷景区、迪庆香格里拉松赞林景区、迪庆虎跳峡景区、迪庆梅里雪山景区、红河弥勒湖泉生态园、红河元阳梯田、泸西阿庐古洞、红河建水朱家花园、建水燕子洞、云南野生动物园、昆明市西山森林公园、昆明轿子雪山、宜良九乡风景区、昆明大观公园、丽江老君山黎明景区、丽江观音峡景区、丽江泸沽湖景区、丽江黑龙潭、丽江东巴谷、丽江玉水寨景区、云南省天士力帝泊洱生物茶谷、普洱勐梭龙潭、普洱国家公园、丽江束河古镇、曲靖师宗菌子山、曲靖会泽大海草山、曲靖师宗凤凰谷、沾益珠江源景区、罗平九龙瀑布群、陆良彩色沙林、西双版纳傣族园景区、西双版纳原始森林公园、西双版纳花卉园、西双版纳野象谷、西双版纳望天树景区、西双版纳大益庄园、西双版纳州勐景来景区、西双版纳勐泐大佛寺、景洪曼听御公园、玉溪汇龙生态园、通海秀山公园、玉溪新平磨盘山国家森林公园等
3A	双柏查姆湖旅游景区、楚雄永仁方山景区、南华咪依噜风情谷、大理南涧无量山樱花谷景区、巍山县东莲花旅游区、大理罗荃半岛旅游区、大理剑川千狮山、大理上关花景区、大理张家花园、大理洱源西湖、大理地热国、云南宝台山国家森林公园、迪庆霞给藏族文化旅游生态村、红河水乡、云南石屏异龙湖国家湿地公园、弥勒太平湖森林小镇景区、泸西青龙山生态休闲农业庄园景区、红河撒玛坝万亩梯田景区、红河开远南洞—凤凰谷旅游区、昆明斗南花市、中国兵器房车温泉度假中心、昆明石林万家欢蓝莓庄园、昆明宜良岩泉风景区、昆明寻甸星河温泉旅游小镇、昆明星耀·水乡旅游度假区、昆明安宁青龙峡风景区、昆明市黑龙潭、临沧沧源翁丁原始部落文化旅游区、临沧双江荣康达乌龙茶生态文化产业园、临沧临翔区南美拉祜生态旅游度假区、临沧玉龙湖、和成·临沧生态文化创新产业园、普洱景东杜鹃湖、澜沧拉祜风情旅游区、普洱中华普洱茶博览苑、景谷勐卧总佛寺、文山广南牡露侬人谷景区、文山广南世外桃源坝美景区、玉溪仙湖古镇·仙湖湾景区、玉溪明星碧云公园、玉溪明星渔洞景区、玉溪漠沙大沐浴花腰傣文化生态旅游村、大关黄连河景区、绥江金沙江水上乐园、罗平多依河景区、曲靖罗平鲁布革三峡风景区、麒麟水乡等

续表

景区级别	景 区 名 称
2A	施甸石瓢温泉景区、龙陵邦腊掌温泉旅游度假区、保山北庙湖旅游度假区、保山太保山森林公园、腾冲迭水河景区、腾冲云峰山景区、昌宁鸡飞温泉旅游度假区、大理洱源茈碧湖景区、瑞丽独树成林景区、迪庆香格里拉结达木景区、迪庆香格里拉洋塘曲文化生态景区、迪庆香格里拉娜姆措生态园、香格里拉高山植物园、迪庆天生桥景区、绿春东仰风情园、个旧丫沙底瀑布温泉度假区、红河蒙自南湖公园、石屏焕文公园、弥勒白龙洞、丽江三股水景区、玉峰寺、丽江虎跳峡景区、临沧耿马孟定洞景佛寺景区、临沧云县头道水酒谷景区、临沧沧源碧丽源芒摆有机茶庄园、临沧花果山城市森林公园、云县漫湾百里长湖景区、临沧五老山森林公园、普洱镇沅无量湿地公园、普洱江城勐烈湖湿地公园、丽江玉柱擎天景区、西双版纳南药园、玉溪澄江凤山公园、玉溪澄江西浦公园、新平哀牢山陇西世族庄园、玉溪九龙池公园、新平新化古州野林、易门龙泉森林公园等
A	牟定化佛山景区、西双版纳雨林谷、丽江北岳庙

(数据来源：依据各地州上报调研材料以及云南省文化和旅游厅相关材料整理,整理时间为 2020 年 11 月。)

(二)云南省生态旅游政策现状

随着我国生态文明建设的不断深入和全国旅游工作会议相关部署的全面展开,生态旅游作为推动生态文明建设的重要载体,正迎来黄金发展期和战略机遇期。[1]党的十八大首次将生态文明建设作为五大建设的重要内容进行总体布局,提出要努力建设美丽中国的目标。2015 年习近平总书记到云南调研时对云南提出了生态文明建设排头兵的发展定位,至此云南省生态文明建设被提到了前所未有的战略高度。云南省贯彻习近平总书记的指示,2015 年印发《中共云南省委 云南省人民政府关于努力成为生态文明建设排头兵的实施意见》,2016 年印发《中共云南省委 云南省人民政府关于贯彻落实生态文明体制改革总体方案的实施意见》并出台《云南省生态文明建设排头兵规划（2016—2020年）》，随后2017年又出台了《云南省"十三五"节能减排综合工作方案》《云南省人民政府办公厅关于贯彻落实湿地保护修复制度方案的实施意见》，2018年云南省第十三届人大常委会第五次会议审议通过《云南省生物多样性保护条例》，同年五月《云南省生态系统名录（2018年版）》对外公开发布，这也是迄今为止最准确、最系统、最权威地反映云南省生态系统多样性基本信息的一项重要科研成果，为今后开展生态系统的保护、利用、研究和管理以及生态旅游的开发管理提供了科学依据和规范。为了进一步加强生态环境的保护力度，保持已取得的生态保护成效，云南省人民政府于2018年6月发布《云南省生态保护红线》，文件中规定全省生态保护红线面积共11.84万平方千米，占云南省国土面积的30.9%，基本格局呈"三屏两带"，即青藏高原南缘滇西北高山峡谷生态屏障，哀牢山—无量山山地生态屏障，南部边境热带森林生态屏障，金沙江、澜沧江、红河干热河谷地带，东南部喀斯特地带。此文件的发布强化了生态系统之间的有机联系，系统地维护了生物多样性、水源涵养及水土保持等生态功能，对于生态旅游的开发也起到了规范作用。2019年云南省省长在云南省人民政府工作报告中提出"要持续打造世界一流三张牌，做大做强优势特色"。要统筹谋划推进绿色能源开发、全产业链发展，打造世界一流"绿色能源牌"；按照"大产业+新主体+新平台"发展思路，打造世界一流"绿色食品牌"；大力构建"大健康+全域旅游+康养+特色小镇"链条，努力把生态优势转化为发展优势，打造世界一流"健康生活目的地牌"。[①]

总体来说，近几年云南省政府关于生态方面所做的工作主要是以国家生态文明建设示范市县、"绿水青山就是金山银山"实践创新基地和云南省生态文明建设示范区为创建重点，紧紧围绕"努力成为民族团结进步示范区、生态文明建设排头兵、面向南亚东南亚辐射中心"三个定位，以努力打造"绿色能源、绿色食品、健康生活目的地"三张牌为发展方向，不断迈出坚实步伐。

---

① 数据来源于2019年云南省人民政府工作报告。

(三)云南省生态旅游业发展现状

1. 旅游规模

依托丰富的生态旅游资源,云南生态旅游获得快速发展,根据云南统计局提供的资料显示,2019年云南全年旅客运输总量达4.13亿人,比上年减少6.5%;旅客运输周转量632.51亿人公里,比上年增长6.1%。2019年全年接待海外入境旅客(包括口岸入境一日游)1484.93万人次,比上年增长4.8%;实现旅游外汇收入51.47亿美元,比上年增长16.5%。全年接待国内游客8亿人次,比上年增长17.4%;国内旅游收入10679.51亿元,比上年增长22.8%;全年实现旅游业总收入11035.20亿元,比上年增长22.7%。① 据国际生态旅游协会(TIES)的测算,生态旅游收入以每年10%—12%的速度快速增长,而我国生态旅游的发展几乎与国际同步[1],按照这一比例测算2019年云南省生态旅游全年总收入为1103.52亿元至1324.224亿元,可见生态旅游将成为未来云南省旅游业的发展方向。

2. 相关产业发展现状

1) 生态旅游酒店方面

在云南旅游发展取得不菲成绩的背景下,住宿产品也得到了长足的发展,据统计,截至2019年底,云南省共有星级酒店414家,其中五星级17家,四星级72家,三星级195家,二星级123家,一星级7家,年营业总收入37.11亿元,从业年平均人数高达20.72万。② 近年来,随着"绿色"概念的盛行,将生态和文化融为一体的云南生态旅游住宿产品陆续出现,具体来看有以大理风花雪月大酒店、阳宗海柏联SPA温泉酒店以及丽江悦榕庄为代表的绿色酒店,以丽江木老爷客栈、大理恒升花园酒店、香格里拉独客宗红石头客栈为代表的系列云南特色客栈,以野象谷观光旅馆、哈尼族蘑菇房、大沐浴土掌房为代表的生态旅游小屋。[2] 2020年云南省政府工作报告中提出要建设一批"因形就

---

① 数据来源于云南省统计局、2019年云南省统计年鉴。
② 数据来源于国家统计局。

势、体量适度、融入自然、内在高端"的最美"半山酒店",云南省目前正在加快推进半山酒店建设。

2)生态旅游交通方面

在交通基础设施方面,从现状来看,云南拥有民用运输机场共13个,已经形成了以干带支、以支促干、干支结合的机场航线网络,铁路里程也将达到6000公里,基本形成了"八入滇四出境"的铁路运输大通道,同时云南省还有数量众多的旅游巴士、里程较长的高等级旅游公路,这些增强了旅游的可进入性,为旅游者舒适、快捷地抵达目的地提供了可能。2019年云南启动了大滇西旅游环线建设,大滇西旅游环线最初涉及德钦、香格里拉、丽江、大理、保山、瑞丽、腾冲、泸水、贡山等地,约1600公里。之后,在原有的基础上新增1600公里西南环线(昆明—玉溪—红河—普洱—西双版纳—临沧—楚雄),形成8字形大环线。大滇西旅游环线的形成无疑将滇西丰富的高原峡谷、雪山草甸、江河湖泊、火山热海、古城韵味、民族文化、边境风情、珠宝玉器等独特的旅游资源串联起来,既推动了滇西旅游全面转型升级,又打通了交通运输通道,对云南生态旅游的发展有重要意义。

近年来,云南在生态旅游景区内部游道的设计与修建的实践过程中,加强了功能区的划分,更加注意在景区使用环保交通工具和观光工具,具体表现在充分利用古代原生态的交通工具,如溜索、猪槽船、竹桥、古道、马帮,同时引进现代的生态交通工具如环保观光车,开发具有现代意义的原生态空中交通,如望天树空中走廊和热气球等,使云南的生态旅游交通既生态环保,又具有民族特色和现代气息[3]。

3)生态旅行社方面

根据国家文化和旅游部2019年发布的数据可知,云南省2019年拥有旅行社1105家,与上年相比下降了7.22%,旅行社数量在全国省、直辖市、自治区中排名第16。虽然云南旅行社的数量有所下降但云南国内游接待人次仍排名靠前,这也从侧面说明了云南旅游资源的得天独厚。在云南的众多旅行社中与生态旅游沾边的只有云南森林生态旅行社一家,由此可见,作为旅游产品销售主要力量的云南旅行社还是将主要精力放在传统市场的搏杀上,缺乏创新和探索的勇气。[4]

4）生态旅游人才培养方面

生态旅游资源价值能在多大程度上体现出来，这与人才密切相关。从云南高校培养旅游人才的总量及结构来看，其已达到一定的水平。从2019年全省旅游院校教育情况分析，云南省开设旅游专业的本科院校有14个，专科高职院校有18个。生态旅游专项人才在其中只占很小的比例，其中只有云南大学、云南农业大学、西南林业大学等极少数院校开设生态旅游专业，大部分院校还是以培养传统的旅游人才为主。这些开办生态旅游专业的少数院校，还存在着专业定位不准确、专业方向不明确等问题，开设课程不具有针对性，使得生态旅游专业失去了应有特色。这也就导致了云南省生态旅游区管理人员、导游等的专业知识不能满足生态旅游发展的需要。对于云南生态旅游专业人才的培养，无论从质还是量都远远跟不上形势发展的需要。[5]

5）生态旅游新业态

第一，绿色食品新业态。

为深入贯彻落实习近平总书记考察云南时提出的立足多样性资源的独特基础，打好高原特色农业这张牌的重要指示，云南省将现代农业发展作为全省经济社会发展的重大战略，以打造开放型、创新型、高端化、信息化、绿色化现代产业体系为目标，按照"大产业＋新主体＋新平台"发展模式，聚焦茶叶、花卉、水果、蔬菜、坚果、咖啡、中药材、肉牛8个优势产业，兼顾其他特色优势产业，持续打造世界一流"绿色食品牌"。①

自2018年起，云南省已连续两年举办"十大名品"和绿色食品"十强企业""二十佳创新企业"评选活动，截至2019年，新认证绿色食品428个、有机食品665个。经过3年努力，"一县一业"的战略布局现已取得重大进展，现已将勐海县等20个县、市、区列入云南省"一县一业"示范县，将昌宁县等20个县、区列入云南省"一县一业"特色县，每个示范县培育一个区域特色鲜明、优势突出、产业规模较大、产业链条完整、经济效益明显、市场竞争力强的主导产业。

---

① 《云南省人民政府办公厅关于公布"一县一业"示范县和特色县名单的通知》，http://www.yn.gov.cn/zwgk/zcwj/zxwj/201909/t20190908_182227.html。

在绿色品牌营销方面,云南省政府充分发挥昆明长水机场的辐射作用,建设"绿色食品牌"十大名品展销中心,并举办第十四届中国昆明国际农业博览会、中国(昆明)国际茶产业博览会、中国昆明国际绿色食品投资博览会等,提高"云品"的信誉度、知名度和市场竞争力。打造"绿色食品牌"不但是乡村振兴的重点方向、促进传统农业优化升级的战略手段,在高原特色现代农业的发展过程中还形成了一批绿色农业产业带,这也在一定程度上推动农业旅游的发展进程。

第二,自驾旅游。

2017年9月,2017中国自驾游路线评选72条提名路线揭晓,云南有10条线路入选,怒江、香格里拉、普洱、高黎贡山等地区纷纷上榜,总数量位列全国排名第二。2017年第四届中国汽车(房车)露营大会上,云南7家特色营地被国家体育总局评为"全国具备体育运动休闲主题的复合型汽车(房车)营地"。次年,普洱市依靠其优良的生态气候资源、绚丽多彩的民族风情、厚重深远的茶文化等优质旅游资源,凭借普洱"绿三角"原生态之旅、普洱昆曼休闲之旅、三国边境探秘旅游线路、无量山哀牢山森林自驾旅游线四条旅游线路斩获"2018中国旅游影响力自驾游目的地TOP10"。

随着云南省自驾游产业的发展,吸引了大批的旅游投资商投资云南旅游营地建设,在全省汽车旅游营地项目专题招商方面,共策划包装了50多个重点营地项目,组织了80多家国内外营地投资企业、设备供应企业和户外俱乐部参加,还组织了3条重点自驾线路、20多个营地项目的实地考察推介活动。2019云南省人民政府工作报告中提出要努力在2020年内要建设32条精品自驾线、建成50个以上的汽车营地[①],而汽车营地能够延长游客停留时间,拉动餐饮、住宿、购物、娱乐等产业的增长,对旅游产业的收益有很大的促进作用。

总体来说,近几年省委、省政府进一步加大了对自驾旅游发展的推进力度,将自驾旅游作为全省旅游产业转型升级和"旅游革命"的重要组成部分进行统筹和部署,大力推动全省汽车旅游营地建设、旅游基础和公共服务设施完

---

① 《云南持续推进生态文明建设》,http://www.yn.gov.cn/ywdt/ynyw/202005/t20200502_203278.html。

善以及自驾游经营服务体系构建工作,推动云南旅游产业抓住自驾游发展契机加快转型升级步伐。

第三,体育旅游。

近年来,体育与旅游结合愈发紧密,丰富多彩的体育赛事为旅游赋能,体育旅游不但成为新时代旅游产业发展的新趋势和新亮点,也成为推动生态旅游发展的重要动力。2017年12月,"中国交建杯"2017中国怒江皮划艇野水国际公开赛在贡山独龙族怒族自治县丙中洛镇开赛,怒江正依托皮划艇野水国际公开赛打造"世界顶级野水竞速胜地"新名片。2017年7月,国家旅游局(现文化和旅游部)、国家体育总局在全国体育旅游产业发展大会上,为云南等省区15家"国家航空飞行营地示范单位"授牌。同年,云南省建立云南体育旅游资源项目库,评选出昆明环滇池高原自行车邀请赛等31个体育旅游精品项目,并参与2017中国体育旅游精品项目评选,其中怒江大峡谷漂流入选"2017年中国体育旅游十佳精品路线",香格里拉入选2017年中国体育旅游十佳目的地。2018年云南省14个项目入选"2018中国体育旅游精品项目",体育旅游线路"中国远征军之路"更是荣获"2018中国体育旅游十佳精品线路",充分展示了近几年云南省体育文化、体育旅游发展取得的新成就。① 为了深化体育与旅游产业融合,2020年云南省政府发布《云南省人民政府办公厅关于加快建设体育强省的意见》,该意见中明确指出推动体育与旅游、文化、康养等产业深度融合,依托高原体育训练基地群,培育以昆明为核心的体育产业经济圈、"大滇西"体育旅游发展带和滇东北山地户外运动带等产业集聚区,打造高原体育训练与康复基地品牌,助力打造世界一流"健康生活目的地牌"。② 云南丰富的户外运动资源促使体育旅游成为全省旅游行业的新热点,从上述云南省在体育旅游方面所取得的成绩可知,未来体育与旅游的结合在云南省将更加频繁,云南省将继续致力于打造我国西南地区户外天堂。

---

① 《云南省14个项目入选"2018中国体育旅游精品项目"》,http://k.sina.com.cn/article_1718386617_666c7fb900100ex1w.html。
② 《云南省人民政府办公厅关于加快建设体育强省的意见》,http://www.yn.gov.cn/zwgk/zcwj/yzfb/202008/t20200811_208775.html。

二、云南省生态旅游的发展成效

(一)生态旅游品牌创建初见成效

从地理角度来看,云南省除不具有海洋和沙漠类的旅游资源外,已经具备了热带、亚热带、暖温带、中温带和高原气候区的各种生态系统类型,自然保护区、森林公园、湿地公园等生态旅游景区众多,物种种类繁多,这些都为云南省塑造生态旅游形象奠定了物质基础。

云南省早在20世纪末就确立了"彩云之南"的旅游形象,云南生态旅游资源的系统开发以20世纪90年代初期西双版纳旅游为起点,经过近30年的发展,至少已经形成了云南民族村、石林、大理、丽江、香格里拉、西双版纳、腾冲等一批国内外游客认可的生态旅游品牌。近年来,怒江州开始实施"怒江大峡谷世界知名生态旅游品牌"发展战略,持续举办"阔时"文化旅游节、成功举办"滇西北4+2旅游论坛""百名记者聚焦怒江""百名作家怒江行"和国际极限皮划艇全球顶级赛事——"红牛花式皮艇挑战赛"等活动,积极参加中国国际旅游交易会等专业展览,认真组织"美丽中国·精彩怒江"等专题旅游推介,打造出的"天境怒江""怒江大峡谷"等一系列生态旅游品牌形象深入人心。保山市更是启动了"世界高黎贡山·东方黄石公园"品牌宣传,成功到成都、重庆开展了专场宣传推介活动。德宏石梯村利用丰富的珍稀鸟类资源优势,通过积极推动"观鸟"高端生态旅游发展连续举办中国盈江国际观鸟节、中国犀鸟保育国际研讨会等活动,打造出"石梯·中国犀鸟谷"的观鸟生态文化旅游品牌。[①]经过几年的发展,云南省的生态旅游不仅仅只有大理、丽江、香格里拉、西双版纳几张王牌,生态旅游品牌已呈现出遍地开花的发展趋势。

---

① 数据来源于云南省各州市提交的调研报告。

(二)生态旅游扶贫效果显著提升

生态旅游是一种可持续发展的产业,能够带动整个社会、经济、技术的发展。伴随着生态扶贫、旅游扶贫的推进,保护生态资源,传承挖掘本地乡土文化,用好用足政策,实施生态旅游,实现脱贫奔小康,已成为生态旅游扶贫的一个基本共识。云南目前的生态旅游发展载体包括世界遗产、自然保护区、湿地公园、森林公园、地质公园、水利风景区等,许多地方通过发展生态旅游带动了当地相关产业的发展,为当地居民创造了大量的就业机会。例如元阳县政府高度重视发展梯田传统特色经济,实施梯田种粮农户良种补贴、农资综合补贴等政策性补贴,以此全面推广种植梯田红米,通过"公司+农户"的旅游经营模式,建立梯田红米生产合作社,促进农民增收脱贫。再例如西盟佤族自治县通过发展生态旅游,依托旅游企业就业帮扶,吸引了大量当地村民融入旅游经营活动,云南生态旅游的发展在促进农民收入方面取得了不错的成效。

(三)生态文明建设得以突飞猛进

近年来为了积极贯彻落实习近平总书记考察云南重要讲话精神,加快推进中国最美丽省份建设,促进生态旅游的全面发展,云南省相继出台建设中国最美丽省份的指导意见,提出五大行动任务措施,持续推进生态文明建设,制定关于生态文明建设排头兵促进条例(草案)、国家公园体制。2019年,16个州(市)、129个县(市、区)均开展了生态创建工作,全省城市环境空气质量全部达到二级标准,优良天数比率达98.1%;全省国控省控河流断面及湖库点位,水质达到Ⅲ类标准以上,水质优良的断面占81.3%;全省森林覆盖率突破62%;湿地保护率超50%;建成区绿地率达33%。全省累计建成4个国家生态文明建设示范市县、3个"绿水青山就是金山银山"实践创新基地、10个国家级生态示范区、85个国家级生态乡镇、3个国家级生态村;1个省级生态文明州、21个省级生态文明县、615个省级生态文明乡镇、29个省级生态文明村。[①]

在生态文明建设的过程中,不少地方探索出了符合当地实际的创建之路,总结了很多宝贵的创建经验。西双版纳为了保护热带雨林,不仅加强对402万亩国家级自然保护区的保护,同时还新建了220万亩州、县级自然保护区。元阳县充分利用梯田资源,构建"森林—水系—村寨—梯田"四素同构循环生态系统,初步探索出了一条元阳哈尼梯田保护开发、规范建设、科学利用的可持续发展之路。腾冲市以"美丽腾冲"建设为目标,坚持"生态立县"战略,采取了加强森林生态建设、加强河道生态环境保护、着力发展生态产业、强化生态修复和补偿措施、积极推动绿色创建工作、开展城乡环境综合整治、积极推动绿色创建工作等一系列措施,不断加大生态环境保护的力度,推进生态文明建设。昆明石林坚持垃圾分类、治污运维、美丽庭院生态建设三部曲,并从2006年起,每年安排1000万元"生态美县"专项资金、1000万元"以旅哺农"专项资金、1000万元"集镇建设"专项资金投入环境保护与生态文明建设。

三、存在的问题

从云南省生态旅游发展初期到各种会议对生态旅游相关问题的讨论与交流,以及生态旅游研究的深入开展,表明政府、业界、科学界对生态旅游的治理意识正在提高。但是,云南省生态旅游发展还存在一些需要解决的问题。

(一)生态旅游内涵认识有待深入

生态旅游作为新兴的旅游业发展方向,对于整个产业链相关者来说,生态旅游是一个新概念,不少人对生态旅游的理解仅仅停留在表面,对其内涵缺乏充分的认识和理解,忽视了生态旅游环境教育和文化保护的意义。这种观点实质上是把生态旅游和自然旅游等同,明显是对生态旅游概念的泛化理解。[6]

---

① 《云南持续推进生态文明建设》,http://www.yn.gov.cn/ywdt/ynyw/202005/t20200502_203278.html。

对生态旅游的内涵理解和认识不够,必然会导致一系列问题。

政府方面:一些地方政府部门在没有真正理解生态旅游的内涵,没有搞清楚生态旅游的目标以及如何实现这些目标的情况下,为了争取资金、获得项目,而大打生态旅游牌。但凡与绿色和自然沾点边的、与传统城市旅游不同的旅游形式、旅游经营方式、旅游设施建设都打上了"生态旅游"的旗号。在概念炒作、缺乏规范的情况下,为了提高当地经济收入、提升政绩,采取了掠夺式的开发和粗放式的经营,忽视了保护生态环境的重要性及必要性。[7]

企业经营管理方面:一些企业为了谋求经济利益,以生态旅游为标签和招牌吸引游客,而不重视产品的专业化设计和开发,景区游客承载容量超过上限,造成景区环境污染等不可逆的破坏;人文生态旅游资源作为云南省生态旅游资源的重要组成部分,也存在商品经济对少数民族风情的影响,大量游客涌入,使原本朴实的民族文化趋于商品化、庸俗化。

社区方面:社区参与的主要形式只限于当地人出售旅游纪念品的阶段,没真正参与到生态旅游的发展中去。原本属于当地社区的资源甚至是当地人的生活与活动都成了经营者向游客提供的商业产品的一部分,经营者成为生态旅游的最大受益者,而当地居民却往往成为负面影响的承受者。[8]

游客方面:目前来云南的游客大多为观光旅游模式,游客并未意识到自己也是旅游行业的一分子,要参与到生态旅游的建设中,杜绝旅游过程中对环境破坏等不文明行为,以身作则,在欣赏大自然生态风光的同时,学习当地人文文化,保护生态旅游景区。[6]

(二)管理体系制度建设尚不健全

生态旅游快速发展的同时充分暴露出旅游行业管理方面的问题,作为生态旅游主要载体的森林公园、自然保护区和地质公园等在归属上存在多头管理的问题,如旅游部门、农业部门、林业部门等相关单位,这些部门更多是用自己本部门的标准和制度来衡量生态旅游区的建设,有时甚至用下达一些强制性的行政命令,从而干预、误导生态旅游区的建设。以上做法最后导致管理机构臃肿、管理层次重叠、管理目标不清晰的现象出现;各单位权责界限不清,不能很好地协作,造成了旅游管理的混乱[7];无法确保部分生态旅游收入用于环境保护,无法保障游客及社区群众的合法权益。

生态旅游行业制度建设还很薄弱,对旅游景区的破坏者缺少必要的处罚制度,面对污染景区环境的行为,无规章制度依据导致执法不严。生态旅游行业缺乏统一的定价标准,旅游景区的同行业竞争激烈,容易引发价格战等恶性竞争,这在会扰乱行业市场的同时,也会让游客对云南旅游的印象变差,势必影响云南省生态旅游的品牌效应,对云南省生态旅游品牌产生负面影响。

(三)基础公共服务设施有待完善

开展生态旅游对交通、道路、商业及公共服务设施等都有特定的要求,缺少了一定的投入,巧妇难为无米之炊。[9]

交通方面:近年来随着航空、铁路的完善及高铁的开通,基础设施都比原来有非常大的变化,但是很多旅游目的地,特别是旅游景区"最后一公里问题"还没有得到有效解决。

商业设施方面:游客数量的增加导致原有的原生态居民住宅、宾馆等已不能满足需求,为了留住游客,各景区都兴建了大量的宾馆、餐厅,为了赢利,还增加了各种娱乐设施。这些设施的建设缺乏政府合理统一的规划,散乱又不合理,既破坏了当地的生态环境资源,又影响扰乱了当地居民的生活。

公共服务设施方面:云南省旅游资源比较分散并且大部分景区规模相对较小,这导致一些基础设施上配给不够完善,给游客脏、乱、差等一些不好的体验。随着大众旅游、全域旅游的到来,游客结构也发生了较大的变化,从以往的旅行社组团游,到现在以自驾游和自助游为主。目前,云南省生态旅游基础设施方面改善投入不足,严重滞后于旅游发展的需求,游客服务中心、游客休息站点、游客休闲功能区以及标示、标牌等一系列服务设施,都远远满足不了游客的需求,制约着云南省生态旅游的发展。

此外,救援系统、预警预报系统、信息发布系统、旅游智能化水平等与游客的需求还存在较大差距。

(四)规划不系统品牌效应待增强

第一,生态旅游产品定位应该是高品位、高层次的旅游产品,与一般大众旅游产品不同。

云南旅游资源品位高、组合好,可开发的旅游产品层次齐全,生态旅游规划内容应该根据生态旅游发展统筹规划云南省生态旅游布局,形成集旅游观光、休闲度假、民族文化、生活体验于一体的生态旅游发展布局,以游客体验人间仙境般的生活意境为主。但到目前为止,云南省生态旅游发展还缺乏系统科学的规划,生态旅游开发程度较浅,主要集中于自然生态资源开发,处于静态观光型的"初级产品"阶段,旅游产品附加值较低,经营效益不高,对相关的民族文化资源等方面开发不足,忽略了自身的核心文化价值;旅游产品缺乏云南省特色,档次较低,缺少参与性、娱乐性和体验性[10];生态旅游同质化现象突出,景区的开发相互模仿借鉴,未结合自身的特色。[6]

以上方面导致云南省生态旅游市场吸引力不足,产品生命周期短,在竞争中难以脱颖而出。

第二,实施旅游品牌战略,以质量为基础创新旅游品牌,强化旅游产品的差异性,是旅游业赢得市场竞争优势的关键环节。

云南省生态旅游资源丰富,知名度较高的生态旅游景区景点较多,但整体品牌效应不足。

一方面,大多数旅行社提供的产品名称都是"某地到某地几日游"的模式,主题形象晦涩,未能突出生态旅游特色和所提供的旅游产品价值,品牌的鲜明特点难以凸显,缺乏持久性和一致性。[11]因此,亟须有效整合形成统一的生态旅游品牌对外推广,扩大云南省生态旅游品牌效应。

另一方面,大多数生态景区以自然风光为主,缺乏多元化,品牌内涵不够丰富;部分生态景区缺乏品牌概念,对景区塑造过于大众化,缺乏必要的包装宣传,游客无法识别生态旅游景区的品牌,从而无法推广;生态旅游行业缺乏大型规范企业管理引导,生态旅游景区品牌的塑造和推广工作不到位,影响了云南省生态旅游的品牌效应。

第三,品牌竞争的基础是高质量,只有高质量的产品和服务才能赢得良好的市场美誉度。

云南省一些旅游机构服务质量差,人员素质偏低,缺乏相应的专业知识、技能与职业素养,使得品牌形象受损,所产生的直接后果就是游客的信任度丧失,难以赢得市场。

四、发展对策

云南省开发生态旅游,需要综合考虑生态、经济和社会等各方面效益,以确保生态旅游稳步持续性发展。针对云南省生态旅游存在的诸多问题,提出以下几点发展对策:

(一)正确认识生态旅游,制定统一发展规划

生态旅游是由国际自然保护联盟(IUCN)特别顾问谢贝洛斯·拉斯喀瑞于1983年首次提出的。但生态旅游并没有明确的标准,许多号称是生态旅游的产品其实不一定是真正的生态旅游产品,某些旅游企业为了吸引游客也把普通的大众旅游说成生态旅游,旅游市场发展无序也是当前云南生态旅游发展的一个突出问题。[12]为此,必须打破过去狭隘生态旅游的藩篱,上升到大生态旅游,认识到注重生态环保是对一切旅游活动的总体要求。必须清楚生态旅游是未来旅游发展的方向和重点、热点,要把生态旅游提升到事关全局和总体的高度上加以认识。只有树立起生态旅游是经济发展、社会进步、环境提升的综合体现,是以良好生态环境为基础,保护环境、陶冶性情的高雅社会经济活动这样一种观念,建立起这样一种新的思维和新的意识后,才可以制定出一整套新的发展战略和旅游规划。[9]

首先,必须把生态旅游区和旅游项目的规划纳入社会经济发展的总体规划,统一部署,科学行事。

其次,省里要负责各地旅游开发与建设的项目审查、规划和协调工作,避免政出多门、杂乱无章、自行其是、缺乏统筹考虑的弊病。一切旅游开发建设

都必须科学规范,符合当地生态环境保护目标的要求,与周围环境协调,不得破坏周围的生态环境。[9]

最后,对一些未开发的生态旅游资源地,政府要注重在保护的基础上进行开发,不再重蹈大众旅游"先开发后治理"的覆辙。

此外,生态旅游相对大众旅游需要更大的财力物力人力的投入,还要解决大众旅游遗留下来的环境污染、资源破坏等问题,所以政府应该给予相应的财政支持,保证生态旅游的发展能顺利进行。[7]

(二)分区互补发展,打造系列线路产品

以云南的生态旅游资源类型为主兼顾行政区划可分为以下六个片区:

1. 滇中高原湖泊片区

滇中高原湖泊片区包括楚雄州、昆明大部及玉溪市。片区内交通便捷、著名景点密布、气候温和,是云南省重要的旅游通道。该片区高原湖泊分布广泛,自然生态良好。滇池被誉为"高原明珠",是中国西南最大的湖泊;抚仙湖是中国第二深水湖、云南省第一深水湖。此外,该片区历史文化积淀深厚,其中昆明和玉溪都拥有众多的实体民族文化景观,楚雄是彝族自治州,拥有大量的具有浓郁少数民族特色的民族文化景观。

2. 滇东南喀斯特地貌片区

滇东南喀斯特地貌片区包括红河州、文山州和曲靖市南部。该区是云南喀斯特地貌核心分布区,如泸西阿庐古洞、建水燕子洞、弥勒白龙洞、广南"世外桃源"坝美等。另外,该片区少数民族众多,历史文化深厚,自然及民族文化旅游景观多样,如历史文化名城建水、文山州丰富的遗址遗物类景观等,以及哈尼族、苗族、瑶族、彝族等少数民族的民族风情和习俗、民居建筑、文学作品、歌舞等。

3. 滇东北红土高原片区

滇东北红土高原片区包括曲靖市北部、昆明的东川区和昭通市。该区的南部有珠江源等一些重要的自然景观,在区中部和北部有大量文化景观,如会

泽古城和盐津"五尺道"遗址等；在这里还可探寻古滇文化遗风,感受彝族、苗族、回族、布依族等少数民族风情。

4. 滇西北雪山峡谷片区

滇西北雪山峡谷片区包括大理州、丽江市、迪庆州和怒江州。该区蕴藏得天独厚的生态旅游资源和古老的宗教文化：有广阔的高山原始森林、丰富的动植物种群、广袤的高山草原、险峻的雪山峡谷,如香格里拉大峡谷、三江并流、明永冰川；有世界文化遗产丽江古城、大理古城和巍山古城等重要历史文化名城；还有多姿多彩的藏族、白族、纳西族、彝族、普米族、傈僳族、怒族、独龙族等世居少数民族的民俗风情。

5. 滇西地热火山片区

滇西地热火山片区包括保山市、德宏州。片区内地热、温泉、瀑布众多。著名的腾冲热海,面积达 9 平方公里,泉眼之多属世界罕见,周边还分布着大大小小的火山 70 多座。滇西早已成为我国享誉海内外的绝佳地热火山生态旅游区。在这里,还可身临其境感受美丽的自然田园风光,体验傣族、景颇族、德昂族、拉祜族、彝族、布朗族、阿昌族等少数民族浓郁的风土民情。

6. 滇西南热带雨林片区

滇西南热带雨林片区包括临沧市、普洱市和西双版纳州。该片区山川秀丽、风物神奇的,有海内外闻名、我国面积最大、生态景观奇特的热带雨林。在这块土地上,世代生息繁衍着以傣族、佤族、布朗族、基诺族、拉祜族为主的多个少数民族,民风民情绚丽多彩。[13]

这六大片区在发展过程中,不求面面俱到,而是把发展重心放在充分挖掘本片区特色资源上,分区发展,各显特色,形成云南生态旅游的不同亮点,互补发展,促进云南生态旅游业做大做强。

一方面,强化要素资源配置,以旅游线路为核心,不断完善沿线各地旅游交通、旅游城镇、旅游景区、旅游配套设施,加大旅游生态环境的统筹发展力度,深度挖掘沿线历史和民族文化内涵,打造以自然生态旅游和人文生态旅游相结合的独具特色的旅游区,在空间布局上带动云南省贫困地区旅游业发展。重点打造以昆明为中心,辐射全省各主要生态旅游区的生态旅游线路产品。

另一方面,在分区发展、线路统筹的基础上,围绕生态旅游产品体系建设,完善全省州(市)、县、乡三级生态旅游节点建设,包括各级生态旅游区的重要生态旅游景区景点、酒店设施、各生态旅游线路上的重要旅游城镇和游客中心等。[13]

此外,还需要加大跨区域合作。首先,加大国内旅游区域合作力度。以"滇川藏香格里拉生态旅游区"建设、"泛珠三角"地区旅游合作为重点,建设在国内外市场具有较强吸引力和竞争力的"滇川藏""泛珠三角"大旅游圈。其次,加快国际旅游区域合作步伐,抓住中国—东盟自由贸易区建设新机遇,多层次、多渠道加强与各国的联系和合作,努力构建面向东南亚、南亚的国际区域旅游圈,促进云南边境旅游和跨国旅游的发展。[14]

(三)树立品牌形象,改进市场营销手段

旅游产品的品牌是最关键、最强劲、最具竞争力的,只有走品牌化道路,发展属于世界的优秀旅游品牌,才能使云南省旅游产品在风云变幻的旅游市场中永远立于不败之地。[11]云南省已逐渐发展成为旅游大省,实施品牌战略又是占有市场的关键。如何打造强有力的品牌呢?

一是树立云南省多民族文化特色的核心品牌,辅以其他生态资源特色,着重打造生态旅游的品牌,丰富和提升生态旅游区整体形象。

二是加强与外部市场生态旅游行业接轨,加强本省生态旅游产品开发的专业性,提高生态旅游业的质量,赢得消费者的信赖。

三是分层次推出旅游产品,尽量避免新产品推出后的竞相效仿,充分保护生态旅游市场的合理开发。云南省生态旅游品牌策略模式选择上宜以企业名称与个别品牌名称并用为主,进一步施行规模化经营和开发的道路,以市场的集中性赢得广大的旅游客源。努力实现资产在品牌旗帜下的集中、优化、扩张,从而建立大品牌与大模式之间互相影响、互相渗透、共同发展的良性循环。[11]

改进市场营销手段。与产品开发相联系的市场营销方法要恰当,这是旅游成功的关键。在可持续发展的前提下,应以市场为导向发展生态旅游。

首先,根据云南省旅游业过往经验,细分市场,对游客群进行准确定位,开发国内高消费游客市场、亚洲地区和远程国际游客市场。

第一层次:以国内市场为目标。主要游客市场来源于一线城市和沿海经济发达地区。这些地区在国内的居民收入中占有很高比重,消费能力强,沿海地区较内地思维观念比较前卫,充分激发游客旅游意愿,开发国内市场。

第二层次:以亚洲东南部和我国港澳台地区为主要目标市场,主要包括泰国、韩国、日本、印尼等国家和地区。这些地区与云南省有直接的空中交通联系,距离较近,且该区旅游业发展已有一定规模,旅游观念也比较强,是云南省需要重点开拓的海外市场。

第三层次:以欧美、大洋洲为目标市场。欧美、大洋洲地区的人均收入较高,生态观念更深入人心。[6]在凸显云南多民族文化的特色、兼容性、亲和性这些特点的基础上,将这些民族特质与风光奇异的自然景观相结合,吸引更多的国外游客。

其次,注重网络营销,5G时代下,通过发展网络营销不仅有利于生态旅游收入的增加,还有利于为游客提供多样化的选择和合理价格的服务。

做好网络营销有两层含义:第一,相关部门和行业不搞单打独斗,进行景区与旅行社、OTA平台、酒店等的有效联合,使景区与景区之间形成产业联盟,生态旅游与信息业、交通运输业、文化产业、休闲娱乐业等实行联动管理,才能满足散客时代游客的个性化、多样性需求,快速、有效地进行突发事件的处理。第二,做好网站服务信息,做到信息的及时更新,保证信息全而精,同时,还应保障网络安全,确保在线交易的安全、游客资料的保密、网站建设的稳定和反攻击性。[14]

(四)强化人才培养,加强生态旅游建设

加强生态旅游产业链相关者、旅游者的生态旅游理念传递,建设高素质的专业生态旅游人才队伍,增强生态旅游经营管理者、从业人员和游客的生态意识,全员参与共同建设生态旅游。

云南省生态旅游从业人员主要来自当地,专业素质不过硬、高层次专业人

才较少等现状限制了生态旅游的快速发展。[6]云南省应加强生态旅游行业专业人才的引进、开发与培训,打造扎实的人才梯队,满足生态旅游的可持续发展,具体可从以下几个方面着手:

一是云南省教育系统及各院校应对生态旅游的发展给予人力和智力上的支持,加强师资队伍和教材建设,发展旅游高等教育和职业技术教育,开设一系列有关生态旅游的专业课程,并且注重专业人才实践能力的培养和锻炼,向旅游业输送理论知识丰富、实践能力强的生态旅游专业人才。

二是加强从业人员培训。一方面,云南省旅游管理部门要对从业人员进行上岗培训,定期进行专业知识、技能、服务意识、态度方面的培训,根据不同的岗位进行分类分级培训,建立从业人员技术晋升通道,全面提高培训质量。[6]另一方面,加强校企合作,签订战略协议,借助高校的资源优势为生态旅游从业人员开展培训与指导,提高其专业知识和技能水平。

三是注重生态旅游管理人才的引进,生态旅游行业作为新兴的旅游行业,需要大量专业化人才,从规划、开发、建设到宣传、经营和导游都急需一大批高层次的人才。各地都要积极创造条件培养自己的生态旅游专业人才。[9]在有条件的地方,要采用向社会招聘或引进的方式吸收人才,使之为云南省生态旅游发展做出贡献。

四是生态资源是当地人赖以生存的物质基础,故而当地人将可成为环境资源的最广泛的保护者和监督者。因此当地政府应积极向当地居民宣传生态旅游的相关知识,让当地居民充分认识到发展生态旅游、保护生态资源的重要性以及对当地人的各种有利因素。此外,政府可以制定一些相关的政策并给予一定的经济支持,鼓励并引导当地居民积极参与到保护生态环境发展生态旅游的队伍中来,全民参与生态旅游建设,提高服务水平,为游客打造良好的旅游环境。[7]

(五)打造活态博物馆,助推生态旅游发展

云南省"直过民族"大多居住在边境地区、高山峡谷地区,拥有得天独厚的自然资源、物产资源。可以在深挖"直过民族区"的地域特色和历史文化内涵

的基础上,做好少数民族特色文化和非物质文化遗产的"守"和"变",将丰富多彩的文化资源融合到生态旅游线路设计中,做到既有实物的非遗产品又有非遗的体验互动。如此不仅能够丰富生态旅游的文化内涵、提升民族文化自信,还增强了生态旅游扶贫造血能力。

"直过民族"深厚的民族文化可以成为生态旅游发展的天然优势,汇聚特色的民族文化必然成为地方生态旅游的灵魂,为生态旅游发展注入神韵。"直过民族区"在推进乡村生态休闲旅游进程中,把文化创意植入旅游发展当中,积极引导商品生产企业或手工艺人在商品中植入文化和创意元素,把商品艺术化,进而提升旅游商品的内涵。如宁洱哈尼族彝族自治县那柯里是古普洱府茶马古道上的一个重要驿站,也是现存较为完好的驿站之一。通过积极探索"文创+生态旅游",使那柯里原有的一些常态资源,如空余的房间、地道的厨艺、人文景观、农副产品等,逐渐成了"香馍馍",被开发成民宿、马帮美食、特色演艺等,用于满足每年数以万计游客的需求。"文创"团队的引进为那柯里带来了新生机,普洱艺术村、普洱学院那柯里绝版木刻教学学生创业创新实践基地、宁洱县美术家协会写生基地、"乡愁书院"、普洱绝版木刻农民版画培训中心的落户和入驻吸引了大量艺术爱好者前来观光体验。同时,村民也开始积极参与文创事业,如将老宅装修成文创空间,制作售卖手工艺品,开展土陶制作、普洱茶制作等体验活动,不断释放文创活力,打响乡村生态休闲旅游品牌。

活态博物馆是博物馆不断发展中一个新的类型,它是以村落(社区、村寨)为单位建立的博物馆,即把博物馆直接建立在村落中。它的范围是以村落为中心,同时以村落周边一系列的自然环境和人文环境为内容,把传统博物馆式的"静态"展览形式和村落中人们生产生活的"动态"真实状态完整地结合起来,即整个村落都是活态博物馆的内容,形成可以让观众真正在博物馆中身临其境地感受村落文化的体验式的博物馆展览形式。活态博物馆强调了"活态"保护文化遗产,把原生性的少数民族生产生活完整地展示给人们。活态博物馆是超越传统博物馆围墙,探索将自然与人文遗产综合保护、展示和利用的一套理论和方法,它缘于博物馆界服务社会发展的良好愿望,以重构自然与文化、遗产与人民、过去与现在的新型关系为重心,与文化遗产的活态保护、深层生态系统及理论、生态旅游发展等都有关系。

大部分"直过民族区"都是以传统的农业耕作为主,活态博物馆与生态旅游结合起来,在保护当地文化传承的前提下可以发展生态旅游业,对于当地人来说能够在传统的农耕收入方式上增加新的收入方式——旅游收入,通过旅游业提高当地居民的经济收入。同时,把原生态的"直过民族"的生活真实完整地展现出来,既可以保护当地延续下来的民族文化,又可以把这些民族文化传播出去,也可以促进乡村生态旅游业的发展,从而带动当地社会经济的快速发展。

(六)文旅融合发展,推动产业全面振兴

首先,农业文化遗产保护与乡村生态旅游融合发展可以壮大乡村产业,推动乡村可持续发展。以完善利益联结机制为核心,以制度、技术和商业模式创新为动力,推进农业文化遗产与一二三产业交叉融合,加快发展根植于农业、由当地农民主办、彰显地域特色和乡村价值的产业体系,推动乡村产业全面振兴。顺应城乡居民消费拓展升级趋势,结合各地资源禀赋,深入发掘农业文化遗产的生态涵养、休闲观光、文化体验等多种功能和多重价值。

其次,农业文化遗产地具有丰富的生态旅游资源,依托这些资源开发多种类型的生态旅游产业,既能够增加遗产地居民保护农业文化遗产的积极性,又能够解决遗产地劳动力就业问题,维护社会经济的稳定。农业文化遗产旅游虽然和生态旅游、农业旅游略有区别,因为前者更加关注保护与发展的关系,但生态旅游、农业旅游的研究为农业文化遗产旅游的研究奠定了基础,为合理开展农业文化遗产旅游提供了宝贵的经验。尤其生态旅游还是一种具有保护自然环境和维系当地人民生活双重责任的旅游活动,在遗产地开展生态农业旅游不但可以有效地保护农业文化遗产,而且可以提高当地人民的生活质量并保持原来的生活方式。

最后,重要农业文化遗产包含着丰富的文化内涵,特别是乡规民约、风俗习惯、民间文化等,是增进人与人、人与自然和谐发展的基础,也是保护生态环境和生物多样性的文化基础,是发展休闲农业与生态旅游的资源基础。农业文化遗产系统中文化多样性是其重要组成部分,对传统知识的传承以及提供教育、审美和休闲活动等文化产业发展提供了基础,可以通过以下途径进行开发:

一是文化休闲功能开发,如农业文化遗产地旅游等,为当地农业经济发展提供了新的增长点,但是要处理好民俗传统与时代创新的关系,以农业遗产为题材的"生态旅游产业",也要遵循产业运营的规律,要尊重消费者的利益。

二是文化附加值产品开发,即把农产品和地域文化、地理和历史有效地嫁接,通过"科学商标""历史商标""人文商标""地域商标"和"生态旅游商标"等赋予农产品丰富的文化内涵,将生态农业与农业文化遗产产业化有机结合,可以产生巨大的经济效益和社会效益。这将在地方经济发展中产生重要作用。

(七)丰富旅游业态,打造候鸟式养生产业链

推进生态旅游产业与大健康、农业等产业,医疗、金融、科技等要素深度融合,培育经济新的增长点和产业竞争力。依托云南独特的气候和生物多样性等优势,推动生态旅游产业与养生养老相结合,开发一批康体养生项目和生态休闲度假基地,鼓励发展居住养生、游乐养生、文化养生、医疗养生、美食养生、运动养生、生态养生等,不断丰富养生体验的内容和形式,围绕云南"健康生活目的地"的发展定位,打造从养生养老地产、养生产品及设施到养生服务体系的候鸟式养生产业链,抢占中国大健康发展领域的制高点,实现生态与居民健康需求、养老、休闲度假等生活方式的融合。具体可以从以下几个方面来打造:

1. 低空旅游

低空旅游指的是借助通用航空器,在高度1000米下开展的休闲、观光、娱乐及商务等各种形式的旅游活动。云南各地要充分挖掘并发挥区域内的森林、山川、湖泊、建筑、生态等特色旅游资源优势,特别是在自然环境复杂、交通不便利、地域范围广阔、景点相对分散的旅游区域,通过直升机、水上飞机、热气球、滑翔伞、动力伞、雪橇飞机、固定翼初级飞机等低空飞行器开发空中游

览、航空运动、飞行体验等多种形式的低空飞行旅游产品,构建"空中观光＋静态观摩＋飞行体验＋教育培训＋休闲娱乐"的低空旅游产品体系。同时由于低空旅游的依托资源多为不可再生的景观资源,因此在项目开发过程中要秉承可持续发展的理念,正确把握开发限度,高效保证安全运行,避免低水平重复建设与不必要的资源浪费,最大限度地保护自然生态环境与景观完整,防止发生破坏自然生态环境和自然景观、干扰正常的景区游览和群众生产生活等情况。

2. 康养旅游

康养旅游是通过养颜健体、营养膳食、修身养性、关爱环境等各种手段,使人在身体、心智和精神上都达到自然和谐的优良状态的各种旅游活动的总和。云南省应重点开发森林康养和中医药疗养旅游产品。

森林康养旅游产品开发方面,云南省拥有得天独厚的气候条件,是天然的氧吧。应打造包括林地康养旅游、林中康养旅游以及空中森林游乐项目在内的立体化的森林康养模式。打造林地康养旅游产品,可以细化为林地漫步、森林负离子浴、游憩驿站、禅境木屋、山林营地等具体旅游项目;林中康养旅游产品应侧重于人文环境资源的开发,打造森林音乐厅、野趣体能训练营、绿荫荡舟等增益心智、强健体魄的项目;空中森林康养项目的主要功能在于带给游客挑战自我、突破自我的体验,可以打造森林天路、高空树屋、森林溜索等项目。

在中医药疗养旅游产品的开发方面,云南中医药、民族医药、生物保健等资源众多,在开发中医药健康旅游资源时,必须立足市场和特色,针对消费者个性化需求,进行市场的细分,开发适合不同受众的旅游产品。如针对老年人群体,开发慢性病养生保健旅游,适度结合太极拳、气功、药酒等项目;针对女性群体,突出中医减肥、药浴、美容整形等特色。同时,还应大力推进中医药健康旅游与文化创意产业、养生康复产业、美容保健产业等相关产业的融合发展。注重开发中医药文化互动体验项目,让游客充分体验中医体质辨识、针灸、推拿等治疗手段,品尝食疗药膳和中药保健茶,欣赏中药饮片炮制过程,从而提升消费者对中医药文化内涵的认识,增强中医药健康旅游的吸引力和影响力。

3. 房车旅游

房车旅游是一种以房车为载体的新型旅游方式。云南省要大力推进房车营地建设，注重热点线路分布，选择人文风情、节庆特色、风光资源较好的目的地作为房车营地建设的示范区域，打造房车旅游精品线路。云南房车旅游需要房车租赁企业就房车游客群体进行专业、系统和耐心的服务，并通过线上线下活动加强房车知识和房车旅游咨询普及，加深客源群体对房车旅游的正确认知。此外，云南省还应依托全省10个国家级口岸和近20个省级口岸，通过中缅公路、昆洛公路、昆河公路，发挥优越的区位条件优势，抓住面向东南亚、南亚的跨国自驾游、边境风情自驾游新的发展机遇。

参考文献

[1] 叶文,张玉钧,李洪波.中国生态旅游发展报告[M].北京:科学出版社,2018.

[2] 杨桂华.云南生态旅游[M].北京:中国林业出版社,2010.

[3] 杞银凤.云南省生态旅游的现状浅析[J].内蒙古林业调查设计,2008(5).

[4] 李瑞光,段万春.云南生态旅游人才培养问题研究[J].中国商贸,2013(24).

[5] 罗成春.云南省生态旅游的开发现状及发展对策研究[D].武汉:华中师范大学,2016.

[6] 何树红,吴肖芳,刘玉清.云南省发展生态旅游的对策研究[J].经济问题探索,2011(3).

[7] 易志斌.中国生态旅游治理研究[J].中国软科学,2010(6).

[8] 蔡毅.发展云南生态旅游的对策[J].生态经济,2002(7).

[9] 廖春花,明庆忠,邱膑扬.区域合作背景下的地方旅游产品结构调整研究——以云南参与泛珠三角区域合作为例[J].旅游学刊,2006(7).

[10] 曾焱.云南省旅游业可持续发展的现状及对策[J].经济问题探索,2001(12).

[11] 陶表红.生态旅游产业可持续发展研究——以江西为例[D].武汉:武汉理工大学,2012.

[12] 王薇.云南生态旅游的资源优势及开发[J].中国商贸,2010(16).

[13] 崔茂乔,徐春蓉.云南生态旅游市场营销策略研究[J].中国商贸,2012(12).

[14] 张彩虹,段朋飞.智慧旅游背景下云南旅游转型与发展的策略研究[J].旅游纵览(下半月),2014(22).

作者简介：

晏雄，云南财经大学旅游与酒店管理学院院长，教授，博士生导师，主要研究方向为文化旅游和文化产业管理。

解长雯，云南财经大学旅游与酒店管理学院讲师，博士，主要研究方向为旅游管理。

史晨旭，云南财经大学旅游管理研究生教育中心硕士，主要研究方向为文化旅游。

Ⅲ 研究报告

B.9 国家湿地公园生态系统服务价值评估研究——以广州海珠国家湿地公园为例

陈海明 张芷芸 陈 芳

摘 要： 湿地作为"地球之肾"为人类社会提供了必要的生态服务，本研究以广州海珠国家湿地公园作为研究对象，通过定量研究方法，对湿地公园的物质供给、环境调节、社会文化以及生态支持价值实施评估，构建了以"感知自然价值"（物质供给、环境调节、生态支持价值）和"感知人文价值"（社会文化价值）为主要成分的生态系统服务价值评估系统，构建并验证了"感知自然价值""感知人文价值"和"生态补偿意识"三者之间的关系模型。得出结论：感知人文价值对感知自然价值中的供给、调节、支持价值等方面皆有显著影响，感知自然价值中的调节和支持价值对生态补偿意识有显著影响。研究结论为湿地公园建设和管理提供参考依据。

关键词： 生态系统服务；感知自然价值；感知人文价值；生态补偿意识

Abstract: Wetlands, as the "kidney of the earth", provided necessary ecological services for human society. TakingGuangzhouHaizhu National Wetland Park as the research object, this study evaluated the value of material supply, environmental regulation, social culture and ecological support of the wetland park through quantitative research method. A value evaluation system for ecosystem services was constructed, which mainly consisted of perceived natural value (the value of material supply, environment regulation and ecological support) and perceived human value (the value of social culture). The relationship model among "perceived natural value", "perceived human value" and "ecological compensation consciousness" is constructed and verified. The conclusion is that the perceived humanistic value has a significant impact on the perceived supply, regulation and support values of natural value, and the perceived regulatory and support values of natural value have a significant impact on the consciousness of ecological compensation. The research results will provide reference for the construction and management of wetland park.

Keywords: Ecosystem Services; Perceived Natural Value; Perceive Humanistic Values; Consciousness of Ecological Compensation

作为世界上生产力较强的生态系统之一,湿地生态系统为人类社会提供了许多关键的服务。一方面,湿地生态系统给人类提供了显而易见的实物型的生态产品(如农产品、淡水资源等);另一方面,湿地生态系统向人类提供着许多看不见的生态服务,如水文调节、休闲娱乐等[1]。但湿地生态系统受到各种因素影响而给自身持续循环能力的发展带来严重威胁。其中,人类社会的建筑、人力和社会资本活动是主要影响因素。这些因素制约着生态系统生产粮食、木材、纤维或其他。在这种情况下,湿地生态系统服务价值评估显得尤为重要(在一定程度上能作为人类福祉与可持续发展提供的相关参考指标)。

为实现湿地的保护和合理利用,截至 2018 年,我国已经建成国际重要湿地 57 个、湿地自然保护区 602 个、国家湿地公园试点 898 个,湿地保护率已达

B9 国家湿地公园生态系统服务价值评估研究——以广州海珠国家湿地公园为例

49.03%[①]。这些湿地公园有很多是为了保护湿地生态系统而建,也有很大一部分被逐渐推广成为生态旅游地[2]。由此可见,湿地公园的功能逐渐被人们所认识。然而,随着湿地公园的快速发展,也出现了一些保护和管理方面的问题,例如由于缺乏统一的法规和原则,对湿地公园的客流量等缺乏有效的控制,导致湿地被过度开发和使用等。因此,现阶段关于湿地公园的合理开发和建设的研究亟须被探讨和实践。由于生态系统功能和服务过程与人类福祉之间是复杂的,各种作用和途径仍未被很好地理解,因此,对生态系统服务价值的评估有助于引起人们对生态系统乃至整个大自然的重视,并建立保护意识。

一、生态系统服务概念

在人类消极的行动正使地球生态系统逐步退化的时候,生态系统服务概念被提出。然而这并不是一个新的观察结果,因为人类活动对自然的益处和干扰甚至在柏拉图时代就已经被观察到了,当时被注意到的现象是森林砍伐造成的水土流失导致了泉水的干涸。正因为这些现象的产生,让人们意识到生态系统的重要性和脆弱性。生态系统服务的研究最初是由关注生态系统功能的生态学家和关注生态系统服务数量的经济学家所主导。随着著名生态研究学者Costanza的研究,生态系统服务开始逐渐走向热门。

为了使生态系统在政策决策和管理战略中占有更大的权重,人们开始以货币形式量化生态系统服务的价值,Costanza等人的研究是站在功能和生态效益货币化的视角,代表经济市场角度评估生态系统服务带来的价值。该评估系统是在总结过去几十年生态系统公益价值评价研究的基础上,将认识到的生态系统的服务功能总结划分为十七种系类,包括气候调节、水调节、水供应、水土保持、土壤形成、营养循环、废物处理、栖息与避难所、食物生产、提供原材料、娱乐和文化等方面。

吴昌华等人在研究中强调生态系统服务对人类社会福祉的影响和作

---

① 来源于国家林业和草原局相关数据。

用[3]，为生态系统服务与人类活动的相关性研究提供了新的视角。一些研究学者以此为基础开展了补充和扩展研究。其中，比较有代表性的一个观点来自 Boyd 和 Banzhaf，他们认为，生态系统服务是指（主动或被动地）利用生态系统来产生人类福祉的各个方面，也就是说，生态系统服务不是人类从生态系统中直接获得的利益，而是通过直接消费或享受其中的生态成分而获得福祉。一个重要的区别就是，服务和福利是完全不同的，福利是生态系统天然就有的，而服务是依靠外界的，是输入多种元素而完成的。例如"休闲娱乐价值"，它之所以被称为生态系统服务，是因为实际上它是需要人力、社会和建设资本等多项元素投入。

Costanza 货币价值评估体系的优点是利用经济思维准确把握生态系统服务的货币价值，缺点是忽略了人类感知在研究中的作用，为了弥补这一不足，本文把社会文化价值划入感知人文价值，进一步强调人类感知的作用。MA（千年生态系统评估）视角的概念更加突出生态系统服务对人文社会的影响。这一概念下对应的生态系统服务被分为供给、调节、文化和支持四大类服务。这也是目前得到广泛认可的评估框架，其缺陷是由于分类体系过于完整而缺少了侧重点。因此在本文的变量选取中，为了扬长避短，以公认度较高的 MA 体系作为基础，并结合研究对象——海珠湿地的实际特点，以及本文的研究目的来完善评估维度。

二、生态系统服务价值评估

根据广东海珠国家湿地公园的实际状况，研究者为湿地公园的生态系统服务价值设计了两套测评指标：第一套测量指标是将众多生态系统服务分为物质供给价值、环境调节价值、社会文化价值、生态支持价值来测量；第二套测量指标是在第一套测量指标的基础之上，结合 Costanza 和 MA 视角的内涵分类，把第一套测量指标中的四类生态系统服务价值划分为感知自然价值（物质供给价值、环境调节价值、生态支持价值）和感知人文价值（社会文化价值）。

其中，物质供给价值又称供应服务或物质生产价值，是指从生态系统中获

B9 国家湿地公园生态系统服务价值评估研究——以广州海珠国家湿地公园为例

得的有形或无形的产品或商品服务,如食品、纤维、木材或遗传资源。湿地生态系统及其服务是决定人类健康和福祉的环境,因为它们提供营养(通过鱼类、农业等)、饲料、住所和医药产品。其中最为显著的是,湿地为人类提供了生存必需品——水,其不仅直接提供水资源,还是一个巨大的淡水储存地。众所周知,湿地被称为"地球之肾",说明湿地拥有跟肾脏相似的调节功能。

环境调节价值指的就是调节生态系统过程或缓冲生态系统服务能力所获益的价值。环境调节价值包括空气质量调节、气候调节、水净化、疾病调节、病虫害调节、授粉和自然灾害调节。一方面,湿地因其独特的地理区域(处于水陆过渡带)和强大的碳储存功能以及蒸腾效果而发挥调节气候的作用[14];另一方面是最有价值的服务是其调节、滤水和供水服务。

生态支持价值指为其他生态系统提供其所需要的服务,包括土壤形成、光合作用、营养循环的基本生态系统过程,以及生物多样性和初级生产力,而初级生产力又可能导致土壤形成、光合作用、营养循环。同时,湿地兼具陆地、水域生态特征,为陆生、湿生、水生的木本植物和草本植物,以及蕨类、藻类、苔藓等提供适应生长和发育的自然条件[4]。

社会文化价值是指从生态系统中获得丰富的非物质的利益,例如,精神充实、休闲娱乐、生态旅游、美学、正式和非正式教育、灵感,以及从文化遗产相关的生态系统中获益。在千年生态系统评估中,文化价值与服务被定义为"生态系统的教育、美学、艺术、精神以及科学价值等"。另外,社会文化价值也被理解为一种分配的价值类型,它是指人们对事物(商品或服务,在这里指生态系统服务)的感知以及相关的偏好。

本文结合广东海珠国家湿地公园的实际状况,把生态系统服务价值测评指标归纳为感知自然价值(包括物质供给、环境调节、生态支持价值)与感知人文价值(社会文化价值)两大类。作为对生态系统估值形式的一种补充,一方面它能对三大服务的自然生态效益进行归纳,另一方面也能进一步强调社会文化价值在人类福祉和生态保护中不可或缺的作用。

本文将物质供给、环境调节和生态支持服务归为感知自然价值。尽管人们知道整个(感知)自然系统对人类和与我们相互依赖的其他物种都很重要,但是因为游客一般选择通过对湿地公园的游览来了解湿地生态系统,所以不可避免地会沉浸在休闲娱乐的欢愉中,而缺少了学习和了解湿地生态系统的动机。这样分类一方面能尝试更多元多维的生态系统服务价值研究角度,另一方面也更有利于推动生态系统服务研究,并唤起人们的生态补偿意识。

社会文化价值可能是自我导向的,也可能是他人导向的。后一种情况下,个体会将价值放在客观物体上,并不考虑自己的利益,而是考虑对整个社会有益的东西[5]。针对这个观点和类似的概念研究,我们将生态系统服务的社会文化价值认定为感知人文价值,它被定义为人们、个人或群体主观上对生态系统的重视。

三、生态补偿意识

湿地环境的破坏直接导致了生态服务功能逐渐衰退,使生态恢复成为当务之急,其主要手段就是生态补偿。"生态补偿"这一概念在20世纪末开始逐渐出现,是指加害生态环境的群体需要为其破坏行为和严重后果支付相应的赔偿[6]。在国外,生态补偿通常被称为"生态服务付费",许多国家已成功制定了生态补偿相关的制度和法律,并付诸实施。相比国外而言,我国有关生态补偿的研究起步较晚,现阶段仍处于探索和拓展时期[19]。从能量守恒定律看,"生态补偿"被定义为拿出一部分资金以物质或其他能量形式来归还给自然生态系统,以达到物质和能量上的动态平衡[7]。也有一部分学者把自然(这里指湿地生态系统)生态补偿作为生态补偿的分支之一,认为它能对(由于人文社会经济等活动引起的)自然生态系统受到的损害起缓冲和补偿作用[8]。近年来,随着生态补偿理论研究的进一步发展,生态补偿的概念被大众所熟知。但对生态补偿的精确定义至今还没有定论。国内外学者习惯从不同的视角分析和讨论生态补偿的内涵。其中Cuperus的概括得到比较广泛的认同,即"以提高受损伤区域的环境质量或者用于创造新的(相似性、替代性)生态功能或者区域的目的为前提,对损害生态质量和功能价值所造成的负面后果的补救"。

生态补偿意识在构建模型时被单独拿出来作为变量,是因为生态补偿意识不仅仅是评估人们对湿地的重视程度,更重要的是代表了人们为了弥补湿地损失而是否愿意付出一定(实质性)的费用,也可以叫作"支付意愿"。在传统经济学中,一种商品的价值就是通过支付意愿进行评估。这表明生态补偿意识和感知人文价值拥有潜在的关系,这层关系使得研究更有意义。测量的维度分为迫切性和自我行动。迫切性是生态补偿意识的前提,而自我行动是生态补偿意识的重要因素,对自我行动的评估由支付意愿体现。基于以上分析,生态补偿意识概念的引入不仅可以通过探讨人们对生态系统服务的重视程度来反映一定的社会文化价值(感知人文价值),还可以促进生态系统服务价值研究对生态补偿实践的指导作用。

四、理论推导与假设

在梳理了相关文献的基础上,本文引入了新的分类体系(感知自然价值和感知人文价值),结合"生态补偿意识"的概念,构建了新型评估框架,并建立了图1的模型。

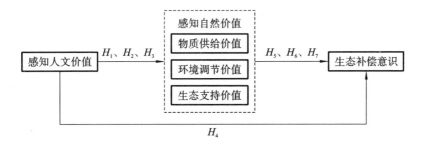

图1 理论假设模型

(一)感知人文价值对感知自然价值的影响

自然价值的出现带给人们许多益处,有些甚至是人类生存的支撑性资源,但要感知到它们的存在,必须通过感知人文价值中的一些活动,例如公园内一些标识或展示区文字图片,促进人们对湿地生态系统感知自然价值的认知程度。支持这个观点的国内案例有很多,例如在对洞庭湖湿地生态系统服务价值研究中,一些区域实行的湿地基地观赏体验活动,能够让游客看到一个成功组合鱼、蚌混养和鱼、鳖混养的高效农业体系[4],从而让人们更直观地认识到湿地生态系统在物质供给方面的价值。还有在一些湿地公园通过门票或官网中的知识普及让游客认识到湿地生态系统的作用,感知人文价值为人们感知自然价值提供了有利条件,而感知自然价值在本文被分成了物质供给价值、环境调节价值和生态支持价值三个维度。基于以上推导,假设如下:

H_1:感知人文价值对感知自然价值中的物质供给价值存在显著影响。

H_2:感知人文价值对感知自然价值中的环境调节价值存在显著影响。

H_3:感知人文价值对感知自然价值中的生态支持价值存在显著影响。

(二)感知自然价值对生态补偿意识的影响

湿地中蕴含的生态价值是有目共睹的,然而,许多人为和天然现象造成了中国天然湿地面积的锐减[9]。为了维持湿地系统的功能和服务,必须尽快制定适当的生态补偿制度,而相关制度落实的前提是生态补偿意识的产生。近年的生态补偿方面的相关研究中许多都会涉及生态自然价值以及如何更好地对已退化的生态系统进行恢复,这说明感知自然价值和生态补偿意识存在潜在关系。另外,在现实中,当意识到生态被严重破坏的局面时,即使不是个人,政府和有关部门也都会产生危机意识(并采取相关措施),说明自然价值的破坏现象唤起了补偿意识的产生和重视。当人们感知自然价值的能力提高时,对于什么是"自然的"或"健康的"生态系统的看法,会更加接近自然生态真实提供的服务价值,生态补偿意识的产生及提高的可能性就会增加。基于以上推导,假设如下:

H_5:感知自然价值中的物质供给价值对生态补偿意识存在显著影响。

H_6:感知自然价值中的环境调节价值对生态补偿意识存在显著影响。

H_7:感知自然价值中的生态支持价值对生态补偿意识存在显著影响。

B9 国家湿地公园生态系统服务价值评估研究——以广州海珠国家湿地公园为例

（三）感知人文价值对生态补偿意识的影响

一旦一个区域的湿地环境受到某个因素的影响（例如人为破坏）而发生改变，它带来的后果更多可能是影响到整个流域的生态环境，最终影响的还是人类自身。让人们深刻认识到这一点，并产生实际行动的中间环节就是生态补偿意识[10]。通过湿地公园内展示的一些关于湿地生态的作用与现状（感知人文价值），教育游客认识到湿地生态对人类社会的重要性，并进一步意识到普通居民的支付意愿（生态补偿意识）的重要意义是湿地公园建设决策者不可忽视的一点。另外，一些学者认为，不同文化背景或价值观念的人对感知人文价值的感知不同。如果人们能提高感知人文价值的能力，就会减少对生态系统服务价值判断上的差异，更好地形成对生态系统服务价值的统一认同[10]，并意识到湿地破坏带来的严重后果，这有利于生态补偿意识的提升。

基于以上推导，假设如下：

H_4：感知人文价值对生态补偿意识存在显著影响。

五、研究方法

本研究采用定量研究方法，使用调查问卷收集研究数据，问卷采用李克特5.0级量表制作。问卷调查对象为广东海珠国家湿地公园游客，调查内容为了解这些游客在对湿地生态系统服务价值的感知情况。

广东海珠国家湿地公园（以下简称"海珠湿地"）位于广州市核心城区海珠区东南部，广州城市新中轴南端，东起珠江后航道，西至广州大道南，北起黄埔涌，南至珠江后航道，距广州塔仅3公里，面积约1100公顷，被誉为"广州绿心"。作为全国罕有的特大城市中央湿地及城市内湖湿地与果林相互交汇的复合人工湿地生态系统，海珠湿地具有典型的岭南水乡和果基鱼塘农业等特色[1]，是广东地区湿地公园的典型代表之一，也是广州著名的旅游目的地之一。本研究选择海珠湿地作为研究对象，以海珠湿地各个旅游点作为研究样本和研究数据收集地。

六、问卷调查

(一)问卷设计与操作定义

研究者在文献分析的基础上,参照前人的研究成果,根据调查对象和调查内容制定调查问卷。其中,物质供给价值又称供应服务或物质生产价值,指的是从生态系统中获得的有形或无形的产品或商品服务,所以物质供给价值量表包含人类直接或间接从湿地生态系统中获得物质,如食品、水、木材、纤维或遗传资源[3]。本研究选取了研究区内供给的有代表性的产品,并做归类,把湿地的物质供给价值分成食物供给、原料供给和水源供给三个方面。

环境调节价值指的是从调节生态系统过程或缓冲生态系统服务能力中所获益的价值。环境调节价值量表下需包含能够对湿地生态系统的各个环节提供调节作用的价值,包括气候调节、水净化和自然灾害调节等[3]。本研究选取了研究区内具有代表性的调节因素并做归类,把湿地的环境调节价值分成气候调节、水文调节和净化环境三个方面。

社会文化价值评估的是从生态系统中获得的丰富的非物质利益,本研究选取了研究区内具有代表性的社会文化因素归类,把湿地的社会文化价值分成科教文化、旅游休闲和生态补偿意识三个方面。

生态支持价值评估的是生产和提供其他生态系统所需要的服务,包括土壤形成、光合作用、营养循环的基本生态系统过程[3]等。本研究选取了研究区内具有代表性的生态支持因素,把湿地的生态支持价值分成土壤保持、养分循环和生物多样性三个方面。

(二)问卷调查与样本分析

本研究以广东海珠国家湿地公园游客作为调查对象,目的是了解这些游客在生态系统服务的感知程度。研究者采用面对面通过纸质问卷进行调查的方式,采用非随机抽样的办法抽选游客实施面对面问卷调查。

B.9 国家湿地公园生态系统服务价值评估研究——以广州海珠国家湿地公园为例

研究者在2018年12月3日至2019年01月05日,在海珠湿地公园内发放问卷428份,回收有效问卷386份,有效回收率为90%。其中,男性游客占49.7%;女性游客占50.3%。年龄层次中,最多的是26—40岁的游客,占32.6%;最少的是56岁以上的游客,占14.2%。学历层次中,最多的是本科学历的游客,占37.6%;最少的是硕士及以上学历的游客,占10.1%。婚姻状况中,已婚的游客占60.9%。

收集数据结束后,使用定量数据分析工具SPSS21.0对数据进行分析,并采用AMOS21.0构建理论模型并进行模型验证。

(三)信度、效度分析与测量模型检验

在实证研究中,常常采用Crobanch's α 系数来衡量量表的可靠程度。本研究中的17个计量项目的Crobanch's α 系数均在0.7以上,说明各量表具有较好的内部一致性。然后采用验证性因子分析检测量表效度,分析得出所有路径均显著,所有因素负荷量值在0.592至0.749范围,表示模型的基本适配度良好。综合以上数据,说明量表结构效度较好,数据和理论模型中设定的潜变量基本吻合。

七、模型的构建及路径回归关系检验

研究者以AMOS21.0作为模型构建和验证的工具,首先构建结构模型,再将所收集的资料导入结构模型中,以验证模型的适配度和拟合度,同时验证模型的内在质量是否优质。

(一)模型路径回归关系检验

模型运用极大似然法估计模型方法进行分析。计算估计值后,模型可以顺利收敛识别。

结构方程分析结果得出本研究中五条路径假设 H_1、H_2、H_3、H_6、H_7 成立,H_4 和 H_5 两条路径不成立。不显著的路径在模型中被删除后,所有回归关系

的临界比值绝对值均大于 1.96,参数估计值全部达到小于 0.05 的显著水平,说明模型中所有回归路径估计值有意义。

(二)模型外在质量检验

为验证模型的外在质量情况,将抽取模型分析中的适配度数据,进行核对分析,以观察这些数据结果是不是符合适配度要求。分析得出整体模型卡方值为 214.473,自由度为 114,RMR=0.057＜0.05；GFI=0.940＞0.900；AGFI=0.919＞0.90；PGFI=0.700＞0.500。这些指标均达到模型可以适配的标准,说明模型适配度较为理想。NFI=0.920＞0.90；RFI=0.928＞0.90；IFI=0.945＞0.90；TLI=0.934＞0.90；CFI=0.944＞0.90。这些增值适配指数均符合模型适配标准,表示假设理论模型与观察资料的整体适配度良好。PNFI=0.746＞0.500；PCFI=0.792＞0.500；符合模型拟合标准。RMSEA 值越小,表示模型的适配度越良好,RMSEA=0.048＜0.080,表明模型适配度尚可。

八、研究结论

本研究将生态系统服务价值指标体系进行重构,界定感知自然价值和感知人文价值的新内涵。其中,感知自然价值侧重于那些拥有明显生态特征的服务功能,感知人文价值则指的是社会文化价值,即人们、个人或群体对生态系统服务的重视。感知自然价值包括物质供给、环境调节和生态支持价值,感知人文价值则包括社会文化价值。本研究根据广东海珠国家湿地公园的综合特征,确定生态系统服务价值评估的变量和总结出各变量对应的评估维度,并通过探索性因子分析,根据分析结果,删除不合理题项,形成了各变量的最优量表,即围绕物质供给价值、环境调节价值、社会文化价值、生态支持价值、生态补偿意识五个元素。

本研究构建了一个适合广东海珠国家湿地公园的感知人文价值、感知自然价值(在模型中分为物质供给价值、环境调节价值和生态支持价值)和生态

B9 国家湿地公园生态系统服务价值评估研究——以广州海珠国家湿地公园为例

补偿意识之间关系的理论模型,通过结构方程验证发现,本研究中的感知人文价值对生态补偿意识的回归关系不显著,即感知人文价值对生态补偿意识形成假设的路径不成立。修正后的模型检验发现,感知人文价值与生态补偿意识路径不存在直接回归关系,结合相关理论推导发现人们感知到人文价值的过程不能直接显著影响人们对生态补偿意识"迫切性"和"自我行为"的感知。

最优模型的所有路径关系中,回归系数最高的是"感知自然价值中的生态支持价值对生态补偿意识有路径影响",说明生态补偿意识的形成,受到感知自然价值中的生态支持价值的显著影响。其他路径的显著程度虽不及这一条,但也有不同程度的影响。其中,感知人文价值对感知自然价值的影响关系显著,表现为三条路径($H1$、$H2$、$H3$)的成立,说明湿地生态系统服务中对感知人文价值的认知水平在很大程度上影响着其对感知自然价值的认知程度,同时也表明了感知人文价值对感知人文价值带来的信息接受程度有限,因此对生态补偿意识的影响程度不显著。

九、研究启示

尽管在模型研究中,证实了感知人文价值对生态补偿意识没有显著影响,但根据游客对各项生态系统服务价值的感知评分可以看出,游客们大多愿意通过更多的社会文化活动来提高对湿地的认识并作出生态补偿的行为,而且路径研究中两条成立的路径皆是来自感知自然价值对生态补偿意识的影响,这也说明需要更多样化的社会文化活动来让游客感知到这些自然价值,进而强化生态补偿意识。生态系统服务价值的存在需要被系统地认知,才能促进人们对它的了解,当逐渐深入感知到这些生态系统服务价值时,才能意识到这些价值给整个人类社会及福祉带来的深远意义,从而激发生态补偿的意识。因此,湿地公园需要增加多样的人文活动,例如各种各样的科普宣传、展览会甚至是在官网、门票上设计一些图案来传达信息,制作相关的短片文案等来提高游客对湿地生态系统服务价值的感知,从而激发人们的生态补偿意识。

由于生态补偿整个机制涉及的层面较广、操作实施起来的难度较高,如果由国家或者政府全权负责是不现实的,需要决策者们根据湿地公园的特色实施差异化生态补偿策略。

建立生态补偿机制对于广东海珠国家湿地公园来说是一项非常复杂的系统工程。首先,要制定生态保护的相关规定,对于破坏生态或者趋向破坏的行为实施严惩(严惩不是目的,更多的是通过教育让人们意识到生态补偿的重要性);其次,基于生态系统服务价值评估研究,开展更加广泛和深入的生态补偿相关研究工作;最后,还要研究探索市场化生态补偿办法,要求湿地公园的管理者和决策者使用"无形的手",拓宽利用外资的渠道,鼓励和引导社会资金投向湿地生态建设,逐步建立全员参与的生态补偿机制。

参考文献

[1] 张大达,陈本亮,冯永军.广州海珠国家湿地公园生态恢复技术初探[J].湿地科学与管理,2016(4).

[2] 谢忠平,袁璐.城市生态湿地公园景观设计研究[J].江西建材,2016(7).

[3] 吴昌华,崔丹丹.千年生态系统评估[J].世界环境,2005(3).

[4] 黄虹宇.融安县湿地生态系统的主要功能与管理保护对策[J].现代园艺,2018(23).

[5] 沈满洪.生态补偿机制建设的八大趋势[J].中国环境管理,2017(3).

[6] 李文华,李芬,李世东,等.森林生态效益补偿的研究现状与展望[J].自然资源学报,2006(5).

[7] 王甲山,刘洋,邹倩.中国水土保持生态补偿机制研究述评[J].生态经济,2017(3).

[8] 袁伟彦,周小柯.生态补偿问题国外研究进展综述[J].中国人口资源与环境,2014(11).

[9] 杨新荣.湿地生态补偿及其运行机制研究——以洞庭湖区为例[J].农业技术经济,2014(2).

[10] 赵斐斐,陈东景,徐敏,等.基于CVM的潮滩湿地生态补偿意愿研究——以连云港海滨新区为例[J].海洋环境科学,2011(6).

B9　国家湿地公园生态系统服务价值评估研究——以广州海珠国家湿地公园为例

作者简介：

陈海明，江西瑞昌人，肇庆学院旅游与历史文化学院讲师，博士，主要从事文化旅游休闲度假研究。

张芷芸，香港浸会大学在读硕士生，研究方向为旅游信息化管理。

陈芳，江西瑞昌人，肇庆学院财务处中级经济师，菲律宾国父大学工商管理博士，主要从事消费行为研究。

B10 基于文献计量分析的我国海洋生态旅游研究进展与趋势

张广海　段若曦　袁洪英　董跃蕾

摘　要：运用文献计量学理论，利用 CiteSpace 可视化分析工具，选取与海洋生态旅游密切相关的主要关键词，在 CNKI 总库中检索 2006—2020 年共有的 1661 篇相关文献，对这些文献进行信息挖掘和计量分析，系统描述我国海洋生态旅游研究的进展。研究发现，我国海洋生态旅游研究主要围绕滨海旅游、海洋旅游、海岛旅游等展开，主要发文作者之间合作较少，研究机构主要分布在东部沿海地区，总体上较为分散但具有一定的地域集聚性分布的特点，跨地域、跨部门的合作有待加强；指出了我国海洋生态旅游研究存在的缺陷和短板，最后探讨了海洋生态旅游今后的研究趋势和发展方向。

关键词：海洋生态旅游；CiteSpace；文献计量；可视化分析；研究进展；趋势

Abstract: In order to systematically describe the research progress of Marine ecotourism in China, using literature statistical analysis and CiteSpace literature visualization tool, this paper selected the key words closely related to Marine ecotourism, retrieved 1661 related literature from CNKI database from 2006 to 2020 and conducted information mining and econometric analysis. The results show that the research on Marine ecotourism in China mainly focuses on coastal tourism, marine tourism, island tourism, etc. The cooperation between the authors is not close. The research institutions are distributed regionally and concentrated, and the cooperation between different regions and departments needs to be strengthened. The paper also points out the defects and shortcomings of Marine ecotourism research in China, and finally discusses the trend of future research and development direction of Marine ecotourism.

B10　基于文献计量分析的我国海洋生态旅游研究进展与趋势

Keywords：Marine Ecotourism；CiteSpace；Bibliometrics；Visual Analysis；Research Progress；Trend

一、引言

作为典型大陆滨海国家，自古以来，中华民族的生存发展和国家的兴衰安危与海洋密切相关，党的十九大亦做出加快建设海洋强国的重大部署[1]，发展海洋生态旅游可助力海洋强国建设，实现海洋经济价值、社会文化价值、环境与生态价值协调统一，是我国生态文明建设的重要环节。

经过多年努力，我国海洋旅游业发展迅速。据统计，2009年我国海洋生产总值为31964亿元，海洋第三产业增加值为15023亿元，滨海旅游业增加值为3725亿元①；2019年分别达89415亿元、53700亿元、18086亿元②，分别约为十年前的2.80倍、3.57倍、4.86倍，滨海旅游业增加值分别占海洋生产总值比重的20.23%，占海洋第三产业的33.68%。但在海洋生态保护方面也存在诸多问题，并且影响着我国海洋生态旅游业的健康可持续发展，如填海造陆、海岛不合理或过度开发、海洋环境污染等。我国学者从不同角度对海洋生态旅游进行多角度深入分析研究，如从管理学角度出发提出海洋旅游开发可持续发展[2]，海洋旅游资源开发[3]、海岛开发和主题功能分区[4]等研究理念，阐释我国滨海旅游城市、海岛、滨海保护区以及滨海旅游区域的开发和管理[5]。在滨海旅游区开发生态补偿机制、海洋生态旅游开发经济效益、生态旅游与环境保护关系等领域也做出了相关研究[6][7][8]。研究区域涵盖了我国的环渤海区域、黄海、东海和南海四大海区。这里通过对我国相关海洋生态旅游研究成果的梳理和归纳，从整体上把握和探讨我国海洋生态旅游发展的状况。本篇收集了2006—2020年我国海洋生态旅游领域的研究成果，系统地总结和探讨

---

① 国家海洋信息中心（NMDIS）:《2009年中国海洋环境质量公报》,http://www.nmdis.org.cn/hygb/zghyhjzlgb/2009nzghyhjzlgb-/。

② 国家海洋信息中心（NMDIS）:《2019年中国海洋环境质量公报》,http://www.nmdis.org.cn/hygb/zghyjjtjgb/2019hyjjtjgb/。

了我国海洋生态旅游研究进展,以期为其未来发展实践提供理论启示。

二、海洋生态旅游研究现状

(一)数据来源和研究方法

Cater(2010)将海洋生态旅游定义为发生在盐湖、沿海潮汐区和海洋环境中的生态旅游。这里以中国期刊全文数据库(CNKI)中,主题为与海洋生态旅游密切相关的"海洋旅游、滨海旅游、海岛旅游、海洋休闲渔业、滨海旅游承载力、沙滩旅游、海洋保护区、海洋牧场、海洋旅游产业"等为数据源,搜索年份为2006—2020年,得到检索结果6742条,对检索结果进行整理,并筛除通讯文稿、无作者及不相关条目,最终得到1661篇我国海洋生态旅游相关研究文献,以其作为研究样本;利用CiteSpace软件,采用文献计量学和文本分析法,对我国海洋生态旅游研究发文数量、发文作者、发文机构、关键词、突现词等进行信息挖掘和可视化分析。

(二)海洋生态旅游研究的时空特征

1. 海洋生态旅游领域年度发文量分析

根据研究区间内筛选出的文献量,通过文献统计方法得到2006—2020年各年发文数量(见图1)。

自2006年开始,我国海洋生态旅游的相关研究呈现波动变化趋势。2006—2015年,发文量呈上升趋势,在2010年、2013年与2015年形成三个峰值,2015—2019年则为U形状态。2010年、2013年、2015年和2019年发文量均在150篇左右。2009年国务院发布第41号文件《关于加快发展旅游业的意见》,提出"培育新的旅游消费热点,大力推进旅游与文化、体育、海洋、环保、气象等相关产业和行业的融合发展",将旅游业与海洋、生态相结合作为产业融合的发展方向。"十二五"规划纲要中提出,优化海洋产业机构,大力发展海洋

B10　基于文献计量分析的我国海洋生态旅游研究进展与趋势

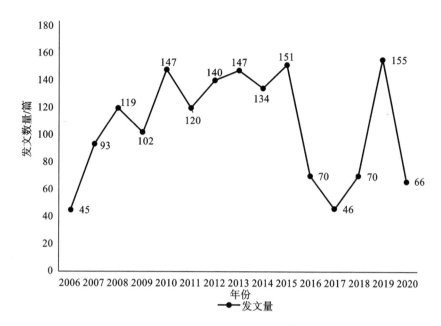

图1　2006—2020年海洋生态旅游研究领域发文数量

旅游,要在优化海洋产业结构的基础上积极发展滨海旅游等产业。2009年国务院发布了《国务院关于推进海南国际旅游岛建设发展的若干意见》。2011年原国家海洋局相继公布了我国第一批开发利用无居民海岛名录和首批国家级海洋公园。原国家旅游局将2013年的旅游主题确定为"中国海洋旅游年",对促进海洋旅游的发展有着积极的推动作用。2014年,亚太区域规划组织在菲律宾举行了第五届主题为"海洋和沿海生态旅游"的世界生态旅游大会,旨在为岛屿和沿海地区的整体发展制定共同解决方案,并为其可持续发展作出贡献,海洋生态旅游领域的关注度持续升高,并于2019年达到近年来的峰值。2017年,"一带一路"已由政策沟通转为政策落实阶段,"海上丝绸之路"逐渐为我国沿海及海岛带来实质性利好。随着海洋强国战略和生态文明建设,截至2019年底,我国已建立271个海洋保护区,成为我国海洋生态旅游开发的重要资源基础。所有这些政策的实施,极大地推动了我国海洋生态旅游开发与理论研究演变过程。2006—2020年海洋生态旅游研究发文量重要作者图谱如图2所示。

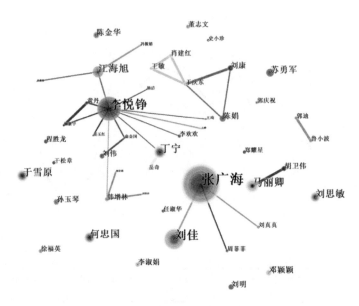

图 2　2006—2020 年海洋生态旅游研究发文重要作者图谱

2. 海洋生态旅游领域发文作者与学术团队分析

作者共现图谱可以显示一个领域内的文献核心作者及作者间的合作共引关系。我国海洋生态旅游研究作者共现图谱中,节点的大小显示与文献作者出现的次数成正相关。由图 2 分析可知:首先,从发文量来看,出现频次较多的作者有张广海、李悦铮、刘佳等,其次是马丽卿、丁宁、于雪原、何忠国、江海旭、刘思敏等。发文次数在 5 次以上的作者共有 21 位,他们成为我国海洋生态旅游研究的核心群体,大多数作者发文次数不足 2 次。其次,根据图中作者连接度来看,以出现次数最多的作者为中心形成了部分集中的趋势,进一步分析可知,这些集中主要以同一研究机构为基础,形成了相关学术研究团体,但不同的研究团体之间关联程度较弱。

图 2 显示出三个集中的作者研究团体:

一是中国海洋大学张广海、刘佳、周菲菲、王新越等组成的学术研究团体,主要研究方向以滨海旅游产业、海洋旅游功能区划、海岛开发、海洋自然保护区、国家海洋公园的开发与资源测度等为主线,如对南海旅游开发基础进行分析,探讨了南海旅游的运作机制,提出了热带旅游特色产品开发的相关建议[4];以烟台市崆峒岛油轮泄露为例,对海岛旅游经济损害评估进行了实证研究[9]。

二是辽宁师范大学李悦铮、江海旭、韩增林等组成的学术研究团体,研究方向侧重于为滨海旅游资源和旅游经济发展,如辽宁省海洋旅游发展对策研究[10]。

三是浙江海洋大学马丽卿、胡卫伟等组成的学术研究团体,侧重于海岛生态旅游开发研究,如对舟山群岛海洋旅游与海洋文化产业发展战略[11][12],但是三个主要研究团体之间联系较弱。

总体上看,各研究团体的研究领域比较分散和破碎,团队研究方向尚待凝练和提升,还没有形成完整的海洋生态旅游研究的学术共同体。

3. 海洋生态旅游发文机构及学术共同体分析

通过文献统计可以得到我国海洋生态旅游研究发文机构图谱,其中出现机构发文与图谱中的节点大小关系呈正相关。由图3可看出,作者所属单位主要分布在东部沿海地区,总体上分布较为分散,但呈现一定的区域集聚效应,这表明在中国海洋生态旅游研究领域,少数研究机构内部联系较为紧密,可是各研究机构之间总体上缺乏联系或联系较弱。

首先,在发文数量上,海洋生态旅游研究机构主要以拥有海洋特色背景的高校和研究院所为主,其中中国海洋大学、辽宁师范大学、中国旅游研究院、浙江海洋大学发文频次较高,具有较强的专业集中度。

其次,重点研究机构主要集中在辽宁省、山东省、浙江省、上海市、海南省、北京市等地区,具有较强的地域性。山东省包括中国海洋大学、山东社会科学院海洋经济研究所、山东工商学院、中国石油大学(华东)、青岛大学等。辽宁省则以辽宁师范大学、渤海大学等为主要研究机构。浙江省和上海市则分别以浙江海洋大学、上海海洋大学、上海海事大学、宁波大学等为主要研究机构,海南省则以中国南海研究院、海南大学、海南热带海洋学院、三亚学院为主。此外,还有中国旅游研究院及中国科学院地理科学与资源研究所等研究机构。

最后,研究机构的合作关联具有明显的局限性,例如,中国海洋大学主要与中国海洋大学海洋发展研究院、国家海洋技术中心等合作较为密切;其他研究机构则多以内部合作研究为主,各机构之间整体合作关系较弱,各机构相互独立。总之,我国海洋生态旅游研究机构具有较强的专业性(或行业性)、地域性,这样不利于学术共同体的形成与完善。

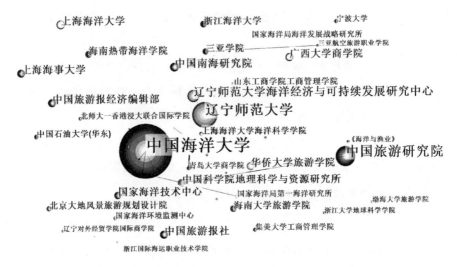

图3　2006—2020年海洋生态旅游研究重点机构合作图谱

(三)海洋生态旅游研究发展进程分析

1.海洋生态旅游关键词共现分析

关键词是对一篇文章主要内容的提炼,通过对关键词的分析可在宏观上了解某个领域的研究热点。基于2006—2020年间的有效文献,筛选出现频次大于22的关键词进行共现图谱绘制(见图4)。

我国海洋生态旅游研究关键词共现图谱共有478个节点,图4显示:较大的关键词节点依次为滨海旅游、海洋旅游、海岛旅游、可持续发展、海洋牧场等。

滨海旅游出现频率最高,在统计时间区间内达到221次(见表1),与滨海旅游相关联的关键词主要有海洋旅游、滨海城市、生态旅游、海洋文化等。从表1可知2006年"滨海旅游"一词就被学者广泛提到,到2009年我国已初步拟定将"滨海度假游"已被作为首批国家旅游线路12条中的一条[13],滨海旅游

B10 基于文献计量分析的我国海洋生态旅游研究进展与趋势

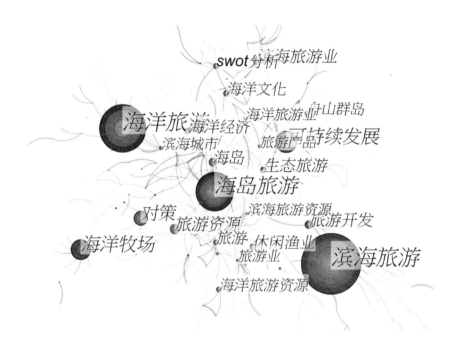

图4 2006—2020年海洋生态旅游研究关键词共现图谱

的发展呈现愈热之势,并处于战略提升和产业转型的历史时期[14]。从空间上来看,滨海旅游正在发展一种"背景"功能,大规模覆盖我国海区。随着旅游需求的多样化,滨海旅游正在引领国际生态旅游的发展步伐,主要以沿海城市为起点,逐渐呈现出生态化和可持续化的发展模式。

国内海洋生态旅游前20位高频关键词如表1所示。

表1 国内海洋生态旅游前20位高频关键词

排　　名	关 键 词	频　　次
1	滨海旅游	221
2	海洋旅游	179
3	海岛旅游	150
4	可持续发展	91
5	海洋牧场	72
6	对策	66
7	旅游开发	47

续表

排　名	关　键　词	频　次
8	旅游资源	46
9	海洋经济	43
10	滨海旅游业	39
11	旅游	34
12	海岛	34
13	海洋旅游业	33
14	生态旅游	32
15	舟山群岛	30
16	SWOT分析	29
17	海洋文化	28
18	滨海城市	24
19	海洋旅游资源	22
20	休闲渔业	22

"海洋旅游"出现179次,党的十八大报告明确指示大力发展海洋经济,促进海洋经济成为国民经济发展的重要引擎与新增长点。在国家政策的推动下,海洋旅游已不再仅局限于海洋观光游这种满足视觉的旅游形式,各种基于海洋的旅游形式涌现市场以增加游客的参与度与体验感,如海上垂钓、海上美食制作等亲身体验活动,旅游追求的视觉盛宴逐渐向听觉盛宴、味觉盛宴、触觉盛宴转移。

"海岛旅游"出现频率为150次,其中研究频率最高的岛屿是舟山群岛,舟山群岛是国内规模最大的群岛,发展速度较快,带来的海洋经济收益较高,但也随之产生了环境代价,如海洋生态环境破坏、生物多样性锐减等问题。近年来,对海岛旅游的开发不再单纯依托海岛的自然生态环境,建立海岛旅游免税实验区[15]同样提升了海岛旅游的竞争力,尤其随着出入境旅游的发展,境外游客对异国产品的喜爱度增加,出境游除了观光通常伴随着更高频率的产品消费,免税区成为出国游客常消费之地,因此,海岛旅游免税实验区应运而生。游客在海岛旅游的同时又能够满足其消费需求,此举提升了海岛旅游所带来的经济效益。

"可持续发展"出现91次,随着人类对自然资源的大幅度开采利用,不可再生资源日益减少,人类活动对生态环境产生的负面影响不容忽视,在不损害后代利益的基础上进行旅游活动成为发展旅游的前提条件之一。传统的发展更多的是强调以人为中心,忽视了自然生态环境,1992年联合国环境与发展大会强调可持续发展的重心从以人为中心向人与自然平等的角度转移[16]。正如习近平在"双山理论"中提出的"绿水青山就是金山银山","绿色"一词冠以生态发展。

"海洋牧场"出现72次,海洋牧场是指在一定海域内利用海洋生态环境,通过人工鱼礁建设和藻类增养殖技术来营造适宜海洋生物栖息的场所[17],对海洋生物进行有计划和有目的的海上放养,如水产养殖、人工鱼礁、海湾建设、资源增殖放流等,以此来达到预期的经济目的。海洋牧场内人工培育的珊瑚礁和围绕在珊瑚礁周围品种各异的鱼类吸引了潜水爱好者的目光,丰富的海钓生物也能够满足海钓爱好者的需求,除此之外,在海洋牧场基础之上形成的采摘海产品、海洋观光游等旅游形式日益兴起,为游客提供了一个不同于陆地旅游的环境,并且对保护海洋生态环境起到了人为的积极作用。随着人类对生态环境重视程度加强,在海洋牧场研究领域,海洋生态系统和栖息地成为近几年研究的重点[18]。

2. 海洋生态旅游研究前沿分析

突现关键词能够较为直观地反映一个时期领域内的研究前沿。图5所示为2006—2020年海洋生态旅游研究突现词图谱。根据统计结果,剔除了10个不符合研究主题的突现词,最后得到15个海洋生态旅游研究领域内的突现关键词。

Begin表示关键词激增开始的年份,End表示在筛选出的文献里,此类关键词不再出现的年份,Strength表示在关键词出现的年份内,对此关键词涉及领域的研究热度的高低。2006年出现的突现关键词"海洋旅游资源""海洋旅游业""海洋文化""海洋旅游产品"等一直是海洋生态旅游研究的前沿领域,如海洋文化旅游资源与产品的开发[19]、海洋文化与旅游业的关联互动[20]、海洋

突现关键词	筛选起始年份	强度	开始年份	截止年份
海洋旅游资源	2006	3.29	2006	2020
海洋旅游业	2006	3.19	2006	2020
海洋文化	2006	4.79	2006	2020
海洋旅游产品	2006	3.61	2006	2020
生态旅游资源	2006	3.14	2006	2020
海洋产业	2006	2.81	2008	2020
可持续发展	2006	4.16	2010	2020
旅游	2006	3.02	2011	2020
入境旅游	2006	3.1	2011	2020
无居民海岛	2006	4.4	2013	2020
生态环境	2006	2.85	2014	2020
产业融合	2006	2.82	2014	2020
全域旅游	2006	4.85	2017	2020
海洋牧场	2006	13.55	2018	2020
休闲渔业	2006	4.06	2018	2020

图5　2006—2020年海洋生态旅游研究突现词图谱

旅游产品结构的优化升级[21]。自2010年,海洋生态旅游研究领域提出可持续发展方向,之后海洋旅游出现研究产业融合的趋势,由此全域旅游、海洋牧场、休闲渔业等热点相继出现,并持续成为海洋生态旅游的主要研究方向,海洋牧场、休闲渔业等海洋生态产品开发成为近几年研究的前沿热点[22]。从研究区域看,无居民海岛开发从2013年开始引起了学者重视[23][24],海洋生态环境分析为海洋生态旅游发展研究拓展了新方向[25]。根据统计数据显示,出现较早的突现词持续存在,随着时间的推进,新兴突现词不断涌现,表明有关海洋生态旅游的相关研究在不断深入和拓展。这些研究趋势与国家的海洋与旅游的相关政策密切相关,在一定程度上也与我国海洋生态旅游发展的实践密切关联。

3. 海洋生态旅游热点时区分析

图 6 所示为 2006—2020 年海洋生态旅游研究关键词时区分布图。时区分布图是从时间维度上表示一个领域知识演进的图谱,可以进一步分析我国海洋生态旅游领域 2006—2020 年各年度研究方向的变化情况,详细解释突现词图谱中关键词热度与研究发展之间的相互关联。

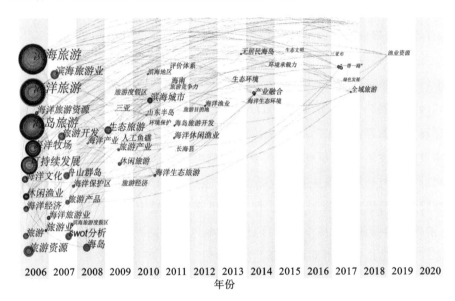

图 6 2006—2020 年海洋生态旅游研究关键词时区分布图

结合我国海洋生态旅游发文数量图、关键词共现图谱与海洋生态旅游研究突现词图谱,可将 2006—2020 年研究时间段划分为三个阶段:逐渐上升阶段(2006—2015 年)、低谷阶段(2016—2018 年)、恢复阶段(2019—2020 年)。

逐渐上升阶段(2006—2015 年),这一时段除发文数量呈现上升趋势之外,图中首次出现的关键词较为密集,起步阶段研究领域较为广泛,随后学者对海洋生态旅游领域认同度与关注度逐渐提高。滨海旅游、海岛旅游、海洋旅游这些出现频次较高的词汇,随着时间延伸出其他关键词,呈现出彼此联系紧密的现状。其中,"生态旅游"首现于 2009 年,频次为 32,初期并未受到学者的广泛关注。生态旅游被认为是适于在自然保护区发展的旅游发展模式[26],是基于自然环境,本着可持续发展理念,将生态环境融入旅游的一种活动。其形式是多种多样的,其中海洋生态旅游结合生态旅游与海洋旅游,为海洋旅游的可持续发展提供一片新的领域[27]。在本研究时段内,2014年前后首现"生态环境"与"海洋生态环境"两个词,滨海城市生态环境承载潜力[28]是其中的一个重要评价指标,只有对滨海城市生态环境的有利条件加以利用,才能有序推展此类高层次旅游需求发展。

低谷阶段(2016—2018年),此时段内发文数量较少,发文数量趋势呈U形,首现的关键词也较少。2017年习近平在党的十九大报告中提出:"坚持陆海统筹,加快建设海洋强国",海洋生态旅游是发展海洋强国的一条路径。从图6计量结果可知,2017年前后"一带一路"与全域旅游融入研究范畴,与此同时,"绿色发展"一词首次出现,2017年党的十九大报告指出:"建立健全绿色低碳循环发展的经济体系",绿色发展深入社会经济体系的每一领域,生产制造业需要绿色发展理念,服务业也需要以绿色为底色,绿色旅游更加注重对生态环境的保护与利用。保护并不意味着不开发、不利用,而是在开发的同时采取措施将环境污染效应降到最低。保护不单靠国家政策与法律制度的硬性规定,游客的环保意识同样重要。目前我国绿色旅游发展适宜区呈现分片聚集状态[29],主要是各地不同的经济、生态、环境、人口等因素所致,形成了地区差异。

恢复阶段(2019—2020年)此时段内发文数量逐渐恢复,但并未拓展出较多的研究新领域。我国海洋旅游业与海洋生态旅游研究起步较晚[30],近年来海洋生态旅游协调海洋生态环境与海洋旅游资源之间的关系,为游客带来了新的旅游视角,基于此推测未来关于海洋生态旅游方面的发文数量会呈现上升趋势。

三、结论与展望

(一)结论

为了梳理我国海洋生态旅游研究领域的知识成果,探索该领域研究的演化过程,本篇基于文献计量法和文本分析法,对我国海洋生态旅游研究的知识图谱进行分析,识别我国海洋生态旅游研究的热点、研究领域核心作者群以及主要研究机构,并从这些方向把握此领域研究现状与进展。

对2006—2020年海洋生态旅游相关论文的分析发现,致力于海洋生态旅游研究的主要作者有张广海、李悦铮、刘佳、马丽卿等,且此领域的研究处于微观上集聚程度较高、宏观较为分散的状态,各个研究团队之间学术交流较少,发文机构多集中在沿海地区,以我国几大海洋类大学和海洋科学研究所为主,如中国海洋大学、浙江海洋大学、中国旅游研究院、辽宁师范大学,地域主要集中于辽宁省、山东省、上海市、海南省等地区。研究的地域也主要集中于山东半岛、三亚、舟山群岛等海洋资源丰富地区。研究机构与海洋地域分布关联度较高,其中以中国海洋大学和浙江海洋大学的研究结果最为突出。研究方法主要有SWOT分析法、层次分析法等。针对旅游领域,研究者对生态环境的研究起步较晚,关于生态旅游、生态环境方面的文献较为欠缺,没有达到预期数量。

海洋生态旅游研究领域内,海洋文化、海洋旅游资源和海洋产业等方面仍是我国海洋旅游研究领域专注的热点方向。由于社会层面已开始重视对生态环境的保护,海洋生态环境领域也逐渐引起国内学者的重视,以海洋生态旅游为方向的研究也日趋成为新的研究热点,并将持续作为海洋旅游的新方向蓬勃发展,这也是未来发展旅游的必经之路。因此,国内海洋生态旅游具有很大的发展空间。

(二)展望

1.加强海洋生态旅游理论的系统性研究与构建

理论的构建与完善是支撑一个领域的相关研究能够与实践相结合从而不断发展的重要基石。近年来"海洋"一词融入了生态旅游,形成海洋生态旅游新的热点词。海洋生态旅游具有较强的政策导向,随着海洋经济被提升到国家战略层面,建设海上强国成为提升国家竞争力的重要举措之一,海洋结合生态的旅游方式前景可期。海洋生态旅游将海洋旅游与可持续发展融合,重视生态保护,相较于其他较为成熟的研究方向,此领域的发展还处于起步阶段。

目前,国内学者对于海洋旅游的生态方向还是多数倾向于借鉴国外理论,理论的研究往往与实践发展不匹配。经研究发现,目前海洋生态研究主要还是以构建指标体系,进行生态环境等相关要素的测度,进行总体水平及区域差异的分析。数据来源主要以统计年鉴、统计公报以及相关政府网站统计数据为主。因此,随着海洋生态旅游环境的改变,要求学术界有必要加强海洋生态旅游的理论构建,在相关的理论、方法上创新,以指导我国可持续发展战略背景下海洋旅游的生态领域开发与发展。

2. 加强跨学科研究,拓展海洋生态旅游新领域

海洋生态旅游作为海洋旅游的重要研究方向,其综合性囊括地理学、社会学、经济学、生态学、管理学、区域规划理论等领域,研究者们可以跳出单一学科的限制,从多个视角研究海洋生态旅游的发展方式和发展途径,对海洋生态旅游领域的经济、文化、可持续发展等方面做全面综合的探讨。海洋生态旅游研究涉及多类学科,包括海洋管理、海洋技术、海洋生物资源与环境等。海洋环境具有整体性,海洋环境各要素之间具有紧密联系,任何海域内某一要素的变化,都不可能仅仅局限在某一具体地点,有可能对邻近海域或者其他要素产生直接或间接的影响,如海洋环境污染会涉及工矿企业排放污染物、海水质量变坏、生物体死亡、生长缓慢和繁殖率下降、最终危害渔业生产甚至危害人类自身,因此,海洋生态旅游研究应加强区域之间的交流与合作,以共同解决开发海洋旅游资源过程中产生的问题。由于各个海洋科学研究所和海洋类大学在同一研究领域的研究方向不同,所积累的资源不一,研究者只有加强区域间、机构间、专业间的合作交流才能更好地促进海洋生态环境可持续发展,为海洋生态旅游创造美好的环境基础。另外,在多学科交叉的基础上,海洋生态旅游应该朝开发创新型旅游产品、发展智慧型海洋生态旅游等方向发展,且我国海洋生态旅游多数依赖沿海地区和海岛,以近海旅游为主,深海区域还未有有效的发展和实践,这将是我国海洋生态旅游今后的一个重要发展方向。

3. 提升海洋文化助力作用,加大相关研究力度

当今世界,经济力与文化力相互交融,共同推动社会经济的发展,而海洋文化早已融入经济、服务于经济,并在促进经济发展的过程中,实现自身的繁荣。海洋生态文明的实现需要经济基础,更需要有文化的助力。人们的旅游需求随着生活水平的不断进步,已经不再仅限于自然风光,对文化内涵方面有了一定的追求,因此对海洋生态旅游研究还应加强对海洋文化的整理,深化海洋文化的研究。

4. "一带一路"倡议指引海洋生态旅游相关研究

随着"一带一路"倡议的提出,海洋生态旅游的相关研究有了新的要求。海上丝绸之路沿线国家、地区应重点关注海洋生态保护,在政治互信背景下实现政策互通,构建海洋生态预警、保护机制。加强贸易互通、旅游互通,培育产业发展新业态、新模式,以实现海上丝绸之路沿线国家和地区旅游与经济的互联,从而带动旅游发展。重点关注海上丝绸之路海洋生态预警、保护机制,海上丝绸之路小型岛屿国家旅游合作研究,及海洋生态旅游高质量推进机制研究等方向。

5. 着重关注海洋生态旅游开发过程中的不良影响

发展海洋生态旅游自然要加强对海洋的开发力度,这个过程难免会产生资源开发与生态保护之间的矛盾,这是当前发展海洋生态旅游密切关注的问题。随着社会的生态保护观念、可持续发展观念、绿色发展观念逐渐加强,既要满足游客的旅游需求,又要把资源开发过程中对海洋生态环境产生的负面影响降到最低,是海洋生态旅游面临的一个巨大挑战。

参考文献

[1] 宁志中.提升海洋旅游产业地位推进海洋旅游更快发展[N].中国旅游报,2020-06-20.

[2] 张广海,董志文.可持续发展理念下的海洋旅游开发研究[J].中国人口·资源与环境,2004(3).

[3] 张广海,刘佳.青岛市海洋旅游资源及其功能区划[J].资源科学,2006(3).

[4] 王新越,张广海,宋珊珊,等.中国南海旅游开发探析[J].中国海洋大学学报(社会科学版),2013(1).

[5] 张广海.我国滨海旅游资源开发与管理[M].北京:海洋出版社,2013.

[6] 乌兰.海洋生态旅游与环境保护关系研究[J].山东社会科学,2010(10).

[7] 李悦铮,王恒.国家海洋公园:概念、特征及建设[J].旅游学刊,2015(6).

[8] 李淑娟,王冉,李满霞.滨海区旅游开发生态补偿研究[J].山东工商学院学报,2015(5).

[9] 张广海,高乐华.旅游经济损害评估研究初探[J].北京第二外国语学院学报,2009(1).

[10] 国川,韩增林,李悦铮.辽宁省海洋旅游发展对策研究[J].海洋开发与管理,2014(6).

[11] 马丽卿,金艳,金婷婷.舟山海洋旅游目的地融入"长三角"旅游一体化战略探索[J].浙江海洋大学学报(人文科学版),2020(2).

[12] 斯巧倍,马丽卿.舟山海洋文化产业发展的SWOT分析与对策[J].特区经济,2019(4).

[13] 刘佳,贾楠.中国滨海旅游研究热点领域与演化路径分析——基于科学知识图谱视角[J].资源开发与市场,2018(6).

[14] 刘佳,赵金金,张广海.我国滨海旅游产业结构及集群效应定量分析[J].山西财经大学学报,2012(2).

[15] 陈廉,胡海晨.大力发展我国海岛旅游的战略思考[J].商业研究,2016(8).

[16] 邱慧青,肖建红.基于海洋生态产品的海岛旅游绿色发展经济激励额度评估[J].中国人口·资源与环境,2017(4).

[17] 于会娟,王金环.从战略高度重视和推进我国海洋牧场建设[J].农村经济,2015(3).

[18] 董利苹,曲建升,王金平,等.国际海洋牧场研究的发展态势[J].世界农业,2020(2).

[19] 董志文,张广海.海洋文化旅游资源的开发研究[J].求实,2004(S4).

[20] 张广海,刘佳.青岛国际啤酒节与旅游产业发展的关联互动研究[J].改革与战略,2008(7).

[21] 周国忠.海洋旅游产品调整优化研究——以浙江省为例[J].经济地理,2006(5).

[22] 张广海,张震.渔业资源视角下中国沿海休闲渔业发展研究[J].中国渔业经济,2019(3).

[23] 刘永刚,于彬.辽宁海岛经济与无人岛的开发利用(上)[J].辽宁经济,2013(1).

[24] 邹嘉,詹敏威,洪禾,等.舟山群岛无人岛创新发展研究[J].中国人口·资源与环境,2014(S1).

[25] 厉丞烜,张朝晖,陈力群,等.我国海洋生态环境状况综合分析[J].海洋开发与管理,2014(3).

[26] 何爱红,王亦龙,寇博轩.中国自然保护区生态旅游开发模式选择探讨[J].资源开发与市场,2012(7).

[27] 徐福英,刘涛.山东半岛蓝色经济区海洋生态旅游发展研究[J].资源开发与市场,2012(1).

[28] 张广海,刘佳.中国滨海城市旅游开发潜力评价[J].资源科学,2010(5).

[29] 耿树丰,国安东,杨俊,等.中国绿色旅游基地适宜性综合评价[J].地理科学,2019(9).

[30] 张广海,王佳.我国海洋旅游发展实践及理论研究[J].资源开发与市场,2013(11).

[31] 高乐华,高强.海洋生态经济系统界定与构成研究[J].生态经济,2012(2).

[32] 狄乾斌,韩雨汐.熵视角下的中国海洋生态系统可持续发展能力分析[J].地理科学,2014(6).

[33] 李加林,刘永超,马仁锋.海洋生态经济学:内容、属性及学科构架[J].应用海洋学学报,2017(3).

[34] 丁冬冬,李飞雪,徐朗,等.中国滨海旅游生态创新水平测度及其影响因素分析[J].海洋环境科学,2020(2).

[35] 刘思萌,马丽卿.基于利益相关者理论的舟山海洋生态旅游开发研究[J].湖北工业职业技术学院学报,2015(5).

[36] 孙磊,韩立民.中国渔业经济研究二十年:主题脉络、热点领域和发展演化——基于Citespace的可视化分析[J].中国渔业经济,2019(4).

作者简介:

张广海,山东临沂人,中国海洋大学教授,博士,博士生导师,研究方向为旅游规划与区域经济,(电子信箱)guanghaizh@163.com。

段若曦,中国海洋大学管理学院博士。

袁洪英,中国海洋大学管理学院博士。

董跃蕾,中国海洋大学管理学院硕士。

B11 论滨海旅游目的地"原生态"旅游的可持续发展

樊志勇　陈思雨

摘　要：国家提倡大力保护生态环境，提出了"创新、协调、绿色、开放、共享"五大发展理念。为更好地将理念运用于旅游活动中，使开展绿色旅游、生态旅游等可持续性旅游成为一种趋势。本文从文化生态理论等角度分析了传统旅游对滨海目的地的生态环境的影响，从人文生态环境保护和绿色发展理念的角度提出应如何对滨海旅游地进行生态旅游的开发。

关键词：文化生态；绿色发展；滨海旅游；道法自然

Abstract：China advocates vigorously protecting the ecological environment and puts forward five development concepts of "innovation, coordination, green, openness and sharing". In order to better apply the concepts to tourism activities, it has become a trend to develop sustainable tourism such as green tourism and ecotourism. This paper analyzes the impact of traditional tourism on the ecological environment of coastal destinations from the perspective of cultural ecology theory, and proposes how to develop ecotourism in coastal tourism destinations based on the concept of humanistic ecological environment protection and green or eco development concepts.

Keywords：Cultural Ecology; ECO Development; Coastal Tourism; Taoism Follows Nature

近年来我国滨海旅游的发展蒸蒸日上，数据显示自2012年起，我国滨海旅游业增加值不断提升，到2018年达到16078亿元，占海洋产业总产值的47.80%，我国滨海旅游市场规模达10.6亿人次，占比21.1%，国内滨海旅游人群的年龄呈现年轻化趋势,"80后""90后"和"00后"占比65%[①]。滨海旅游发展势头旺盛,但是也给滨海旅游地的生态造成了负担。新时代背景下习近平总书记提出新五大发展理念,提倡大力保护生态环境,因此有必要研究如何将滨海旅游市场和文明生态旅游进一步有机结合,推动滨海旅游的供给侧改革以实现生态友好型旅游发展模式。

一、发展理论

1955年,美国人类文化学家Steward率先提出了文化生态理论,在其《文化变迁理论》中提出生态环境与当地文化是不可分割的,它们彼此之间相互影响、相互关联而形成有机的整体[1]。后来国内外众多学者开始关注文化生态学并且将其内涵进行了扩展和延伸,认为研究文化及其特征需要将其置于生态环境的大背景下研究其发展规律[2]。提出文化生态学具有"自然环境""社会制度环境""经济环境"三个层次[3]。文化生态学主张研究人、社会和文化之间的相互作用,通过整合科技、社会价值观念等文化因素来解析文化类型和文化模式,认为文化生态系统与自然生态系统相同,具有动态平衡性[4]。对旅游地而言,文化生态旅游以生态文化价值观为指导,即正确认识并实现人与自然的统一协调、和谐共生,尊重敬畏滨海旅游目的地自然与人文生态系统,遵循滨海旅游地发展的客观规律[5]。通过生态旅游促进当地民俗风情、历史遗迹等获得持久的保护和发展,达到旅游者和目的地之间互惠互利、公正平等的旅游状态[6]。可见在旅游中生态文化价值观是引导旅游者对旅游目的地的文化生态保护的关键。

文化生态学理论、生态文化价值观强调了人与自然的和谐共生及平衡协调,尊重自然规律的可持续发展理念。过去人们试图征服自然,从自然界贪婪地索取,直到一系列的环境问题日益严重威胁到了人类的生活,人们才逐渐意识到与大自然的相处模式出现了问题。过去的大众旅游以满足旅游者的需求

---

① 《2019滨海旅游行业现状与发展趋势》,https://www.sohu.com/a/411606329_120671536?_trans_=000014_sgss_sgnbassy。

为主要的目的,忽视了旅游者对生态环境造成的负面影响。直到20世纪后期生态旅游的概念得以提出,近年来生态旅游逐渐发展并且得以重视,习近平总书记反复强调在增强国家综合实力、推动经济发展的同时不能以牺牲生态环境为代价,绝不走西方工业国家"先发展后治理"的老路,要充分意识到"绿水青山就是金山银山"。

因此,在滨海旅游目的地发展生态旅游是大势所趋,契合当下绿色环保的发展原则。但是在我国滨海旅游目的地中,生态旅游发展既不充分也不完善,没有形成成熟的生态旅游发展系统,滨海旅游圈中大多数城市仍以传统大众性旅游方式为主,旅游产品的开发层次较低,开发理念落后,这给滨海旅游目的地的自然和文化生态系统带来了许多负面影响。

二、大众旅游对滨海地原生态的影响

(一)对自然生态的影响

一般而言,旅游活动对于自然生态的影响是显性、可迅速察觉并且能够及时采取保护措施的。传统旅游模式缺乏对生态环境的保护意识,例如旅游者的不文明行为和不合理的举措会破坏滨海水生系统,非科学的投喂会威胁水生动物的生命安全,可能会造成某些珍稀动物的伤亡,也可能会改变动物的原有饮食习惯,降低其繁殖和生存能力。此外,人为活动以及噪声也会对野生动物的生活造成不良影响,游客的数量超出环境承载能力,会对景区环境等造成严重损坏,进而造成野生动物数量的骤减甚至危及其生存。滨海旅游地旅游供应商为了满足旅游者追求刺激、休闲放松的需求,开发的邮轮或者赛艇海上项目会对海水的水质、深海海域水生环境、海洋微生物环境造成污染。旅游者不文明行为导致近海水域大量垃圾漂浮。海上邮轮油污泄漏、废水废气未经合理规划随意排放,导致海域水质恶化、富营养化,破坏了海洋景观的审美价值,影响了海域生物的生存环境。旅游者在旅游旺季大量涌入海边浴场,还可能造成近海小面积海洋大气循环异常,导致气象出现异常变化。有些旅游经营者让旅游者随意进行海钓和海产品捕捞,干扰了海洋生物的自然繁殖,阻碍了滨海旅游的可持续良性发展。

(二)对人文生态环境的影响

旅游活动对于人文生态的影响则是隐性的、不易察觉的,而且造成的影响更为持久,造成的破坏性更强,难以在短时间内恢复甚至无法复原。

1. 思想观念角度

一方面是旅游目的地的思想观念更加多元,旅游者从各个地方前来与当地居民进行文化的交流和碰撞,对于当地居民而言,不仅能够向外来游客展示当地传统的思想文化、观念制度,也能够吸收其他地方的思想观念,促使本地思想文化更加多样化。当地居民的思想观念面临着新的变革,选择性更加广泛。

另一方面是扎根于本地的传统思想可能变得淡薄,例如我国沿海地区的渔民过去把妈祖视为"海上的保护神""天妃"等,在出海捕鱼之前都要去供奉祭拜一下妈祖以祈求能够满载而归、平平安安,而随着大众旅游的大发展,滨海地区开发了更多的自然休闲观光与度假产品,如海洋公园、海水浴场、海上帆船中心等项目活动,最原始的大大小小遍布各地的妈祖庙被拆迁改造,建设成各式各样的现代化的旅游服务设施和人工景区。妈祖文化逐渐衰落,过去居民传统的出海信仰少了物质性的实体寄托,在沿海地区有一定知名度的妈祖庙少之又少,妈祖信仰思想淡出了人们的日常生活。

2. 传统习俗角度

在滨海地区特别是在江浙一带,传统的赏月、吃月饼和观潮是中秋节的主要活动,在节日气氛的烘托下,观潮变得别有一番风味,人们在中秋节能够不紧不慢地等待大潮的到来,领略大自然的磅礴震撼,感受人与自然和谐相融。钱塘江旅游景区的开发虽然能够为许多慕名而来的旅游者提供更加便利的设施和环境,但是也挤占了本地人的资源和机会,增加了当地人传统赏月观潮的成本。再比如过去的青岛人会在夏季用大塑料袋装上一袋啤酒,搭配蛤蜊来下酒,因此在青岛一直有"喝啤酒、吃蛤蜊、洗海澡"的说法,而越来越多的旅游者涌入青岛,挤占了当地人参与啤酒节的机会和资源,游客的参与停留在了啤酒节表面的狂欢和畅饮,没有领略到青岛老居民对啤酒、夕阳、砖石路、小海鲜的浓厚情怀和对过去自然惬意生活的留恋。在环渤海地区,逢年过节的一家老小逛庙会的民间习俗也日益淡化,被年轻人时尚潮流玩法所取代,传统旅游者多是走马观花的游览形式,而当地人的机会资源被挤压,传统的风俗习惯也就逐渐被取代了。此外,由于旅游促进了人口的流动,滨海旅游目的地的供应商和居民为了更好地和旅游者沟通交流,在生活中更多使用普通话,而一些客家话、闽南话、海州话等使用范围越来越小,所以传统旅游在一定程度上也造成了地域的同质化,影响了旅游目的地居民原本的生活方式,并改变了其语言习惯。

3. 居民参与角度

传统旅游者很少在滨海旅游地进行深度旅游,与当地居民的交流很少,难以实现其他多样化的社区参与或居民参与。不合理的旅游活动也会对旅游目的地的形象和声誉造成影响,旅游者前往滨海目的地旅游,游览海洋景观资源并品尝具有地方特色的海鲜美食。在滨海旅游发展过程中,市场监管不力导致不法商贩有机可乘。2015年青岛"天价大虾"事件在网上曝光之后迅速引发人们的热议,它不仅砸掉了"好客山东"的旅游品牌声誉,还导致青岛旅游产生了负面口碑,对青岛的发展带来了相当大的经济损失。在旅游发展中,当地居民的参与度低,旅游未能够把居民和游客真正地融合在一起,因此给其他不法商贩以可乘之机,不规范的经营最终导致滨海旅游目的地的形象一落千丈,损害了当地居民的利益,进一步影响了其提供旅游服务的信心,在一定程度上降低了青岛居民保护滨海旅游目的地环境、弘扬和传播当地海洋渔业文化、海洋科考景观等的动力,不利于滨海人文旅游资源的良性循环和生态保护。

4. 原生态民俗角度

旅游活动的大规模开展也会造成当地特色的民风民俗变得商业化和表演化,沦为了经济工具。旅游经营者为了迎合旅游者的兴趣和时间,很多在特殊节日才会举办的活动和仪式被搬上了日常表演的舞台,变成了一种"表演的真实",丧失了背后的文化性和真实性。例如在环渤海旅游地传统婚嫁中男方要过礼、送催妆礼、吃年糕和肉;新娘进门前,新郎会手持弓箭以驱除邪妖,新娘跨火盆、拜天地,并一起吃子孙饽饽。但是为了满足游客的好奇心,某些旅游地每天都在进行类似的婚庆习俗的表演,这使得当地富有寓意的习俗变成了谋求经济利益的工具,真正婚庆嫁娶时已经不再有这种习俗了。形式化的表演没有传递出文化与自然的协调统一、相辅相成,旅游者在欣赏当地文化时也未能领悟到独特的地域文化是在本土环境下与大自然长期交互的生产生活实践中孕育而来的。空泛的文化表演不利于培养旅游者文化生态旅游的意识,因此旅游者们难以获得文化认同并自发地保护滨海旅游目的地的文化生态景观,当地的文化环境在旅游互动、旅游发展中进一步遭到破坏。

5. 景观建筑角度

旅游发展给旅游目的地带来的另一种影响就是城市景观的不协调。为了迎合旅游发展,在海滨旅游目的地建造仿古小镇、商业街区以及其他不协调的景观都违背了人与自然的协调发展。旅游的快速发展迫使旅游目的地增加服务设施,盲目的旅游开发拆毁了传统的民居建筑,不合理的旅游规划导致城市特色和文化底蕴的流失,虽然现代化设施为旅游者提供更加舒适的环境和便利的服务,但是盲目的、忽视文化价值的、毫无灵魂的开发就是对生态和谐的破坏和毁灭。

推进生态文明,建设美丽中国已被提上日程,在不破坏滨海旅游生态系统的前提下提升旅游体验,实现文旅深度融合发展越发重要,因此有必要充分挖掘滨海旅游地的人文生态旅游资源价值,合理规划基础设施和景观建筑的协调性,增强旅游者的独特文化体验和旅游内涵。

三、滨海旅游地原生态的内涵及价值

在旅游发展上升期,滨海地区因其优越的海岸景观、水域风光、海洋生物资源、鱼虾蟹等海鲜产品等吸引了众多的旅游者,沿海地区的城市也依托自身海洋资源开发了沙滩海水浴场、极地海洋世界、海上邮轮、海洋公园等各式各样的海洋旅游产品,休闲型的滨海度假产品越来越成熟,每年为滨海旅游目的地创造了巨大的旅游经济收益和良好的旅游乘数效应。我国沿海经济带逐渐形成了以环渤海旅游圈、长三角旅游圈、泛珠三角旅游圈以及粤港澳大湾区为核心的滨海旅游圈,但是滨海旅游目的地类似的海洋景观也导致了许多旅游项目的重复开发和建设。例如学者研究发现,粤港澳大湾区一些地方的旅游定位和目标市场较为雷同,普遍缺乏深度开发,而且滨海旅游未能够同文化、科技等产业融合,缺乏高端的滨海旅游项目[7]。大多数沿海地区的旅游城市都会有海洋沙滩浴场、极地海洋馆、滨海农家渔村等旅游景区,雷同的滨海旅游景观也会造成旅游者的审美疲劳,难以给旅游者留下独特的城市印象和旅游体验。

  党的十九大提出建设生态文明和美丽中国的发展方向,引领中国在绿色、创新、协调等五大发展理念中实现社会主义现代化建设,全面建成小康社会。在新时期的发展背景下,旅游也需要贯彻五大发展理念,推进滨海旅游目的地生态旅游、绿色旅游、文明旅游的建设和开发。国家政策强调了旅游要和文化相互融合、融会贯通,以旅游促进文化的交流与发展,以文化作为旅游的内核与灵魂。滨海旅游目的地的人文生态是沿海居民和自然长期和谐相处之下创造并形成的具有海洋特色和地域民族性的社会文化,包含了当地的婚丧嫁娶习俗、饮食服饰、生产生活、宗教信仰、节日节庆活动等,当这些文化具有独特的吸引力能够吸引旅游者前往参观、欣赏并且创造出一定经济、社会和环境效益时,它们就变成滨海人文生态旅游资源。滨海水域环境促成了传统的渔猎生活方式,人们依赖于广袤无垠的海洋生物并且长期以渔猎为生,孕育出丰富的海洋文化、独特的饮食文化习俗和水神信仰。因此,为推动滨海旅游进一步发展,实现旅游供给侧改革,充分发挥旅游产业在第三产业中的支柱性地位,本文认为针对滨海旅游目的地开发陷入瓶颈问题需借助滨海旅游圈不同的地域文化特色和人文旅游资源进行生态友好型开发,突出滨海旅游目的地的人文生态旅游发展,将地域人文的旅游内涵和生态保护的旅游方式结合起来,以独特的文化资源和人文特色为旅游的主题,在旅游中充分遵循保护性、自然性、环境教育和社区参与的理念,在旅游过程中了解、感受、认同当地特色的人文旅游资源并且能够减少对其的干扰和破坏,保护当地人文生态旅游环境的可持续发展和良性循环,以人文生态旅游增加当地的经济、社会、环境效益和居民福祉[8]。

四、滨海旅游目的地生态旅游可持续发展的建议

对于滨海旅游目的地而言,大多数的旅游开发还停留在依赖自然海洋生态景观的开发上,对于滨海的人文生态旅游开发明显不足,滨海地区特色民风民俗、婚丧嫁娶、饮食服饰等日常生活文化内涵挖掘不够。没有充分发挥文化生态旅游对滨海旅游地民俗文化的传承和推动作用。本文从以下几个角度提出滨海旅游地人文生态旅游的建议。

(一)明确生态旅游目的,严格遵循发展原则

在发展生态旅游时要明确生态旅游追求生态、经济和社会文化的平衡发展,强调环境与经济的协调,追求人与自然的和谐相处。因此,滨海旅游业的发展要遵循可持续发展的原则,注重公平性、可持续性和共同性,坚持科学规划、容量控制等基本原则,贯彻落实"创新、协调、绿色、开放、共享"的发展理念,将生态旅游的发展建立在滨海旅游目的地的环境承载能力上,不仅突出对海洋、滩涂、红树林等自然资源和生态环境的保护,更要依托滨海旅游目的地民俗风情、文化特色开发旅游体验活动,在观赏游览时注重对历史遗迹的保护和修缮,促进人文生态旅游的持续健康发展。

(二)借鉴成功开发经验,大力促进生态发展

日本屋久岛是生态旅游成功开发的典例,首先,屋久岛的生态旅游受到政府重视,不仅设置了各种各样的遗产中心、环境文化研修中心,还提出了"环境文化构想"的指导方针;其次,社区居民充分参与、通力合作,组织了"走进山岳""亲近自然"活动,还创办了志愿者协会,提高了居民生态保护意识,发挥了保护监督作用;再次,日本屋久岛重视教育,进行野外宿营研修、自然环境研讨会、星空观察会、观察大自然等活动,在当地高中还开设环境课程,培养日本国

民生态环境保护的意识,提高国民素质和国民思想[9]。此外,屋久岛生态旅游注重产业融合,例如建立废弃物循环利用体系、新能源体系等,将环境产业与旅游产业发展结合,从各个方面、各个角度将生态融入当地的发展中,实现当地旅游生态化、多样化、层次化发展。

(三)充分依托文旅背景,挖掘人文生态价值

当地人文生态和文化历史资源为滨海生态旅游提供了丰富的内涵和开发素材,为了更好地推动滨海旅游供给侧改革,提升滨海生态旅游发展质量,在发展生态旅游时要充分挖掘当地人文生态旅游资源的价值,避免滨海休闲观光、滨海沙滩度假、滨海邮轮体验等重复性的产品,重新定位目标市场,发展高端、深度滨海旅游项目,将文化与旅游深度融合,借助全域旅游的发展形势融合不同产业,促进滨海文化生态旅游的规模化和深度化。

(四)注重开发保护平衡,促进效益均衡发展

滨海文化生态旅游需要在保护人文生态系统平衡的前提下发展旅游活动,在促进当地经济发展的同时不能以牺牲环境为代价来体现旅游的经济功能。因此,在平衡资源的开发利用和保护的过程中,可以将景区生态旅游资源的分布范围划出核心区、缓冲区和实验区[10],明确各功能区的主要定位,针对不同的区域采取不同级别的保护与开发措施,促进滨海旅游地生态旅游的进一步发展与壮大。

(五)社区居民充分参与,共担生态旅游责任

对生态系统和自然环境、传统文化的保护与传承需要社会各方齐心协力共同参与,在发展生态旅游的时候,景区的开发者要充分考虑到当地居民、当地社区以及社会的整体利益,将社区居民作为生态旅游的一个环节,接纳社区居民对生态资源和生态旅游产品的参与和管理,提高居民的主人翁责任感,协助景区保护资源,推动当地共同发展和共同富裕。一方面可以充分发挥旅游拉动就业的作用;另一方面也能够让当地居民参与到生态旅游的发展过程中,

与经营者共同保护当地的人文生态及人文资源,共同承担保护的责任与义务。

参考文献

[1] Steward J H. Theory of Culture Change: the Methodology of Multilinear Evolution[M]. Urbana: University of IllinoisPress,1955.

[2] 司马云杰.文化社会学[M].北京:中国社会科学出版社,2001.

[3] 冯天瑜,何晓明,周积明.中华文化史[M].3版.上海:上海人民出版社,2010.

[4] 邬玲琳.文化生态视野下的景德镇文化遗产型景区外宣研究[J].现代经济信息,2017(30).

[5] 谷静,邱平伟.基于生态文化视角下青藏高原多民族地区旅游产业发展的新模式[J].经济界,2020(4).

[6] 侯兵,陶然,毛卫东.文化生态视野下的精品酒店主题文化定位与价值取向[J].旅游学刊,2016(11).

[7] 刘小倩.粤港澳大湾区滨海旅游发展现状研究[J].中国地名,2020(1).

[8] 文斌,吴健冰.桂林人文生态旅游资源分类及评价[J].百色学院学报,2006(2).

[9] 郭崇.日本的环境教育对我国生态文明建设的启示[J].文化学刊,2015(2).

[10] 孔海燕.论海岛旅游开发中的环境保护——以威海刘公岛为例[J].四川环境,2004(5).

作者简介:

樊志勇,武汉大学经济与管理学院市场营销与旅游管理系副教授,管理学博士,主要研究领域为旅游企业管理、旅游规划。

陈思雨,武汉大学经济与管理学院2019级旅游管理专业硕士,主要研究方向为旅游规划、旅游文化。

B12　生态旅游与环境教育研究

余意峰　陈兰兰

摘　要：在保护生态环境的大背景下，生态旅游与环境教育的融合已成为大势所趋。文章以生态旅游与环境教育的内在联系为出发点，对国内外生态旅游环境教育的学术发展历程进行梳理，并具体对我国生态旅游环境教育发展的历程及面临的问题等进行探讨，而后对于我国生态旅游环境教育发展中的问题提出相应的对策。研究发现，国外学者的研究体系相对成熟，对我国学术界的研究具有较强的参考意义；我国生态旅游环境的发展还存在主体认知模糊、大环境背景下的逐利趋势及教育体系不完善等问题，并针对性地提出科学规划环境教育内容、正确引导环境价值观及完善相应的法律法规调整机制等建议。

关键词：生态旅游；环境教育；发展历程；主体认知

Abstract: In the context of protecting the ecological environment, the integration of ecotourism and environmental education has become a general trend. Taking the internal connection of ecotourism and environmental education, this article sorts out the academic development history of ecotourism environmental education at home and abroad, and specifically discusses the development history of ecotourism environmental education and the problems it faces in China. Propose corresponding countermeasures to the problems in the development of tourism environmental education. It is found that the research system of foreign scholars is relatively mature, which has strong reference significance for the research of Chinese academia; The development of ecotourism environment in China still has some problems, such as vague cognition of the main body, profit-seeking trend and imperfect education system under the background of the overall environment, and put forward some suggestions, such as scientific planning of environmental education content, correct guidance of environmental values and improvement of corresponding laws and regulations adjustment mechanisms.

Keywords: Ecotourism; Environmental Education; Development Process; Subject Cognition

生态旅游兴起于20世纪80年代,是一种以保护生态环境为基础的高层次旅游类型,是一种具有深层次沉浸式体验的旅游形式,被誉为旅游业中的"高雅音乐"。人类社会发展与生态环境紧密相连,从最初人类对自然环境的高度依赖,到人类对自然的征服和掠夺式的利用,再到人们环境保护意识逐步增强并大力倡导可持续发展,环境始终是人类发展的重要基础和保障。环境教育作为一种引导式的环境保护方式,与生态旅游存在着密切的内在联系,二者均以可持续发展为根本出发点。以生态旅游方式实践环境教育,以环境教育充实生态旅游体验,二者相辅相成,既有利于旅游者认识、保护和亲近自然环境,也有利于提升旅游者的生态旅游体验。因此,生态旅游与环境教育问题逐渐受到专家学者和相关部门的重视。

一、生态旅游与环境教育的内在联系

生态旅游是一种精品化的旅游形式,可以帮助旅游者加深对旅游目的地的自然与文化的认知,这从本质上就是一个开放式的环境教育的过程。生态旅游与环境教育两者之间是相辅相成的。目前,学术界对两者之间关系的论述可以简单归纳为"四说",即内涵说、产品特性说、保护平衡说与环保意识培育说。

(一)内涵说

环境教育伴随着人类对环境问题的关注而逐渐确立地位,是旨在处理人与环境之间相互依存关系的教育活动。生态旅游环境教育是生态旅游与环境教育的有机结合,对丰富生态旅游的内涵具有重要作用。一方面,从国际生态协会对生态旅游下的定义来看,它是为了了解旅游目的地环境文化和自然历史知识,有目的在自然区域所从事的旅游活动,这种旅游活动的开展,在尽量不改变生态系统完整性的同时,创造了经济发展的机会,通过对自然资源的保护让当地居民真正受益。此外,1993年9月在北京召开的第一届东亚地区国家公园和保护区会议中指出,生态旅游是具有维护当地人们生活和保护自然环境双重责任的旅游活动。由此可见,生态旅游不仅具有认知、了解和保护自然的功能,还有对自然生态和目的地居民的社会责任,其内在表现出较强的生态环境教育功能。英国学者卢卡斯将环境教育具体归纳为三个部分,即关于环境的教育、在环境中的教育与为了环境的教育,这就是著名的"卢卡斯模式"。关于环境的教育是指对旅游者实施相关环境的知识、技能等的教育,培育人们对环境保护所具备的基本技能。在环境中的教育是指在现实的自然环境中,通过增强旅游者与自然环境的沉浸式体验,取得实际的环境保护经验和知识,达到环境教育的目的。为了环境的教育是指通过环境价值观的转变和环境保护意识的培养,为了实现环境保护的最终目标而实施的教育。这三个部分分别强调了生态旅游环境教育的内容、实现过程和最终目标,也是生态旅游环境教育的重要组成部分。

(二)产品特性说

旅游产品是旅游经营者为了满足旅游者的需要,所提供的一切产品和服务的总和,而环境教育被认为是一种特殊化的旅游产品,具有知识含量高、产品个性化等特点。

一方面,传统的旅游产品一般被认为包括吃、住、行、游、购、娱六大类以及为此而提供的设施和服务等,而生态旅游产品相较于传统旅游产品的一个重要特点,就是其一切旅游产品和服务都表现出注重环境保护的特点,也就是说,环境教育贯穿生态旅游产品和服务。从景区经营者角度来说,景区的景点、交通和娱乐设施等的规划设计既要符合环境保护的原则,也要突出环境教育的意义;从旅游者角度来说,旅游是一种求知和求美的文化行为,而生态旅游可以在人与自然环境的沉浸式体验中,了解到目的地环境的文化和自然历史知识,从而达到求知的目的。

另一方面,环境教育被认为在本质上是一种媒介,是连接旅游对象和旅游者之间的桥梁。环境教育通过增强旅游者对旅游目的地所在区域自然资源及环境保护等内容的认知,为旅游者提供了一把了解旅游目的地的"金钥匙",同时,这个过程也充分调动了旅游者的各种感觉器官,增强其与自然环境的互动式体验。也就是说,环境教育为旅游者提供了了解旅游目的地知识和文化的通道,同时也构成旅游者体验的一部分。环境教育的理念贯穿生态旅游的始终,是生态旅游基本特征的充分体现,也是区分生态旅游与非生态旅游的"敲门砖"。

(三)保护平衡说

生态旅游景区一般被认为是受人为干扰较少的区域,多是自然环境相对脆弱的自然保护区和国家公园等,对人为的外来活动极为敏感。由此可以看出,生态旅游景区同时具有为旅游者提供高质量的服务和保护景区环境两个相互冲突的使命。具体来讲,就中国当前生态旅游的发展历程来看,中国生态旅游的发展是在促进当地经济发展的基础上,为促进当地旅游业的发展、促进当地经济的增长而建立的一种发展模式,其发展的最初目的以及最直接的目的都是通过提供旅游服务促进经济利益增长而不是环境保护。就Ecotourism(生态旅游)这一个单词看,单词的前缀eco同时具有两层含义,一层含义是Ecology(生态),另一层含义是Economy(经济),而很多时候我们的旅游业的发展,我国生态旅游的发展更为注重的是后一个eco(经济)而不是前一个eco(生态),也就是说,当前我国生态旅游的发展,是浮于表面的"为了环境的旅游"。此外,我国生态旅游景区还具有一个重要的意义,就是为所在区域的珍稀动植物提供一个具有较少外界人为干扰的、环境质量较高的繁育栖息地,从而促进生物多样性的发展。总体而言,环境教育正是缓解经济利益发展和环境保护之间冲突的着力点,也就是通过环境教育,培育生态旅游者的环境保护自觉意识,促进生态旅游者环境价值观的转变,最终实现环境保护的个体自觉行动。

(四)环保意识培育说

生态旅游作为一种对环境负责任的旅游,要求旅游者具有较好的环境保护意识。就当前环境教育的发展而言,世界上部分旅游目的地因在环境教育中采取了非同寻常的做法而具有一定的国际影响。如美国的国家公园的建设和管理,在环境教育工作中,政府是服务和监督者,企业是环境教育的忠实拥护者和资金供给者,而非营利组织则是环境教育工作的主力军。目前,美国国家公园的建设已经成为学术研究和生态环境教育的重要场所,同时也为社会公众提供了多种生态教育的特色服务。如美国阿拉斯加的德纳里国家公园(Denali National Park),在旅游者进入园区前就会进行"游前教育",具体的做法是,在游客中心对已经获得参观许可并试图得到野营区露营许可的旅游者进行一项入园考试,只有获得满分的旅游者才可以取得露营的资格。这是一种大胆且富有创意的生态环境教育方式的尝试,也是一种对旅游者和当地自然环境进行保护的针对性措施。由此可见,环境教育是旅游者环境保护意识培育的重要途径,环境教育的开展可以帮助旅游者对人和环境之间的关系有更深层次的认识,从而树立正确的环境意识,培养正确的环境情感,进而塑造逐渐成熟的生态旅游者。

二、国内外生态旅游环境教育的发展研究

通过梳理环境教育的历史发现,环境教育的产生与生态旅游的发展密不可分。环境教育最早是由 Thomas Pritchard 提出的,他认为我们需要一种可以将自然环境与社会科学进行充分融合的教育方法,并同时将这种方法命名为环境教育;1957 年,Brennen 首次将"环境教育"一词作为专有名词使用,但其并未被全世界所认可;直到 20 世纪 70 年代,环境教育的地位才被正式确立。

(一)国外生态旅游中环境教育的发展

生态旅游环境教育的研究涉及旅游学、教育学及传播学等多个学科,是一门多学科的综合性研究。目前学术界关于生态旅游环境教育的研究主要集中在概念界定、内容与功能、研究的对象及实施环境教育的效果等方面。

1. 生态旅游环境教育的概念界定

国际社会对环境教育的概念界定范围较广,但在所有的概念界定中,被世界所公认的主要有以下四种:

一是,在1970年,世界自然保护联盟与联合国教科文组织在美国内华达会议上明确将环境教育定义为,使受教育者塑造价值观和保护观念的形成过程,并通过价值观和观念的形成,建立人类正确认识环境、文化及人类三者之间关系的环境意识,促使人类在面临环境问题时形成正确的环境态度。

二是,1972年英国的亚瑟·卢卡斯教授在《环境与环境教育》中,正式提出环境教育模式,他认为环境教育应该包括三个层次,即关于环境的教育、为了环境的教育及通过环境的教育,这三个层次后来被称为"卢卡斯模式"。卢卡斯的教育模式奠定了生态旅游环境教育的基础途径,也就是说生态旅游的环境应树立在理解环境基础知识技能的基础上,通过环境进行体验式的教育活动。

三是,1975年制定的《贝尔格莱德宪章》中,将环境教育的概念进行了进一步延伸,认为环境教育是保护和改善人类经济、社会和生态在城乡地区之间关系的意识、态度技能和行为等,从而创造个体和群体对环境的友好行为模式。

四是,在1992年巴西里约热内卢召开的联合国环境与发展大会中发布的《21世纪议程》,首次正式将可持续发展理念与生态旅游环境教育进行融合,并将人类的环境价值观上升至环境伦理观层面。

2. 生态旅游环境教育的内容与功能

在1975年发布的《贝尔格莱德宪章》中,明确提出了生态旅游环境教育的内容,主要包括意识、知识、态度、技能、评价与参与等方面。Sheryl Ross认为环境教育是保护环境、促进旅游业的发展与经济社会进展的重要手段之一,这也是被国外学术界所公认的生态旅游环境教育的主要功能之一。Suebsak Sangsan-Anan 认为生态旅游环境教育是一个新的概念,是与环境教育原理和可持续旅游概念的结合。生态旅游环境教育的内容主要包括意识培养、态度调整及信念的树立和行为的改变等。Joana Padrao 等认为在生态旅游中进行环境教育对人类的可持续发展具有重要意义。

3. 生态旅游环境教育的对象

国外学者普遍认为生态旅游环境教育起源于早期的旅游者教育,并认为是旅游者教育与生态旅游融合的产物。Kittiariyanon 以诗琳通国际环境公园的 30 名旅游者、30 名渔民以及 30 名边防巡逻警务人员为研究对象,提出应加强生态旅游环境教育的地位,以此减少旅游资源的破坏,并促进经济、社会、环境以及可持续性旅游业的发展。Ayu Raisa 等就乡村及城市中的 42 名学生为研究对象,以两个有机农业旅游景点为基础进行研究,结果表明有环境教育认知能力的对象对加入有机农业旅游有更浓厚的兴趣。L. Li 等面向生态旅游区的旅游者进行实地调研,并通过问卷调查的方法得出,旅游者的满意度与环境态度和环境行为之间有显著的相关性。综合来看,国外学者在生态旅游环境教育的研究对象上,涉及范围较广、研究主体丰富。

4. 生态旅游环境教育的效果研究

Laura 的研究表明,合理的生态旅游活动能够在一定程度上增强旅游者对不发达地区的生态和社会文化的认知,能够提高当地环境的长期可持续发展。Oviedo 的研究表明,当生态旅游者对生态旅游景点具有较高的感知价值,并且生态旅游者持有积极的态度时,生态旅游者会对生态旅游活动的满意度产生积极影响。Desy Safitri 等通过研究提出一种通过环境教育改善生态旅游的模型,模型表明,可以通过满足个人的自然好奇心,增强旅游者的环境意识和价值观念,来增强生态旅游环境教育的效果,研究也证实了自然基础、环境保护、可持续发展以及对当地人的利益和意识的关注具有一定的正相关性。

国外学者的研究主体基本涉及生态旅游的各个利益相关者,研究体系也相对成熟,这对于国内的研究具有较强的参考意义。

(二)国内生态旅游中环境教育的发展

对比国外环境教育的发展研究,国内对生态旅游环境教育的研究起步相对较晚,研究成果也相对缺乏。中国对生态旅游与环境教育的学术研究,一般被认为开始于1993年召开的第一届东亚国家与自然保护区会议,会议上提出要加大对大众旅游活动的关注,并提供必要的设施实施环境教育,从而使大众旅游者在享受自然环境的同时,提高其对自然及文化资源的保护意识。从当前学术界的研究情况来看,当前我国学者的研究主要集中在生态旅游与环境教育的关系、内容、效果及相关的问题与对策研究。

1. 生态旅游与环境教育的关系研究

我国学者在生态旅游与环境教育之间联系紧密的问题上已经达成共识。李北东、连玉銮认为环境教育是生态旅游的重要组成部分,是生态旅游未来的发展趋势,也是进行生态旅游的灵魂。李嘉通过对环境教育与生态旅游的关联性进行分析提出,环境教育是生态旅游的一种高级形式,而生态旅游也是促进环境教育功能实现的重要保障,两者之间是相互促进的。胡晶涵将可持续发展理念融于生态旅游的发展之中,认为只有把环境教育贯穿生态旅游的全过程,才能达到可持续发展的目标。

2. 生态旅游环境教育的内容研究

目前国内对生态旅游环境教育的内容还未统一。叶新才认为生态旅游区是进行环境教育的重要场所,环境教育的内容主要包括相关的法律法规、资源环境和文化生态知识以及相关的环境保护技能等。马炎通过对现实生活中不负责任旅游行为的分析,提出对游客进行环境教育应包括自然知识、环保技能、环境意识和环保法规四个方面。尤海舟认为环境教育是教育系统的一个新视角,将环境教育分为正规环境教育和非正规环境教育,并指出非正规环境教育是一种"通过环境的教育",其作用范围更广泛。连玉銮认为环境教育是认识人类与环境之间关系的一种教育方法,具体包括知识、观念、情感、道德与能力教育等,并提出环境教育的最终目的是促使旅游者环境行为的改变。李伟等对台湾关渡自然公园的湿地环境教育现状进行分析,提出应从环境知识、环境伦理、环境保护技能等方面进行环境教育。总体来看,学术界对生态旅游环境教育的内容主要集中在知识和技能等方面。

3. 生态旅游环境教育的效果研究

当前国内学术界对生态旅游环境教育的效果研究主要集中在环境教育的影响因素、环境教育的评价体系等方面。姜建华利用实验对比的方法对鄱阳湖进行研究发现,实施环境教育干预对环境教育的效果有积极作用,并能提升旅游目的地对旅游者的吸引力。王兆峰、徐赛选取武陵源5A级旅游风景区,采用德尔菲法、层次分析法等方法,对影响环境教育效果的影响因素进行分析,发现学历、年龄和旅游动机都会在一定程度上影响环境教育的效果。李照红以神农架自然保护区为例,采用问卷调查、比较研究等方法进行分析发现,神农架保护区整体的环境教育效果有待提升,并发现受教育者的环境认知及环境伦理意识对环境教育的效果有重要影响。李文明等以鄱阳湖国家湿地公园的观鸟游客为研究对象,利用结构方程模型的方法,发现游客的环保素质越高,产生的自然共情情感也就越丰富,旅游景区的环境教育的措施效果也就越显著。

4. 生态旅游环境教育的问题与对策研究

随着生态环境的日益恶化,学术界关于生态旅游环境教育的问题与对策研究已经逐渐成为热点。普书贞对我国生态旅游环境教育的现状进行分析,提出应将环境教育纳入学校的教育体系,并同时提升生态旅游景区环境教育基础设施的建设等对策。李文明、钟永德通过十余年的生态旅游实践的观察,提出当前我国生态旅游环境教育存在的问题主要包括:相关政策法规调控约束不足、经费来源不足、缺乏对旅游者环境行为的有效监控和干预等问题,并对此提出了相应的对策。姚海燕通过对我国环境教育的内涵与本质的梳理,对我国公民的旅游环境教育的现状进行分析,发现当前旅游区的环境教育功能不足、公民对环境教育的认知较浅以及旅游者的意识薄弱等问题是当前环境教育效果不佳的主要原因。

在对我国生态旅游环境教育的研究方面,我国学术界已取得了一定的成果,研究范围也比较广泛,但从整体上看,我国学术界的研究集中性不强,也就是说,在生态旅游的发展中,大多数旅游者的认知能力不足,普遍呈现个人利益至上的现象,环境教育这一核心要素并未得到真正的应用。

三、我国生态旅游环境教育的发展

(一)我国生态旅游环境教育的发展历程

1972年在斯德哥尔摩召开了第一次联合国人类环境会议,揭开了全球环境教育事业的序幕,同时也是中国环境教育事业的萌芽。接着在1973年,我国第一次全国环境保护会议在北京召开,随后在1978年,中国环境科学研究院正式成立,标志着我国国家级环境保护研究的正式启动,这一阶段,被认为是我国环境教育的探索阶段;1983年底我国召开第二次全国环境保护会议,在此次会议中,正式将"环境保护"列为我国的一项基本国策,此时环境教育的内容主要以宣传环保法和环境保护的基本国策为主,并逐渐进入正规教育阶段。此后于1990年初,国家环保局召开公众教育工作会议,从此环境教育开始走向多样化、多种形式的发展道路。因此,这个阶段一般被认为成长阶段,在这个阶段我国环境教育的体系开始初步构建,发展速度也逐渐加快;1992年,我国参加联合国环境与发展大会,这标志着我国高度重视环境与发展问题。同年,第一次全国环境教育工作会议在江苏苏州召开,并提出了"环境保护,教育为本"的方针。而后在1994年世界上第一部国家级的《中国21世纪议程——中国21世纪人口、环境与发展白皮书》,这也是我国环境教育与国际环境教育的正式接轨。1996年开始,我国"绿色学校"的建立使我国环境教育迈入一个新阶段。在此阶段,我国生态旅游环境教育取得了极快的发展。综合我国环境教育的发展历程来看,总体上我国相对国外起步较晚,并长期处于借鉴与模仿阶段,而当今时期是面向可持续发展的环境教育时期,就我国当前发展来看,我国并未真正踏入可持续发展的生态旅游环境教育阶段。

(二)我国当前生态旅游环境教育面临的问题

1. 环境教育主体的认知问题

当前我国生态旅游发展与环境教育的融合还不够充分。通过我国环境教育发展的历程看,我国环境教育最早萌芽于20世纪70年代。从旅游从业者的角度看,据相关调查显示,当前我国不少旅游景区认为自身开展了生态旅游,而经实地调查发现,较多景区不符合开发生态旅游的标准,其相关景观设计、线路开发等不符合生态旅游的规划标准,景区游客超载问题尤为突出;从旅游者的角度看,较多旅游者的环境意识浅薄,对基本环境知识了解不够深入,其环境态度与环境价值观不坚定,当发生利益冲突时,仍以个人利益至上,在参与环境保护行为时,参与积极性仍有待提升;从企业的角度看,当环境保护与企业经济利益发生冲突时,企业在两者之间仍有摇摆现象,较多时候有牺牲环境保护的行为倾向。

2. 大环境背景下的逐利趋势

早期我国生态旅游的发展是以发展经济利益为基础的,也就是说我国生态旅游开发的首要目标是促进经济利益的发展,而不是对人类生存环境的保护,这是迄今为止制约我国生态旅游发展的一个致命缺陷。此外,就当前我国生态旅游景区环境教育的发展来看,当前的发展仍基本停留在暂时性的、浮于表面的教育层面,教育内容也存在极大的局限性,而环境教育的工作必须贯穿生态旅游的全过程,才能有效地推进人类的可持续发展。因此,在发展经济的大环境背景下,如何运用环境教育引导生态旅游的发展,寻求生态旅游可持续发展与经济利益发展的一个平衡点,是当今我国生态旅游发展的当务之急。

3. 环境教育体系建设问题

环境教育是生态旅游发展过程中的不可逆转的趋势。从生态旅游环境教育的立法层面来看,当前相关法律法规的建设还不够完善,立法内容较多属于宣传倡导性层面,其强制约束性不足;从旅游者的环境行为方面来看,现有法律法规中强制执行条例仍存在不足层面,相比《文物保护法》等明确性法律性条文而言,当前我国环境教育相关的法律条文体系有待完善;从旅游者角度来看,当前旅游者违反环境保护协议的成本较低,这主要是因为目前相关法律道德规范约束力不足;从旅游行业内部来看,生态旅游区环境保护的具体细则不完整。当前旅游景区在是否进行环境教育,如何进行环境教育以及环境教育的效果的评价方面仍没有确定的标准。从整体来看,当前我国旅游景区环境教育活动的开展表现出较大的随机性,现有环境教育的发展处于不成熟阶段。

4. 环境教育建设保障问题

从我国环境教育的发展来看,经费不稳定问题也是制约环境教育发展的重要因素。环境保护是我国提出的重要举措,但在现实实践中,也需要大量资金的投入、相应的法律法规的支撑以及相关人员的支持。从当前我国环境教育的发展现状来看,我国环境教育事业发展压力较大。据相关调查显示,当前我国只有较少部分景区设有专门的环境教育负责部门,且其经费多依靠上级拨款、外来资金投入等途径,经费来源极不稳定,环境教育活动的开展无法得到充分的保障;此外,就景区内部而言,相关导游人员、接待人员等环境保护意识不强,这在一定程度上严重制约着我国环境教育事业的发展。

四、生态旅游环境教育发展的对策

(一)科学规划生态旅游教育内容

旅游者是生态旅游活动的主体,科学规划环境教育的内容是实施环境教育的重要前提。

首先,应加强生态旅游利益相关者的环境意识与环境情感教育,从思想上提升环境教育的效果,如与相关科研机构、保护区等开展合作,建立环境教育基地,在现实中实践"在环境中的教育"这一要素。

其次,增强目的地居民的主人翁意识以及旅游者的情感体验,推进相关利益者对环境保护的参与活动。

最后,对相关旅游从业者进行专业化培训,提升相关从业者的环境教育基础知识,增进旅游者出游的满意体验。

(二)正确引导旅游者环境价值观

我国当前正在积极倡导生态文明建设,而人是生态文明社会建设的实践主体。由此,培养人树立正确的环境价值观,首先应引导人在思想层面对环境保护意识的建立。众所周知,我国现有的经济增长是建立在无限制的开发和征服自然的基础上,是以人类为中心的发展理念。而随着可持续发展理念的提出,以及现有环境的不断恶化,人类的生态意识开始觉醒,但其环境意识在一定程度上还不够坚定。因此,在生态旅游中,充分利用生态自然环境的资源,以实景式的亲密接触形式,增强旅游者认识自然、尊重自然的认知,去除旅游者原有的个人利益至上的价值观念,引导旅游者建立正确的生态和谐价值观。也就是说,生态旅游环境教育应摒弃以人类为中心而弘扬以生态环境为中心的价值取向,并通过各种环境教育的手段,渗透式地传播生态文化,督促和引导大众旅游者成为生态文明建设的主力军。

(三)建立完善的政策调控机制

在我国,法律拥有至高无上的地位,人人都要遵法守法。就环境教育而言,目前我国的相关法律政策体系还不够完善,因此应对环境教育活动相关的法律条文等进行体系完善,从而对旅游者的环境行为做出具体的、强制性的行为标准。此外,保护区以及景区等部门的实际经营管理中,应依据相关政策规范的制定,对旅游者的行为规范做出要求。具体来讲,例如在旅游者进行生态旅游活动时,相应环境行为奖惩机制的设立,根据目的地所在区位的特点,设立相应的监控管理点,对旅游者的环境行为进行及时的监督和管理,并根据其具体行为的表现做出相应的奖励和惩罚,以此对旅游者的环境保护行为进行正面的强化。

(四)提供稳定有效的保障机制

生态旅游的利益相关者涉及较多,环境教育作为开展生态旅游的有力保证,也需要各个利益相关者之间的紧密配合。当前经费问题是制约我国环境教育事业发展的一个重要因素,为保证生态旅游环境教育活动的正式开展,一方面要利用自身特色,获得政府、林业局等相关部门对环境教育事业的大力支持,并给予各个方面的帮助,紧密联系相关环境教育的方针,将环境教育放在首要位置;另一方面,要加大宣传力度,号召社会公众积极投身环境教育事业的建设和实施,对相关群体进行系统化的培训,并结合当地特色,制定具体的环境保护措施。此外,也要积极吸收外界社会力量,建立和完善环境教育慈善捐赠机制以及环境教育税收征收机制,要与相关部门建立稳定的合作关系,以保障稳定的环境教育经费。

参考文献

[1] Ross S, Wall G. Ecotourism: towards congruence between theory and practice[J]. Tourism Management,1999,20(1).

[2] 李北东,连玉銮.环境教育——生态旅游的灵魂[J].西南民族大学学报(人文社科版),2003(9).

[3] 李嘉.环境教育与生态旅游关联性分析研究[J].成都中医药大学学报(教育科学版),2011(4).

[4] Ayu Raisa Khairun Nisa, Setijono Samino, Endang Arisoesi laningsih. Organic Agroedu-Tourism Attractions toward an Interesting Outdoor Environmental Education to Junior High School Students[J]. Journal of Tropical Life Science,2014,4(2).

[5] Li L. An empirical study on the effect of eco-tourism visitors' environmental attitudes on environmental behavior[J]. Applied Ecology and Environmental Research,2017,15(2).

[6] M Oviedo-García, Castellanos-Verdugo M, M Vega-Vázquez, et al. The Mediating Roles of the Overall Perceived Value of the Ecotourism Site and Attitudes Towards Ecotourism in Sustainability Through the Key Relationship Ecotourism Knowledge Ecotourist Satisfaction[J]. International Journal of Tourism Research,2017(2).

[7] 叶新才.生态旅游环境教育功能的实现途径研究[J].四川环境,2009(3).

[8] 马焱.生态旅游中的游客环境教育研究[J].科技风,2009(4).

[9] 尤海舟,蔡蕾,贾成,等.生态旅游中的环境教育[J].四川林业科技,2010(3).

［10］姜建华.生态旅游环境教育效果评价实证研究［J］.旅游纵览（下半月），2014(10).

［11］李文明，殷程强，唐文跃，等.观鸟旅游游客地方依恋与亲环境行为——以自然共情与环境教育感知为中介变量［J］.经济地理，2019(1).

［12］李文明，钟永德.我国生态旅游环境教育存在的问题与对策［J］.旅游论坛，2009(3).

作者简介：

余意峰，教授，博导，原国家旅游局首批旅游业青年专家，国家级精品课程/国家级视频共享课程团队核心成员，湖北省旅游发展决策咨询专家，武汉市政府决策咨询委员，主要研究方向为旅游地理学、旅游规划与开发等。

陈兰兰，湖北大学商学院硕士。

B13 黄山市生态旅游与绿色发展研究报告

甘卓亭　胡善风　张　彬　白子怡　朱生东　张俊香

摘　要：黄山市旅游资源类型全、数量多、品位高、分布广，基础设施完善，具有发展生态旅游的环境条件和资源优势。围绕新安江流域生态补偿机制试点项目，黄山市致力于生态治理和环境保护，全面提升生态环保和绿色发展水平，不仅按照生态旅游的理念对黄山、齐云山等传统景区进行管理改造，还依据全域旅游发展规划对西海大峡谷风景区、牯牛降风景区、清凉峰风景区、太平湖风景区和新安江山水画廊等五大生态旅游区进行重点建设。在长三角一体化的国家战略框架下，黄山市充分利用皖南国际文化旅游示范区、皖浙闽赣生态旅游协作区和徽州文化生态保护区等国家项目和平台，按照由景点、景区到全域的发展路径实施生态旅游政策，逐步推行"转型发展、开放发展、绿色发展、和谐发展"的绿色发展理念，加快建设现代国际旅游城市。

关键词：黄山市；生态旅游；绿色发展；新安江流域生态补偿机制

Abstract: The tourism resource in Huangshan is complete in type, large in quantity, high in grade, widely distributed and perfect in infrastructure, which has the advantages of environment and resources for developing ecotourism. Based on the project of ecological compensation mechanism in Xin'an River Basin, Huangshan government always insists on ecological governance and environmental protection, aims to improve the level of ecological environmental protection and green development completely. The managerial approach of traditional scenic spots such as Huangshan Scenic Area, Qiyun Mountain Scenic Area have been altered according to the philosophy of ecotourism. The newly developed ecotourism area such as the Xihai Grand Canyon Scenic Area, the Guniujiang Tourist Scenic Spots, the

Qingliang Peak Scenic Spots, the Taiping Lake Scenic Area and the Xin'an River Landscape Gallery have been given priority to construct in accordance with the development plan of the whole area tourism of Huangshan city. Under the framework of national strategy of Yangtze River Delta Integration, Huangshan government has implemented the ecotourism policy on the basis of the developmental route from scenic spots, scenic areas to whole city, by making full use of the national projects and platforms such as the International Cultural Tourism Demonstration Zone of Southern Anhui Province, the Ecotourism Collaboration of Anhui, Zhejiang, Fujian and Jiangxi Province and the Huizhou Cultural Ecological Protection Zone. The green development concept on "transform, open, green, and harmonious" are gradually implemented in tourism by the government, and the object of modern international tourist city will be realized as soon as possible.

Keywords: Huangshan City; Ecotourism; Green Development; Ecological Compensation Mechanism in Xin'an River Basin

黄山市自然景观优美,人文资源荟萃,拥有得天独厚的旅游资源。1979年邓小平同志的"黄山谈话"开启了黄山旅游业发展的新篇章,推动了中国旅游业发展进入"快车道",奠定了黄山作为中国现代旅游业发源地的历史地位。经过40多年的发展,旅游业已成为黄山市的支柱产业,旅游总收入长期稳居全市GDP的70%以上①②。2016年,国家旅游局(现文化和旅游部)提出"中国旅游,从黄山再出发",这不仅是对黄山旅游发展的充分肯定,也赋予了黄山旅游更大的责任和更高的使命,为黄山旅游的转型发展带来更大的机遇。作为皖南国际文化旅游示范区的核心区,黄山市境内新安江流域是全国首个跨省生态补偿机制试点区,旅游与生态在这里交汇,旅游发展和生态保护是黄山市政府永恒不变的两大主题。在国家倡导的生态文明建设和全域旅游发展的大

---

① 黄山市旅游局《黄山市"十三五"旅游发展规划》。
② 安徽省统计局《2019年黄山市国民经济和社会发展统计公报》。

背景下,秉承可持续发展理念,以生态保护的方式发展旅游,已成为黄山市经济发展的必然选择。

近年来在长三角一体化发展格局下,黄山市按照"转型发展、开放发展、绿色发展、和谐发展"的总要求,以建设现代国际旅游城市为总目标,以国家服务业综合改革试点、新安江流域生态补偿机制试点、皖南国际旅游文化示范区、徽州文化生态保护区、国家主体功能区建设试点示范和国家生态文明先行示范区为六大战略平台,着力推动旅游、文化、生态"三位一体"发展,加速旅游产业规模化、品牌化、网络化、国际化进程,构建了以观光、文化、生态、乡村、度假为主的旅游产品布局,坚持走生态发展和绿色发展之路。

一、发展基础

(一)旅游资源概况

黄山市位于安徽省最南端,北与宣城市、池州市毗邻,西南和东南分别与江西省景德镇市和浙江省杭州市、衢州市接壤。市辖3区(屯溪、徽州、黄山)、4县(歙县、休宁、黟县、祁门),总面积9807 km²,2020年底人口133.06万[①]。

黄山市旅游资源类型齐全、数量众多、品位极高、分布广泛。境内现有1个世界地质公园、3个世界遗产、3个国家级森林公园、3个国家级地质公园、2个国家级自然保护区、1个国家湿地公园、3处(8个)国家5A景区、23个国家4A景区(见图1),以及7个省级自然保护区、2个省级森林公园。林业用地7800 km²,占黄山市土地面积的79.59%,森林覆盖率为78%,具有开发生态旅游的良好资源条件。自然景观类型丰富,有以黄山、齐云山为代表的山岳景观资源,以太平湖、新安江山水画廊为代表的水体景观资源,以牯牛降、花果山为代表的生态景观资源,以黄山松柏高尔夫球场为代表的休闲度假资源等。

---

① 安徽省统计局《安徽省第七次全国人口普查公报(第二号)》,http://tjj.ah.gov.cn/ssah/qwfbjd/tjgb/sjtjgb/145782371.html,检索时间:2021年7月12日。

此外,黄山市还是古徽州所在地,名人辈出,文化繁荣。朱熹、戴震、胡适、陶行知、黄宾虹、苏雪林、王茂荫、朱升、程敏政、汪机等在历史上具有重要影响,新安理学、徽州朴学、新安医学、徽商、徽剧、徽派建筑、徽派版画、徽派篆刻、新安画派、徽派盆景等经济文化流派构成的徽州文化博大精深、源远流长,形成了以西递、宏村为代表的传统村落资源,以屯溪老街、徽州古城为代表的历史街区资源。

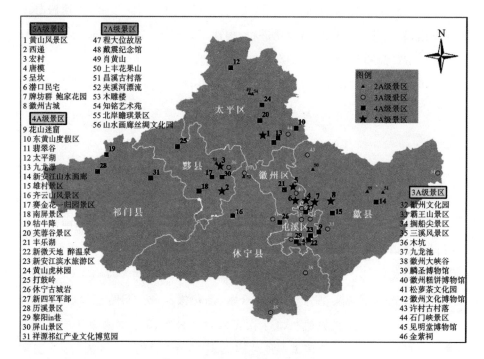

图 1　黄山市 A 级景区(点)分布

说明:底图从安徽省自然资源厅标准地图服务网站(http://zrzyt.ah.gov.cn/ztlm/ahsbzdtfw/index.html)获取,审图号:皖 S(2020)8 号。下图同。

(二)交通可达性情况

黄山市交通基础设施完善,已经形成了以航空、高铁、高速公路、国省干道和县乡公路以及绿道、廊道为核心的综合交通网络[①],成为安徽省规划建设的皖南现代化区域性中心城市、7个国家公路运输枢纽和6个交通枢纽城市之一,已初步形成立体综合交通体系[②]。航空口岸对外开放多条国内航线和至首尔的定期航班,还有黄山至韩国仁川,日本长崎、大阪、福冈等地的国际旅游包机。目前已运行的高铁有合福、黄杭高铁,在建高铁有池(州)黄(山)和(南)昌景(德镇)黄(山)两条,形成了2小时可达杭州市、合肥市、南昌市,4小时可达上海市、南京市、武汉市的高铁交通圈。

(三)政策引导情况

作为拥有丰富自然资源和人文资源的黄山市,大力发展生态旅游是实现黄山市旅游可持续发展的重要途径之一[③]。

1. 发展方向

黄山市按照"保护第一、科学规划、合理开发、永续利用"的发展方针,全面贯彻实施《环境影响评价法》,编制了《黄山市"十三五"生态建设与环境保护规划(2016—2020年)》,积极创建国家森林城市(黄山区、祁门为省级森林城市),大力实施新安江生态流域补偿机制试点,为建设现代国际旅游城市提供了坚实的生态环境保障。

2. 规划引领

已编制《黄山市城市生态网络规划(2017—2035)》《黄山市绿地系统专项规划(2010—2030)》《黄山市全域旅游发展规划(2017—2030)》《黄山风景区"十三五"旅游发展规划(2016—2020)》《黄山市自驾车旅游服务专项规划》《黄山市乡村旅游发展总体规划》等规划。

3. 生态网络

优化黄山市生态空间保护与利用格局,划定市域生态网络总用地规模为

---

① 黄山市文化与旅游局《黄山市全域旅游发展规划》。
② 黄山市人民政府办公室《我市立体综合交通体系初步形成》,http://www.hsq.gov.cn/zwgk/public/6615714/10066304.html,最后检索时间:2021年1月23日。
③ 黄山市旅游委员会《关于黄山市生态旅游的有关情况汇报》。

7690.05 km²,占市域总面积的79.46%,并对各区县生态网络规模进行指引(见图2),确保生态安全、生境保育和生态服务等自然功能保护、结合城市功能需求发挥生态网络的生态休闲游憩、历史文化保护、环境景观塑造等环境关联效益。

4. 产业结构

积极培育旅游观光、休闲度假、文化体验、康体养生、节庆赛事、商务会展六大业态,形成了景观依托、农事参与、文化体验、休闲度假四种乡村旅游发展模式,整体推出了32个乡村旅游"五统一"示范村。针对国际市场打造了世界遗产之旅等五条精品线路,面对国内市场打造了摄影赏花、非遗体验、自驾慢游等15条精品线路[①]。

二、发展现状

(一)已成功建设一批生态旅游区

黄山市按照生态旅游的理念对黄山风景区、齐云山风景区等历史景区进行提升,同时依据全域旅游发展规划对西海大峡谷风景区、牯牛降风景区、清凉峰风景区、太平湖风景区和新安江山水画廊等五大生态旅游区加强重点建设(见图3)。

1. 黄山风景区

黄山风景区是世界自然与文化遗产、世界地质公园、世界生物圈保护区、国家重点风景名胜区、国家5A级景区。"十三五"期间,景区全力发展大黄山旅游区,实施"黄山东部开发"战略,高标准建设东部景区;启动了谭家桥国际旅游小镇和黄山风景区旅游集散中心建设。按照创建国家公园的要求和创新管理体制、经营机制,改变旅游收入结构,推行旅游公共产品供给制度,积极创

---

① 黄山市自然资源和规划局《〈黄山市城市生态网络规划(2017—2035)〉公示》,http://zrzyj.huangshan.gov.cn/ywgk/ghgk/ghgs/8812015.html,最后检索时间:2021年1月23日。

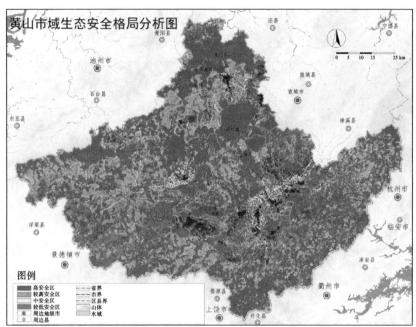

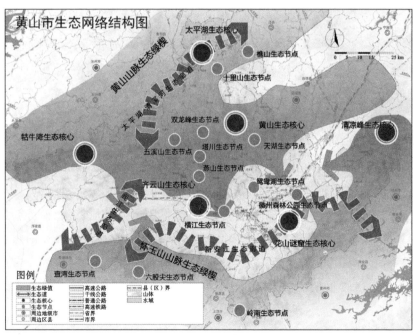

图 2 黄山市城市生态网络规划（2017—2035）

图 3　黄山市生态旅游区分布概图

建国家公园。打通环黄山公路,按照大旅游的要求,探索国家公园体制下的山上、山下统一管理的旅游功能板块管理制度,推进"山上山下一体化"进程,打造环黄山旅游集聚区,形成大黄山旅游发展局面。合理划分环黄山四个大门的功能,南大门汤口镇按黄山"会客厅"的定位,提高旅游服务品质,强化交通等集散功能,更好地为黄山风景区服务;东大门谭家桥镇按照"文化体验、康体运动、休闲度假"三个主题,依托文化旅游资源、已有的运动业态基础以及度假酒店,打造文化旅游集聚区、康体运动基地和休闲度假集聚区;北大门耿城镇要发挥用地条件好、紧邻甘棠镇的优势,打造休闲度假旅游基地、商务会展旅游集聚区、娱乐旅游集聚区,成为黄山风景区功能拓展和业态补充的核心区域;西大门焦村按照"黄山后花园"的定位,发挥生态环境优势,依托奇瑞房车营地等休闲度假业态,瞄准小众、高端市场,形成生态旅游基地和特色养生旅游集聚区。

作为传统景区,黄山风景区通过对传统旅游方式和管理方式进行改造,依托黄山带动周边,形成山上与山下的互动模式,加强生态保护,探索出生态旅

游可持续发展的新路径,许多做法已成为业界标杆:

(1)制度保护。专门建立规划土地处和园林管理局,主要负责宏观方面的保护和具体的保护,如环境、资源保护、森林防火,还有病虫害防治等。

(2)专业保护。聘请了科研院校的专家每年到黄山市来考察,对黄山市保护提出一些意见。成立了博士后工作站,引进一些专门科研技术人才对黄山市做科研课题。科学的规划和管理使得黄山市的森林覆盖率从20世纪70年代的56%提高到如今的98.29%。

(3)轮休保护。黄山风景区首创景点封闭轮休制度,对景点进行封闭轮修的时间一般为3—5年。莲花峰、天都峰和始信峰这些著名景点都会进行封闭轮修,让这些自然景观得到自然修复,并对道路和设施进行一些人工修复。

(4)细节保护。黄山风景区实行净物上山、洗涤下山、垃圾日产日清、污水统管、达标排放,成功创建ISO14000国家示范区、国家低碳旅游示范区、国家生态旅游示范区,在全国山岳景区中率先开展PM2.5监测并保持常态发布。建立古树名木保护档案,一树一策,实行分级管理、挂牌保护。实行全山室外禁烟、定点吸烟、禁燃禁放,建立森林防火"三全"(全山联动、全年警戒、全员参与)机制。

2. 齐云山风景区

齐云山古称白岳,是我国道教四大名山之一、国家重点风景名胜区、国家4A级景区、国家地质公园、国家森林公园、国家重点文物保护单位。"十三五"时期,黄山市按照旅游发展第四极的思路,重点培育齐云山的旅游发展,并将齐云山作为未来全市国家5A级景区和国家级旅游度假区等创建的突破口:

(1)总体定位,以"中国休闲养生之都"作为发展方向,以齐云山道家养生文化为精髓,以福山福水福人家环境为载体,着力在黄山市打造安徽省首个"三养文化"(健康养生、灵修养心、休闲养老)为主题的体育健康休闲产业园,努力打造以"体育旅游+休闲度假+健康养生+现代艺术"为理念的现代体育旅游业新高地。

(2)空间布局,以齐云山风景区为核心,联动横江山水度假组团、高源休闲运动组团、山南乐活养生组团、兰度—典口文化创意组团,打造大型综合性旅游区,形成"一核、两带、四组团"的空间格局,实现内部的联动发展。

(3)服务集群,发挥齐云山在全市旅游空间格局中的区位优势,通过适应不同群体消费的主题酒店群、旅游营销网络平台以及旅游综合服务设施和信息网络的建设,推动旅游服务集群化发展,打造黄山市新的旅游集散中心和综合服务基地。

(4)产业赋能,重点推动文化传承创新,围绕完善旅游"六大要素",着力推动生态、文化、旅游、科技融合,打造"健康养生、灵修养心、休闲养老"复合型业态,完善旅游区的产品结构。近年来,齐云山着力推进山上山下联动、人文自然联动,倾力把齐云山打造成集文化、生态、休闲、养生、观光等为一体的"天下福山"。

3. 西海大峡谷风景区

西海大峡谷(梦幻景区)位于黄山风景区的西部,面积为 25 km^2。景区内奇松遍布、怪石嶙峋、幽谷深邃,集奇、险、峻、秀为一体,是黄山最秀丽、最深幽的景区。景区自然资源条件优良,符合国际上对生态旅游的要求。"十三五"期间主要从以下几个方面,转变对大众观光旅游产品的开发初衷和管理方式,不断提升管理达到软型生态旅游的开发要求:

(1)保持景区设施的原生态,除必要的步道、环卫、解说标识和安全设施外,人工建筑如旅游公厕等采用葱郁的植物遮掩,通信服务商的设备也采用隐蔽布设。

(2)控制景区的游客量,采取与身份证号码挂钩的预约制度,定期封山安排育林,即景区的"轮休"制度,保障景区生态系统具备排除旅游干扰、自然修复的功能。

(3)率先将黄山西海大峡谷作为黄山市生态旅游产品推向国际市场,建设一个真正为国际生态旅游者所认可的生态旅游景区。

4. 牯牛降风景区

牯牛降风景区作为国家旅游生态实践区,位于祁门县和石台县交界处,主体景区在祁门县域内,2004 年 3 月牯牛降国家地质公园正式挂牌。牯牛降风景区的森林覆盖率达 92%,有国家重点保护野生植物 24 种、野生动物 35 种。

区内森林茂密,峡谷深幽,碧水长流,呈现出一种"清泉石上流""鸟鸣山更幽"的原生态自然景观:

坚持原生态原则,按国际生态旅游的开发模式建设了十几公里的木栈道,杜绝使用水泥路,同时建设污水处理装置,避免在建设和使用过程中对原始生态系统产生人为干扰和破坏。

坚持自然和谐统一原则,在建设的细节方面加强景区的标识和解说,对景区内路灯、垃圾筒等建筑小品进行仿自然化处理。

坚持分区保护原则,明确核心保护区的范围,严格把关核心区的保护与开发,避免大量游客进入国家级重点保护植物和动物的生境范围。

5. 清凉峰风景区

清凉峰已建立了三个自然保护区,分别为安徽歙县和绩溪县境内的两个省级保护区以及浙江杭州临安区境内的清凉峰国家级保护区。位于黄山市歙县的省级保护区资源丰富、生物多样性突出,自然保护区内有 2000 多种高等植物,国家级重点保护植物 36 种。在海拔 700—1000 m 的生境内,有世界绝无仅有的大型夏蜡梅种群,有天苍地茫、风吹草低"十里高山草甸"的壮观景象,还有 38 种国家级重点保护动物等。

"十三五"期间清凉峰正处于开发规划期,结合大黄山旅游产品体系,清凉峰按中远期定位生态旅游产品的开发。为保证未来生态旅游产品的顺利开发,重点做了以下几个方面的工作:

(1)联合开发。安徽歙县、绩溪县以及浙江杭州临安区的自然保护区联合捆绑开发,协调和安排两省三地的利益分配制度。

(2)切实注意保护开发区内居民的利益。通过社区参与的方式开发清凉峰的旅游,解决区内零散分布着的居民,避免大规模居民搬迁。

(3)开发过程中重视高山草甸生态系统的保护。

6. 太平湖风景区

太平湖风景区位于安徽"两山一湖"旅游经济圈的中心位置,良好的生态环境及湖泊水体景观具有无可比拟的优势,与黄山山岳、九华山佛教文化、徽派建筑文化景观形成有效的互补。山水空间组织协调,景观资源品质高,总体保护条件较好,旅游资源以湖镶青山、青山拥湖,形成优美宜人的环境景观,湖中形态各异的小岛,以及湖畔的溶洞、村落、名胜古迹等个体景观则成为镶嵌在太平湖及其两岸的一个个亮点。

太平湖景区总体以湖、山绿色生态为环境基底,以休闲度假为核心功能,以文化体验、乡村休闲、康体运动为重要补充,打造新旅游经济模式下自然景观独特、服务设施先进、地域文化浓郁,集观光游览、休闲度假、康体运动、生态人居于一体的有吸引力的休闲地、有想象力的度假地和有魅力的居住地,以及长三角知名生态型旅游度假区、全国生态旅游度假示范区[①]。

7.新安江山水画廊风景区

新安江山水画廊位于国家级历史文化名城歙县,是黄山—徽州古城歙县—千岛湖旅游线上的一颗璀璨明珠,是国家4A级旅游景区。景区全长约50公里,两岸徽派古民居点缀在青山绿水之间,素有"东方多瑙河之称"的新安江穿行而过,一年四季,景色各异,泛舟其中,好似一幅流动的山水画卷,故称之为新安江百里山水画廊。这条线路是华东户外休闲摄影的经典线路,强度适中,自然人文景致一流。

新安江山水画廊风景区根据国际生态旅游发展的趋势,结合景区旅游业发展的实际,以特色创新、深化生态旅游项目为重点,建设成具有古朴、野趣、养身、享受等相组合的高品位、高层次的,具备休闲观光、度假娱乐、文化熏陶等功能的国家级生态旅游胜地,已成为皖南黄山至杭州水陆并进的黄金旅游线上一个具有浓郁地方特色的高质量的生态旅游基地。

(二)已出台相关政策

1.《黄山风景区创建国家生态旅游示范区工作实施方案》

确立了"以建设生态文明、推进科学发展为主题,以绿色发展、低碳发展、转型发展为主线,以系统化、数字化、精细化、人性化、国际化为抓手,继续推进国际精品旅游区、世界一流旅游目的地建设"的指导思想。围绕国家生态旅游

---

① 黄山市人大及其常委会《黄山市太平湖风景名胜区条例》。

示范区标准及评分实施细则,印发了《黄山风景区创建国家生态旅游示范区任务分解表》,对创建内容的13个大项280个评定要点进行了细化分解,明确了责任单位、责任领导、任务要求和工作时限。

2.《关于加快推进文化和旅游产业深度融合实现高质量发展的实施意见》

大力发挥黄山市乡村生态游、乡村休闲游的品牌影响力,努力推动文旅产业结构、消费结构转型升级,全方位为经济社会发展赋能助力。紧盯产业发展目标,立足特色资源优势,在优化顶层设计、培育精品业态、完善公共服务体系、提升品牌影响力和营造市场环境五个方面排定20项工作任务,积极拓展研学旅行、康养旅游、自驾定制游、非遗文创、文博旅游、徽菜美食、运动休闲、节庆会展8类文旅业态。

3. 其他政策

黄山市各级行政部门先后出台了《黄山市林长制规定》《黄山市松材线虫病防治条例》《黄山市农药安全管理条例》《黄山市促进美丽乡村建设办法》《黄山市太平湖风景名胜区条例》《黄山市河湖长制规定》《黄山市徽州古建筑保护条例》《黄山市实施〈黄山风景名胜区管理条例〉办法》《齐云山风景名胜区保护管理条例》《黄山市城市市容和环境卫生管理规定》和《歙县徽州古城保护条例》等一系列生态环境保护和绿色发展的相关政策。

(三)已取得的成效及特色

黄山市长期坚持走生态旅游和绿色发展之路,将生态文明建设融入经济社会发展的方方面面,探索"绿水青山"向"金山银山"的有效转化之实践,以绿色发展引领高质量发展。

1. 全国首批生态文明先行示范区

2014年国家发改委、财政部等6部委联合印发《关于开展生态文明先行示范区建设(第一批)的通知》,黄山市被成功列入首批国家生态文明先行示范区[①]。通过5年创建,黄山市生态建设成效不断显现。黄山区顺利通过国家级

---

① 黄山市文化和旅游局《黄山市跻身全国首批生态文明先行示范区》,检索时间:2020年11月12日。

生态区创建考核验收。黄山区、歙县、休宁县、黟县、祁门县5个区县被列入国家重点生态功能区并获得省级生态县（区）正式命名，全市共创市级生态乡镇101个、省级生态乡镇60个、国家级生态乡镇26个，市级生态村311个、省级生态村120个、国家级生态村4个。

2. 成功构建绿色产业体系

黄山市结合新安江生态补偿机制试点倒逼产业转型，执行工业和项目建设严格准入制，构筑绿色生态与绿色发展和谐统一的绿色产业体系。围绕减肥降药、生态保护，实施农业绿色提升行动，打响茶叶、干鲜果、泉水鱼、皖南中蜂等绿色农产品品牌。结合流域企业的关停并转，加快工业转型升级，发展绿色食品、绿色软包装、汽车电子、新材料等与环境相适应的主导产业。培育和引进康师傅瓶装水、六股尖山泉水、无极雪矿泉水等一批项目，着力培育百亿级水产业，打造全国重要的天然饮用水生产基地①。

3. 推动生态产业化和产业生态化

加快生态资源向生态资本转变，建立新安江绿色发展基金，组建新安江绿色发展公司，推动生态产业化和产业生态化。黄山市发起创立首期规模20亿元的新安江绿色发展基金，主要投向生态治理和环境保护、绿色产业发展等领域。与北京、广东、上海等地企业合资组建黄山市新安江绿色发展有限公司，从事环境污染治理、环保科技开发、环境影响评价及相关产业投资，参与承办"新安江绿色发展论坛"②。

4. 大力发展生态休闲旅游

屯溪区在完善村级卫生保洁制度的基础上，结合美丽乡村建设，启动了清乱堆乱放、清乱搭乱建、清库塘沟渠的"三清"工作，全面开展农村环境综合大整治。同时率先在5个美好乡村建设试点村实施了农村生活污水治理工程。紧紧围绕塘库、河流等天然水资源，因地制宜地进行综合开发利用，有的造景

---

① 陈歆、吴永泉：《黄山市推进新安江流域"十大工程"建设》，https://baijiahao.baidu.com/s?id=1665569172525041677&wfr=spider&for=pc，检索时间：2020年11月12日。
② 《孔晓宏：以生态"红线"守住发展"绿线" 让黄山成为美丽中国典范》，http://www.xinhuanet.com/politics/2018lh/2018-03/15/c_129830210.htm，检索时间：2020年11月18日。

观、美环境,有的清塘库、做旅游,切实做好水效益文章,努力实现"生态宜居村庄美、兴业富民生活美、文明和谐乡风美"的美好乡村建设目标。

从"生态县"建设以来,休宁县相继实施了72.7 km²退耕还林,建成了726.3 km²国家公益林和112 km²省级公益林,森林覆盖率达到78%;同时建成了3个省级、2个县级自然保护区。休宁县被环境保护部命名为"国家级生态示范区",并荣膺全省"首届十佳环境优美县"称号。齐云山镇被评为"安徽省环境优美乡镇"和"第六批全国环境优美乡镇",盐铺村被评为"安徽省生态村"。

5. 建设徽州文化生态保护实验区

徽州文化生态保护实验区于2008年1月2日经文化部批准成立,成为继闽南文化生态保护实验区后,我国第二个国家级文化生态保护实验区[①]。

实验区自设立以来,首先,编制了一系列保护规划,如《徽州文化生态保护实验区保护总体规划》,以及生态保护、文化遗产保护、各类别非物质文化遗产的保护、传承人保护等规划。其次,进行了传承传习的实践,将非物质文化遗产列入乡土教材,对青少年进行相关知识的普及教育,为他们创造文化习得的有效途径;开展工作从业人员的专业培训工作。最后,建立展览馆,征集非物质文化遗产相关制品,进行陈列,并为宣传教育和学术研究发挥作用;设立非物质文化遗产传习所,满足传承人开展传承活动必要的条件。

2019年徽州文化生态"实验区"升级为"保护区",作为国家级文化生态保护区正式成立,有利于黄山市文化、旅游、生态的建设。

三、存在的问题

(一)大黄山国家公园建设有待加强

大黄山国家公园建设是安徽省生态文明建设的重大实践和典范,是实现

---

① 《"徽州文化生态保护区建设工程"通过验收》,http://theory.people.com.cn/n/2013/0923/c107503-23001251.html,检索时间:2020年11月12日。

从经济大省向生态大省、生态强省转变的必由之路。安徽省委省政府"以高度国际化的标准,抓好大黄山国家公园建设"。但是建设过程中依然存在当前的管理体制和经营机制不适合、景区经营利益需要重新分配、不合理的开发和资源的过度利用、资金不足、忽视社区参与等问题。

(二)皖浙闽赣生态旅游协作区合作有待深入

浙皖闽赣国家生态旅游协作区由浙江、安徽、福建、江西四省人民政府于2014年11月共同发起申请设立。规划建设范围涉及4个省19个市123个县(市、区),总面积约22.57万 km^2,人口5051万。

加快浙皖闽赣国家生态旅游协作区建设,将协作区发展向纵深推进,促进区域协同创新发展,助推浙皖闽赣四省承接长江经济带和长三角一体化国家战略,为全国其他跨区域特色旅游功能区建设先行先试、创新发展积累经验。

(三)皖南国际文化旅游示范区建设质量有待持续提升

当前阶段,皖南国际文化旅游示范区依然存在:旅游资源开发利用不够,品牌整合度不高,重复性的建设和投资比较多,旅游形象不明确、整合缺乏力度等问题。应明确黄山市在皖南国际文化旅游示范区的核心地位,进一步带动皖南国际文化旅游示范区建设质量的全方位提升。

(四)生态旅游价值实现模式有待探索

虽然黄山市生态资源品质较高,生态旅游已取得初步成效,但旅游产品结构单一、特色不明显,市场规模不大,客源相对单一,旅游宣传营销手段不多、力度不够,旅游"六要素"不健全,服务设施不完善。旅游产业链条短,各环节松散,旅游景区基本停留在传统的观光层面,旅游产业配套能力低,综合效益差。

四、未来发展趋势

黄山市将深入贯彻落实习近平生态文明思想,认真学习借鉴浙江省"千万工程"经验做法,积极践行"两山"理论,以美丽乡村建设为载体,以城乡人居环境整治为抓手,以"融杭"深入合作为机遇,推动"文化＋旅游＋农业"产业融合,推进城区周边生态旅游发展[1]。

(一)构建全民参与的环境治理体系

推进国家主体功能区试点示范,统筹山水林田湖草系统治理,加快构建政府为主导、企业为主体、社会组织和公众共同参与的环境治理体系。进一步巩固新安江流域生态补偿机制试点成果,加快实施新安江生态经济示范区规划,认真办好新安江绿色发展论坛,积极构建市场化、多元化的生态补偿长效机制。全面推进河(湖)长制管理,全面落实林长制,持续加大松材线虫病防治力度,确保黄山松安全。打造美丽乡村"升级版",统筹推进农村人居环境整治三年行动、农村垃圾污水厕所"三大革命"和农村环境"六治理",加快农村生活垃圾收运系统和农村污水治理项目建设,不断改善城乡人居环境和品质,让"望得见山、看得见水、记得住乡愁"成为黄山城乡的鲜明标识。

(二)推进企业低碳循环发展

从黄山实际出发,积极探索"绿水青山"向"金山银山"有效转化的路径,加快将绿色生态优势转化为发展优势、竞争优势。坚持质量兴农、绿色兴农,深入推进农业供给侧结构性改革,大力发展精致农业,因地制宜发展特色种养业,推动农业由增产导向转向提质导向。大力推进新型工业化,加快发展绿色食品、汽车电子、绿色软包装、新材料、天然饮用水等主导产业和战略性新兴产

---

[1] 陈歆、吴永泉:《黄山市推进新安江流域"十大工程"建设》,https://baijiahao.baidu.com/s?id=1665569172525041677&wfr=spider&for=pc,检索时间:2020年11月12日。

业,积极引进有较强竞争力又符合生态环保要求的企业,实现节约集约、低碳循环发展。

(三)倡导城市绿色发展

以获批全国文明城市为契机,倡导绿色文化,传承和弘扬徽州文化中的优秀基因,特别是鼓励公众投身各类主题公益活动,不断增强全民生态意识、生态道德和生态责任。倡导绿色消费,促进城市绿色低碳发展,引导城乡居民向简约适度、绿色低碳的生活方式转变,真正让尊重自然、顺应自然、保护自然成为黄山人民的思想共识并付诸行动。

(四)继续加强美丽乡村建设

结合城乡人居环境整治、"三大革命"、全域旅游环境整治,扎实开展中心村"三线"整治、垃圾污水处理、河塘沟清淤、绿化美化等工作。致力于提高城乡建设管理水平,部署开展"蓝色屋面"专项整治行动,保护徽州传统村落风貌,提升颜值。

(五)加强区域合作

结合杭黄高铁开通,抓住黄山市融杭机遇,以《共同打造杭黄世界旅游目的地合作协议》为抓手,继续与杭州市在培育区域化生态旅游集群、打造一体化精品旅游产品线路、完善立体化旅游基础设施、强化国际化旅游市场开发、建立常态化合作共赢机制五个方面深化合作。谋划组织人员赴杭州等地开展旅游促销,合力打造"杭黄世界级自然生态和文化旅游廊道",推广和宣传一批旅游精品线路。

黄山市文化和旅游局提供政府文件和资料;黄山学院旅游学院 2018 级对口班谢仪君、李雪松、阮航、黄俊杰、吴怡、王梦麒、傅煜、刘宇薇、汪紫云、武献鹏等同学协助资料整理。

参考文献

[1] 李忠.践行"两山"理论 建设美丽健康中国:生态产品价值实现问题研究[M].北京:中国市场出版社,2021.

[2] 洪滔.生态旅游学[M].北京:中国林业出版社,2020.

[3] 金瑶梅.绿色发展的理论维度[M].天津:天津人民出版社,2018.

[4] 朱远,吴涛.生态文明建设与城市绿色发展[M].北京:人民出版社,2014.

[5] 石德生.低碳旅游产业论[M].南京:东南大学出版社,2014.

[6] 陈建成.推进绿色发展 实现全面小康——绿水青山就是金山银山理论研究与实践探索[M].北京:中国林业出版社,2018.

[7] 覃建雄.现代生态旅游学——理论进展与实践探索[M].北京:科学出版社,2018.

[8] Ralf Buckley. Ecotourism: Principles and Practices[M]. Oxford: CABI, 2008.

作者简介:

甘卓亭,黄山学院旅游学院,教授,博士。

胡善风,黄山学院,副校长,教授。

张彬,黄山市文化和旅游局,科长。

白子怡,陕西师范大学地理科学与旅游学院,博士。

朱生东,黄山学院旅游学院,副教授,硕士。

张俊香,黄山学院旅游学院,教授,博士。

Ⅳ 案例报告

B14 让生态成为文旅的基因
——华侨城生态旅游的创新实践

李 毅 何风云 崔 枫 汤柳云 张昱竹 王 一

摘 要：党的十八大以来，国家大力倡导生态文明建设，"创新、协调、绿色、开放、共享"五大发展理念深入人心。弘扬尊重自然规律的生态文化，"绿水青山就是金山银山"的理念成为新时代绿色发展路径。作为中国文化和旅游产业的领军企业，华侨城一直将生态作为文旅发展的基因。华侨城自1985年总部城区建设起，便秉持"依托自然、以人为本"的生态理念，重视生态保护，致力于实现可持续发展。在三十多载的文旅实践中，华侨城坚持守护生态文明，诠释人与自然和谐共生的内涵，在全国建设运营了诸多生态旅游项目。本文着重分析华侨城的生态旅游产业，从生态规划、生态教育、生态管理等方面进行深入剖析，总结其成就与经验，并针对目前存在的问题提出发展建议，为加快我国生态旅游与绿色发展，推进美丽中国与生态文明社会建设提供参考。

关键词：华侨城；生态旅游；生态理念；生态文明

Abstract：Since the 18th National Congress of the Communist Party of

China, China has vigorously advocated ecological civilization. Innovation, coordination, green, open and shared ideas has been deeply rooted in the hearts of the people. Promoting an ecological culture that respects the laws of nature and practicing the concept that lucid waters and lush mountains are invaluable assets have become missions of green development in the new era.

As a leading enterprise in China's cultural tourism industry, Overseas Chinese Town (OCT) has always regarded ecology as the gene of development. OCT has been adhering to the ecological concept of relying on nature and people-oriented since the construction of its headquarters in 1985, attaching great importance to ecological protection and committing to achieving sustainable development. In the past thirty-five years, OCT has constructed and operated a lot of ecotourism projects, protecting ecological civilization and demonstrating the connotation of harmonious coexistence between human and nature.

This article focuses on the ecotourism industry of OCT, and conducts an in-depth analysis from the aspects of ecological planning, ecological education and ecological management, etc. The paper summarizes OCT's experience and makes suggestions, in order to accelerate ecotourism development and promote the construction of a beautiful China and an ecologically civilized society.

Keywords: Overseas Chinese Town; ecological tourism; ecological concept; ecological civilization

一、引言

随着市场经济的发展和人均可支配收入的增加,人民群众对生活的品质要求越来越高,生态旅游的消费需求也进一步提升。作为环境友好的、可持续发展的旅游活动,生态旅游对于促进我国生态文明建设具有重大意义。本文分析了华侨城生态旅游的创新的经典实践,并总结其成功经验,为推进我国高质量生态旅游与绿色发展贡献力量。

华侨城是国务院国资委直接管理的大型中央企业,1985年诞生于深圳,是全国文化企业30强、中国旅游集团20强。在三十多载的发展历程中,华侨城以"文化+旅游"为内核,建设了主题公园、酒店、旅行社、文化旅游综合体、文创园区等业态,涵盖规划、设计、建设、运营全产业链。

华侨城的生态环保理念镌刻在其文旅产业发展的进程中。1985年建立总部城区时,华侨城便提出以"依托自然,以人为本"为宗旨,探寻建设"生态城市"。华侨城在三十多载的文旅实践中始终秉持"生态环保大于天"和"生态优先,环保先行"的规划理念,用生态连接人与自然,致力于实现可持续发展。华侨城将生态理念融入每一个文旅项目的规划设计中,建设了深圳华侨城旅游度假区、东部华侨城、泰州华侨城、云南华侨城、华侨城湿地公园等生态示范项目,同时积极推广生态教育,向公民普及环保知识,提升环保意识。华侨城一方面促进生态环境保护,推动生态文明建设;另一方面,旅游、生态、文化联动,放大旅游乘数效应,创造了可观的旅游产业收入,实现了生态效益与经济效益的平衡。

二、研究背景及意义

20世纪60年代,伴随着工业经济的快速发展,资源问题、环境问题、生态问题逐渐凸显。人们开始全面反思现代工业文明造成的环境负面效应,绿色环保意识开始觉醒,生态旅游也由此应运而生。1983年,世界自然保护联盟(IUCN)特别顾问谢贝洛斯·拉斯喀瑞创造性地提出了"生态旅游"一词,这一概念开始在世界范围内被广泛研究和实践。世界上很多组织和研究者都从不同的角度对生态旅游进行了界定,但至今尚未有一个统一的定义。不过,关于生态旅游的目标却得到了基本的认同:生态旅游应保护生态环境,促进人与自然和谐共生,实现旅游业的可持续发展。

国内正式引入"生态旅游"一词是在20世纪90年代初期。1993年9月,在北京召开第一届东亚地区国家公园和保护区会议,通过了《东亚保护区行动计划纲要》,这标志着生态旅游概念在中国第一次以文件形式得到认可。在此后的20多年里,这一概念被逐渐接受,并引起学界和业界的广泛关注和讨论。与此同时,生态旅游也在国内快速发展,依托于我国自然资源开始生态旅游的实践探索,将旅游开发与生态环境保护有机结合起来,建立了一系列的森林公园、自然保护区和风景名胜区等。据国际生态旅游协会的测算,生态旅游收入在以每年10%—12%的速度增长,它已成为21世纪旅游业的主要方向。我国生态旅游产业也与国际同步快速增长,逐渐成为很多地区新的重要经济增长点。

我国生态旅游起步较晚,但发展的速度却极其迅速,产业根基不牢,逐渐暴露出一些问题:

(1)生态意识薄弱。国内整体的生态环保意识还比较薄弱,开发商和消费者都存在环境不友好的行为,例如过度开发、乱扔垃圾、浪费资源等。

(2)缺乏合理规划。部分开发者在利益的驱动下,忽略了科学规划的重要性,盲目地进行开发,破坏了生态平衡。

(3)生态文化单薄。一些生态旅游产品缺乏生态文化内涵,未能实现寓教于乐,在旅游中获取生态知识的目的,难以形成深入的旅游体验。

(4)管理体系不成熟。生态旅游管理涉及资源、技术、人力等多方面,需要科学成熟的管理体系保障可持续性的运营发展,我国景区在这方面需进一步完善。

面对生态旅游发展中出现的问题,汲取行业优秀经验,树立行业典范,指引正确方面,则显得尤为重要。作为中国文化旅游业的领军企业,华侨城在生态旅游领域进行了积极的实践活动,创造了成功的行业案例,积累了丰富的行业经验。本文通过研究华侨城生态旅游的发展实践,总结其发展理念和经验,以期为生态旅游产业的可持续性发展提供有价值的借鉴和参考。

三、华侨城生态旅游发展实践

在三十多载砥砺前行的岁月中,华侨城始终以生态为基因,编码可持续发展的文旅项目,将生态环保融入骨血中。无论是在生态理念、生态文化、规划设计上,还是在运营管理上,都有值得学习的地方。总结华侨城的生态旅游发展实践,主要体现在以下三个方面。

(一)以生态理念为指导,坚持规划先行

1. 坚持生态规划,在花园中建城市

华侨城从最开始的总部城区建设之初,便确立了"规划先行""规划就是财富"这样原则性的口号,这也一直是华侨城发展的指导理念。1985年华侨城开辟了中国开发区建设"先规划后建设"的先河,以规划为龙头,构建华侨城可持续发展的稳固平台。1986年制定的《华侨城总体规划》提出了深圳华侨城4.8平方千米的城区应具备商业、旅游、居住等功能,要求规划区域作为城市的有机组成部分,必须承载城市的"四大功能",即居住、工作、游憩和交通功能。其规划原则是"依托自然、以人为本",在此基础上进一步形成"城区环境清洁优美,城市风貌高尚文明"的发展目标,确立了以生态保护理念为指导的"在花园中建城市"的现代发展理念,形成了山环水绕、鸟语花香、绿树成荫、绿草成林的"花园城市"景象。26万平方米的燕晗山、6万平方米的蒂诺山、7万平方米的雁栖湖和4万平方米的天鹅湖,营造出一个自然生息场。

2. 重视环境保护,依山就势进行开发

在生态保护理念的指引下,华侨城最早成立的企业是园林绿化公司,最早的建设是恢复山体绿化,将山水纳入城市绿地系统,保留原有的山丘坡地、湖泊林溪、海岸环境、荔枝树林等自然山水和环境资源,这些绿色要素构成的区域最终成为支撑华侨城区可持续发展的生态基础设施系统。交通道路也是依据地势建设,同时注重植被绿化,丰富的绿色植被能有效净化空气质量、吸收隔离噪音、降解热能、调节气温,为游客提供健康、原生态、自然的游历环境。贯穿华侨城城区的深南大道两侧的树木便是既隔绝了噪音又美化了环境。在三十多载的发展历程中,华侨城规划建设之初的生态理念被逐渐印证为是成功的。深圳华侨城旅游度假区如图1所示。

B14 让生态成为文旅的基因——华侨城生态旅游的创新实践

图1 深圳华侨城旅游度假区

3.贯彻生态理念,为生态项目赋能

华侨城总部城区建设的成功经验指导了之后多个旅游景区的开发建设,如深圳东部华侨城、泰州华侨城、云南华侨城等。华侨城在此类项目的生态规划中,坚持以发展循环经济、生态环保为最高准则,以资源高效利用和循环利用为核心,以"减量化、再利用、资源化"为原则,以低能耗、低排放、高效率为基本特征,在源头上保证景区项目走发展循环经济道路。以深圳东部华侨城为例,其在发展过程中坚持以保护生态环境为最高准则,提出"创新保生态,生态保创新"的开发理念,将生态环保的创新思维与方法根植于项目开发的各个领域和环节。云南华侨城在项目总体规划的同时,注重生态文化的挖掘,同步开展生态、环保与循环经济方案规划。公司成立了专门的生态与低碳工作小组,制定了以"水资源保护利用、生态多样性保护、能源科学利用"三大系统为主线,以低碳温泉公园、生态酒店、原生态山谷为主要生态旅游产品的生态环保规划方案。生态价值是此类景区的核心和命脉,华侨城积极探索如何挖掘和保有原有生态价值并使其步入合理增值的良性循环。都市人的现代旅游需求是多样而复杂的,他们想要热闹、宣泄又想要静谧、反思。华侨城在满足市场需求和合理利用生态之间找到结合点,本着"回馈自然"的理念,人们在自然中可以得到放松和感悟,给都市人带去生态和人文结合的旅游体验。

（二）以生态教育为基础，弘扬生态文化

华侨城在生态旅游的发展历程中，一方面致力于不断丰富游客的生态旅游体验，另一方面也努力肩负起社会责任。华侨城生态规划理念的着眼点逐渐从自然生态资源本身过渡到引领社会生态环保意识上，注重生态教育的普及，弘扬崇尚自然、保护环境、促进资源永续利用、人与自然和谐发展的生态文化。

1. 寓教于乐，生动展现生态文化

东部华侨城秉持"生态其外，文化其中"的文旅融合理念。围绕"让都市人回归自然"的主题，在山海间富有创意地规划四大主题区域，体现人与自然的和谐共处。每个区域都给游客制造了经典而独特的生态旅游体验，大侠谷——通过水公园、峡湾森林、海菲德小镇、生态峡谷和云海高地五大不同主题区让人认识和探索自然，云海谷——以休闲健身、生态探险、时尚运动、休闲娱乐、奥运军体运动为主线让人享受自然，茶溪谷——通过在茵特拉根、湿地花园、三洲茶园、茶翁古镇以及屋顶可开合式网球馆、东部华侨城大剧院等不同体验，让人与自然和谐共生，观音莲座——创新的宗教文化旅游项目，启迪人们回归本性，清净心灵，积极而宽博地与环境和人相处。东部华侨城茶溪谷如图2所示。

利用生态资源优势，开展专项环保教育，传递绿色生态理念。华侨城集团成为中小学、大专院校等开展教学和科学研究的实验基地。另外，华侨城集团建立了全国首家湿地自然学校，利用湿地公园优质的生态资源，开展了自然课堂、湿地常识、物种多样性、生态现象等系列专题教育，面向社会招募和组建环保志愿教师队伍，以"一间教室、一支环保志愿教师队伍、一套教材"为宗旨，通过公益的自然教育课程及专题导览活动，向市民们传授和推广大自然的智慧。通过自然学校的平台，和更多公益组织进行联动，推动社会公众参与湿地保护。至今，自然学校已开办环保志愿教师培训班12期，青少年志愿者培训班2期，培训社会各界志愿团队近500人次。湿地团队携手环保志愿教师队伍针对不同年龄、不同季节研发出包括红树课程、自然fun课程、小鸟课堂、小小探

B14　让生态成为文旅的基因——华侨城生态旅游的创新实践

图 2　东部华侨城茶溪谷

险家、零废弃等 33 套多元化课程,并经常性地举办湿地日、世界环境日、地球日、爱鸟周等重要环保主题活动。截至 2020 年 8 月,华侨城湿地自然学校已累计开展教育活动 5000 多次,包括志愿教师及义工培训、生态导览及自然教育主题活动,自然学校教育参与人数已超 11 万人次。

线上线下联动宣传,倡导公众环保理念。华侨城借助微信、微博等自媒体平台,通过公众号推文、公益海报等形式,广泛宣传节约能源的好经验、好做法,科普节能知识,推广节能技术。开展植树造林、垃圾分类、旧衣服回收等主题绿色公益活动,提高社会公众的环保意识,广泛带动人民群众参与环保实践。例如前海华侨城 JW 万豪酒店携手 BMW 深圳宝创参与"地球一小时×悦享和谐自然"的系列活动,宣传环保理念。酒店集团组织"V-Saving 旧衣捐献"活动,将酒店可二次利用的旧制服捐给有需要的人群,实现低碳环保的同时帮助困难人群;组织员工开展"净滩行动",戴上手套、拿起垃圾袋,前往深圳海岸线开展清洁行动,引导员工发扬主人翁精神,为社会贡献力量。

湿地生态修复前如图 3 所示,修复后如图 4 所示。

输出环保运营经验,助力各地自然环境保护。因多地政府均对华侨城湿地自然学校给予了高度评价,希望自然学校将成功的运营管理经验运用到当地的自然保护区建设当中,湿地自然学校开始了向外输出智力资本之路。华侨城集团旗下深圳市华基金生态环保基金会(以下简称"华基金")在全国各地

图 3　湿地生态修复前

图 4　湿地生态修复后

援建自然学校,推广自然学校建设的"三个一"模式,即"一间教室、一支环保队伍和一套环保课程",进一步宣扬生态文化。截至 2020 年 9 月,华基金已在全国 29 个省(自治区、直辖市)援建了 78 所自然学校、74 所湿地学校,已连续 5 年开展共 18 期研讨培训班,输出自然教育骨干 3000 余人,编撰自然教育教材 32 种。

B14　让生态成为文旅的基因——华侨城生态旅游的创新实践

(三)以生态管理为举措,实施绿色运营

华侨城的生态理念不仅体现在规划的设计上,也贯穿了运营管理体系。华侨城不仅创新生态旅游管理模式,还在景区的运营管理中倡导"绿色出行",构建绿色交通系统,实施"绿色经营",多举措抓好环境管理。将"绿色、环保"理念渗透企业日常经营管理的点点滴滴中。以生态文化为主线构建华侨城生态旅游管理体系,探索兼具效率与环保效益的景区运作方式。

创新生态旅游管理模式,制定生态环保制度规范。华侨城湿地公园作为华侨城代建城市公益性休憩空间,融湿地体验、生态培训和科普教育于一体,按照"保护、提升、亲近、传递"的工作理念,严控游客数量,进行半封闭式、预约制管理,既可作为野生鸟类乐园,又可作为生物多样性的保护基地和国内一流的科普教育基地,形成"政府主导、公众参与、多方支持"的绿色管理新模式。东部华侨城制定了完善的生态环保制度和行为规范,有效地引导游客的环保行为,通过文化和经营细节精心塑造,在轻松愉快的氛围中将生态环保文化传递给游客。华侨城集团实施《公司下属企业废纸报销管理规定》等若干节能减排规定。各企业认真制定并推行多项节能降耗及减废管理措施细则,鼓励员工按公司的绿色办公指引及建议,践行绿色运营承诺。

将绿色发展理念融入生产经营的各个环节,抓好环境管理。各地欢乐谷优先选择国家推荐的高效变频节能设备设施;优化供配电设施和通风空调,减少照明使用时间,推广先进技术,改造耗能产品,降低电能消耗;园区水上项目安装水处理设施,对水资源进行循环利用。深圳光明欢乐田园园区逐步改良灌溉技术,已有2700亩地采用喷灌和滴灌技术,节水约30%。上海欢乐谷嘉途酒店充分利用太阳能设备,减少锅炉燃气和电力的使用,主要主题乐园园区内所有的照明设施均采用低能耗的LED光源,照明灯光、效果灯光均安装时控器,减少用电浪费。各酒店通过安装热水回收装置,降低酒店能源消耗;响应政府号召参与创建绿色酒店,结合经营实际合理调节高能耗设备使用时间,在不影响正常运营的情况下切实做到节能减排。东部华侨城推行绿色办公,积极推广无纸化办公,要求员工积极利用互联网、移动短信,建立企业无纸化

办公网络，公司员工办公中高度重视注重细节，夏季室内空调不低于 26 ℃，冬季室内空调不高于 20 ℃，在阳光充足时关闭电灯，人离开时必须检查和关闭所有电灯和电器。物商集团积极开展以节能、节水、环境绿化美化等为主要内容的绿色物业管理工作，通过科学管理、技术改造和行为引导，有效降低各类设施设备运行能耗，构建更加宜居的生活环境。

多项措施提高环境相容性，减少各功能间干扰，降低噪音、污染以及交通拥堵等环境压力。华侨城总部城区通过多层次的绿化有效地减弱了功能混合造成的相互干扰，使得城区的环境噪音降至 53.4 dB，夏日平均气温比市区低 2—4 ℃，成了深圳"最美的绿洲"。东部华侨城内构建了极有特色的内部绿色交通系统：景区内建有数十公里的观景栈道、游步道、登山道，向游客提供绿色巴士、电瓶车、老爷车、专用球车等内部交通工具；还创意设计了丛林缆车、森林小火车、云海索道等。东部华侨城森林小火车如图 5 所示。这些交通工具不仅自身无害无污染，也成为景区的一道亮丽风景线，助力游客"绿色出行"。

图 5　东部华侨城森林小火车

四、生态旅游产业发展建议

我国的生态旅游近年来发展迅速，但在很多方面还存在不足。目前国内真正成功的生态旅游项目并不多,可推广、可普及,值得广大旅游企业学习的项目更少。华侨城作为文旅行业的领军企业,在生态旅游领域积累了丰富的创新实践经验,也给生态旅游未来发展带来了众多的启示。本文在总结华侨城的生态旅游经验的基础上,结合行业发展趋势,针对生态旅游行业目前存在的生态意识薄弱、盲目开发建设、生态文化单薄、管理混乱等问题,提出以下发展建议。

(一)规划开发方面:健全产品开发模式,平衡生态经济效益

生态旅游产品开发要兼顾多重目标,平衡各个利益相关者的需求。企业不仅需要考虑项目利润,还应高度重视生态保护,在规划开发中体现人与自然和谐共生的理念,树立生态文明的品牌形象。在旅游开发中,要杜绝盲目开发建设,应依托当地特色自然生态环境,依照标准化的治理流程,对现有资源进行整体评估后进行合理的规划与改造。在景区运营过程中也应定期进行自然景观的修复和阶段性的调整,重视保护生态资源,不断提升景区的生态质量。同时,通过大力推广绿色能源、绿色施工、绿色建筑等方式,将环保理念融入开发建设的各个环节。构建"望得见山,看得见水、记得住乡愁、留得住文脉、城乡居民共同富裕"的美丽图景。

(二)生态教育方面:构建生态教育平台,宣传弘扬生态文化

生态旅游不仅仅是游客"认识自然、走进自然"的体验,也强调了"保护自然"的目标。许多研究者认为,真正意义上的生态旅游应当把生态保护作为既定的前提,把环境教育和自然知识普及作为核心内容,是一种求知的高层次的旅游活动。因此,打造自然教育平台,普及环保意识,弘扬生态文化在生态旅游中则显得尤为重要。具有生态旅游资源的景区,应依托自身资源优势,高效地联系社会资源,开展丰富的自然教育和公益活动,搭建社会各界践行生态环保行动的开放性平台;贯彻寓教于乐的理念,让消费者在旅游休闲娱乐中接受生态文化的洗礼,感受生态旅游的核心内涵;致力于提升公众的绿色环保意识,大力推动生态文明建设,实现生态价值和社会价值。

(三)产品设计方面:丰富自然资源内涵,扩展生态旅游产业

正如旅游离不开文化作为支撑一样,生态旅游也不能单独依靠自然风光作为核心吸引力。随着人民物质和文化生活水平的提高,消费者的需求愈加复杂与多样化。只有以市场为基础,满足游客更复杂的体验需求,从精神层面建立与游客的情感联系,才能更好地利用自然生态赋予的资源优势,持续不断地为游客带来新奇的感受。生态旅游产品的组合与设计中,应将生态环保文化作为一条主线,紧扣用户需求,紧跟消费市场的变化趋势,赋予旅游产品独特的创意和内涵,结合景区的资源优势,打造出独具特色的旅游精品,以此作为景区的核心吸引力和竞争力。根据景区定位,开展业态布局,在自然生态与多元业态的融合中,注重产业链的延伸打造,形成生态产业链的闭环并且互相促进协同,放大"旅游+生态+文化"的乘数效应。

(四)管理模式方面:创新生态管理机制,推进智慧景区建设

生态保护不是绝对地限制人类活动,而是要建立一种开放式的新型生态管理机制。生态旅游的运营管理也不仅仅是某一方的职责,需要政府、企业、民众和游客的共同参与,形成多方的合力。生态管理要突破行政区划的限制,以政府为领导,企业承担义务,组织好当地民众和游客的行为,四方共同贡献力量,使人类活动成为生态系统良性发展的动力,形成科学有效的生态管理机制。同时积极推进生态旅游的景区智慧化建设,借助科技力量创新管理手段。利用5G、大数据、物联网、人工智能等技术,对景区的规划、开发、运营等方面进行动态管理。逐步建立规范系统的生态管理体系,共绘生态旅游的美丽宏图。

参考文献

[1] 何昉,李辉,锁秀.让城市成为生态栖居的大公园——国家生态园林城市初探兼谈深圳的实践之路[J].风景园林,2007(2).

[2] 钟力,项秉仁.人居空间的功能混合研究——以深圳华侨城为例[J].华中建筑,2008(12).

[3] 魏小安,等.优质生活的创想家:华侨城发展轨迹的观察[M].北京:中信出版社,2010.

作者简介：

李毅,香港理工大学、浙江大学联合培养旅游管理博士,华侨城旅游研究院常务副院长。

何风云,湖北大学旅游管理硕士,华侨城旅游研究院副院长。

崔枫,厦门大学旅游管理博士,华侨城旅游研究院研究员。

汤柳云,厦门大学经济学硕士,华侨城旅游研究院研究员。

张昱竹,上海财经大学旅游管理硕士,华侨城旅游研究院研究员。

王一,对外经济贸易大学金融硕士,华侨城旅游研究院研究员。

B15 元阳哈尼梯田农业文化遗产发展案例报告

解长雯　周裴妍　史晨旭

摘　要：元阳哈尼梯田位于云南省红河哈尼族彝族自治州元阳县，作为云南省梯田的代表，它被誉为"中国最美的山岭雕刻"。元阳哈尼梯田所展现的生产生活方式，直接反映出人与自然的和谐相处，从而展现了人类在极限自然条件下顽强的生存能力、伟大的创造力和乐观精神。元阳哈尼梯田的空间规模和层次规模在世界上都是独一无二的。在森林—水系—村寨—梯田"四素同构"、生态旅游资源、生物多样性多重优势因素作用下，元阳哈尼梯田积极创建国家生态旅游示范区，并形成了"统一思想认识，深化创建目的；加强组织领导，形成创建合力；科学编制规划，构建生态创建的总体框架；以规章制度为抓手、推进生态环境保护"等经验。通过调查发现，哈尼梯田在今后的生态旅游发展中应实施依法保护、推动持续保护、促进群众增收、传承梯田文化、改善民生，以促进生态旅游可持续发展。

关键词：元阳哈尼梯田；生态旅游；生物多样性；可持续发展

Abstract：Yuanyang Hani terrace is located in Yuanyang County, Honghe Hani and Yi Autonomous Prefecture, Yunnan Province. As a representative example of terraced fields in Yunnan Province, it is honored as "the most beautiful mountain sculpture in China". From the production and life style of Yuanyang Hani terrace, it directly reflects the harmony between human and nature, thus showing the tenacious survival ability, great creativity and optimism of human beings under the extreme natural conditions. The spatial scale and hierarchical scale of Yuanyang Hani terrace are unique in the world. Under the multiple advantages of four elements isomorphism of forest—river system—village—terrace, ecotourism resources and biodiversity,

Yuanyang Hani terrace has been established a sample area of national ecotourism, and some experiences have been formed, including: we should unify our thinking and deepen the purpose of the construction, strengthen the organization and leadership to form a resultant force, make scientific planning and construct the overall ecological framework, take rules and regulations as the starting point, and promote the protection of the ecological environment. Through the investigation, this paper believes that Hani terrace should be protected according to law in the future development of ecotourism, promote sustainable protection, increase people's income, inherit the culture of terrace, and improve people's livelihood, so as to promote the sustainable development of ecotourism.

Keywords: Yuanyang Hani terrace; ecotourism; biodiversity; sustainable development

一、元阳哈尼梯田农业文化遗产发展现状分析

(一)元阳哈尼梯田的情况简介

元阳哈尼梯田位于云南省红河哈尼族彝族自治州元阳县,位于东经102°35′20.12″至102°50′44.45″、北纬23°10′48.30″至23°12′05.11″,总面积461.04平方千米,其中生态旅游示范区面积为166.03平方千米,缓冲区面积295.01平方千米。元阳哈尼梯田至今有1300多年的历史,是国家4A级旅游景区(2014年7月2日)、国家级湿地公园(2007年11月)、全球重要农业文化遗产(2010年6月)、全国重点文物保护单位(2013年5月)、世界文化遗产地(2013年6月22日)。元阳哈尼梯田修筑在山坡上,如等高线般从海拔2000米的山巅一路蜿蜒至山脚下,级数最多处有3700多级,最陡的山坡坡度达到70°,景观壮丽。元阳哈尼梯田作为云南梯田的代表,被誉为"中国最美的山岭

雕刻"。

元阳哈尼梯田生态旅游示范区由梯田分布最集中、养护最好的坝达、多依树和老虎嘴三个片区构成,包括最具代表性的集中连片分布的水稻梯田及其所依存的水源林、灌溉系统、民族村寨。示范区内共有82个村庄,住着5.6万名哈尼族村民及其他6个少数民族的村民。

元阳哈尼梯田所展现的生产生活方式,反映了人与自然的和谐相处,展现了人类在极限自然条件下顽强的生存能力、伟大的创造力和乐观精神。

(二)元阳哈尼梯田发展路径及优势

1. 森林—水系—村寨—梯田"四素同构"系统

总体来说,梯田的空间规模和层次规模在世界上都是独一无二的。元阳哈尼梯田有"四绝":一绝是面积大,形状各异的梯田连绵成片,每片面积达上千亩(1亩≈666.67平方米);二绝是地势陡,从15°的缓坡到75°的峭壁上,都能看见梯田;三绝是级数多,最多的时候能在一面坡上开出3000多级阶梯;四绝是海拔高,梯田由河谷一直延伸到海拔2000多米的山上,可以到达水稻生长的高度极限。在海拔2000米以上、较为阴冷的高山区,保存着茂密的森林,既可涵养水土,也可为示范区居民提供丰富的佐餐肉食与果蔬;在海拔1400—2000米的中半山向阳坡地,分布着众多村寨;从村寨边至山脚河谷,海拔600—2000米的半山区,均有水稻梯田分布;泉水溪流在林区汇集,形成山有多高、水有多长的水系特征,水系向下流入村寨及梯田;在最低处,河流接纳沟渠和梯田中的水,带到区域外更大的江河中去。水资源是示范区生态系统自然恢复和功能维持的重要保障,示范区内有哈尼族"四素同构"的奇特景观,为示范区提供循环使用的水资源。水是哈尼梯田得以持续存在的关键资源。为适应大坡度山地环境,合理利用水资源,避免用水纠纷,哈尼族创造并保持了独特的梯田"分水木刻"管理体系。分水木刻作为分水制度的物质载体,是哈尼族为了对水资源进行合理分配而创造的工具,起到了准确计量各块梯田用水量的作用,可以说是我国最早使用的明渠流量计。分水木刻放置于每个水沟的分叉处,水要分几条沟就在分水木刻上刻几个凹槽,不同宽窄的凹槽决定了每个子水沟所灌溉梯田水量的大小,从而保证了每块梯田都能得到约定的用水量,是用料最省且实现分水功能的最大化的典型形式。

2.生态旅游资源的生物多样性

(1)价值独特性。

元阳哈尼梯田生态旅游示范区景观以规模宏大的自然景观和丰富多彩的文化景观为特征,旅游资源具有独特性。森林—水系—村寨—梯田"四素同构"的人居环境和农业生态系统,与哀牢山特殊的自然景观、红河谷浩瀚的云海,形成了"山有多高,水有多高"的世界农耕文化中壮丽、雄伟、独特的奇观,呈现出"山间沟水如玉带,层层梯田似天梯"的人间仙境,令无数中外游客倾倒,被人们称为"中华风度、世界奇观"。

(2)景观多样性。

元阳哈尼梯田生态旅游示范区景观要素类型极其丰富。示范区拥有磅礴的梯田、茂密的山林、蜿蜒的江河,以及具有生活气息的蘑菇房、土掌房、封火房、闪片房、茅草房等。梯田的规模巨大、线条丰富,具有雄奇、秀丽、壮美、辽阔等各种类型的梯田景观,独特的光、云、影的变幻,使得万亩梯田云雾缭绕,忽隐忽现,变化万千;不仅如此,伴随着春夏秋冬四季更替,梯田的风光也迥然不同。

(3)示范区活态性。

元阳哈尼梯田生态旅游示范区是农业社区与其所处环境协调进化和适应的结果,是仍在使用发展中的文化遗产,其旅游资源具有活态性,可形成强大的休闲旅游场域。研究表明,从游客参与来看,相比于农业系统本身的观光,游客对参与农事活动以及与此相关的旅游项目更感兴趣,如下田抓鱼、了解农业生产的相关知识、参与当地民俗活动等。

(4)文化神秘性。

元阳哈尼梯田生态旅游示范区的文化具有神秘性。保护自然生态、有效利用自然资源、顺应自然规律是哈尼族生存方式的根本法则。示范区内推行与梯田生存和森林水系保护有关的一系列禁忌,这些独特的资源利用方式及其实现的人与自然和谐共生的结果,集中体现了哈尼族以"圣树崇拜"等为核心的"万物有灵"的观念以及对大自然的敬畏与依赖。元阳哈尼梯田生态旅游示范区旅游的发展必须充分尊重当地文化,尽量减少旅游对当地无形文化旅游资源的冲击。

3. 元阳哈尼梯田的创建优势

元阳县资源富集,具有以下五大优势。

一是区位优势明显。元阳县南沙镇距省会昆明273千米,距州府蒙自92千米,距国家一类口岸河口157千米,是内地通往边疆的重要通道。随着个冷、元绿、红南、冷清等二级公路的建成通车,元江至蔓耗高速公路已通车,绿春至元阳、建水至元阳和个旧至元阳高速公路规划建设,哈尼梯田机场选址报告获批复,元阳作为红河南部交通枢纽的地位基本形成。

二是旅游资源独特。元阳哈尼梯田作为世界级的旅游资源,已正式列入世界文化遗产名录,元阳旅游产业迎来了千载难逢的发展机遇,将成为全州乃至全省旅游二次发展的重要增长点。

三是矿产资源丰富。境内有全国特大型金矿,有储量丰富的铜、铁、铅、锌、大理石、石膏等矿产,开发潜力大。

四是水能资源充沛。全县水电可开发装机容量达87.36万千瓦(含红河干流),目前仅开发28.42万千瓦,具有广阔的开发前景。

五是热区资源富集。有热区土地61万亩,其中坡度在25°以下的可垦土地有20万亩,适宜种植甘蔗、冬早蔬菜、橡胶、热带水果等经济作物。

(三)元阳哈尼梯田的保护措施

近年来,示范区在践行"绿水青山就是金山银山"生态文明建设思想的同时,全力推进梯田保护与开发同步实施,在这里种植红米产业,推广"稻鱼鸭"综合种养模式,打造旅游实体等平台,从而使千年梯田焕发活力,并为其遗产区内产出无限财富,被生态环境部命名为"绿水青山就是金山银山"实践创新基地。

1. 修建化粪池

示范区有着哈尼梯田代表性的森林—水系—村寨—梯田"四素同构"循环

生态系统和生产、生活、宗教、文化相融共生的活态文化系统。示范区的村寨内每户都建有化粪池,废水经过管道汇入村头的污水汇集点,再经过层层梯田里的水生植物吸收、吸附,六七天后才会汇入水沟,流向梯田核心区。

2. 修建垃圾热解站

示范区在新街镇土锅寨村委会大鱼塘、多沙丫口村头修建了垃圾热解站,示范区内所有村庄的生活垃圾都要拉到垃圾热解站进行化解,避免空气污染。

3. 推动持续保护

(1)将遗产区、缓冲区的农田划为国家基本农田保护范围,保持哈尼梯田原有的稻作用途。同时,组织村民修缮老虎嘴片区、多依树片区的废弃梯田,恢复耕种,开展测土配方施肥、粮食高产创建、农作物间套种、良种推广、病虫害防治和稻田养殖业,逐步提高农田生产力。

(2)实施退耕还林、荒山造林、封山育林,对国有公益林、自营生态林实行补贴政策,调动群众造林、护林的积极性,提高森林覆盖率。

(3)促进群众增收。实施梯田种粮农户良种补贴、农资综合补贴等政策性补贴,提高农民保护梯田、耕作梯田的积极性。通过"公司+农户"模式,建立梯田红米生产合作社,引导企业进行品牌包装,开发哈尼梯田红米、梯田茶、稻鸭蛋等生态农产品,提升产品附加值,提高农民种植和维护梯田的积极性。

二、元阳哈尼梯田的发展战略及对策建议

(一)发展战略

1. 统一思想认识,深化创建目的

创建国家生态旅游示范区是梯田景区可持续发展的必然选择,有利于推动经济、社会、环境的协调发展。生态建设不排斥、不束缚经济的快速增长,而是以生态的良性循环为基础,不以牺牲环境为代价来促进经济的良性发展。因此,梯田景区创建工作是以人为本、同步协调、科学发展的具体体现。

2. 加强组织领导,形成创建合力

元阳县委县政府高度重视国家生态旅游示范区和国家5A级旅游景区的创建工作,把创建工作写入了政府工作报告当中,列为全县重点工作目标,强力推进。召开创建动员大会,就创建工作进行了全面动员和部署。因此成立了由政府主要领导挂帅、有关部门主要负责人为成员的创建领导小组,负责做好创建的协调工作,定期召开专题会议,研究、部署、推进创建工作。建立绩效考核机制,县政府督查部门对创建工作进行绩效监察,全县上下形成了党委、政府统一领导,人大、政协全力支持,各部门分工负责,齐抓共创的良性工作机制。

3. 科学编制规划,构建总体框架

为提高创建国家级生态旅游示范区的科学性,元阳县根据整体优化、生态优先、生态范围、市场导向、容量控制等原则,制定了《元阳县旅游发展总体规划》《元阳哈尼梯田旅游区总体规划》和《红河哈尼梯田元阳核心区世界文化遗产保护利用总体规划》,明确了严格的安全质量控制目标、生态环境保护目标,依据资源环境的容量核定出游客的流量,并配置了科普标识牌,让游客及区内居民从旅游业中体验生态文明。

4. 依托规章制度,推进生态保护

一直以来,元阳县委县政府始终把保护生态放在首要位置,认真履行《保护世界文化和自然遗产公约》,履行国家承诺,明确"严格保护、统一管理、合理开发、永续利用"的指导方针,建立完善生态保护管理体系,为生态保护提供强有力的保证。

(二)对策建议

1. 实施依法保护

国务院将红河哈尼梯田列入全国重点文物保护单位;国家文物局将红河哈尼梯田列入《中国世界遗产预备名单》;云南省人民政府颁布实施《红河哈尼梯田保护管理规划(2011—2030)》;云南省文物局颁布实施《红河哈尼族传统

民居保护修缮和环境治理导则》；经云南省第十一届人大常委会第三十一次会议批准实施《云南省红河哈尼族彝族自治州哈尼梯田保护管理条例》；元阳县政府颁布实施《红河哈尼梯田文化景观村庄民居保护管理办法》。

2. 完善工作机制

哈尼梯田管理已形成省—州—县多级联动，文物、建设、农业、林业、环保、旅游等多部门协作的工作机制。红河州、元阳县、红河县、绿春县、金平县还分别成立了州、县两级哈尼梯田管理局(办)，负责日常保护、管理、监测和协调等工作。元阳县政府还与遗产地村民小组、农户逐级签订保护梯田责任书，建立县—乡镇—村委会—村民四级共同保护的新格局。2014年9月，红河州州委州政府制定出台了《关于加强世界遗产红河哈尼梯田保护管理的决定》，该决定明确要求进一步健全完善保护管理机构设置，元阳县成立管委会，其他县成立管理局。同时，从2014年开始，红河州州政府每年划拨1000万元财政资金作为哈尼梯田保护专项经费。

3. 推动持续保护

一方面，将遗产区、缓冲区的农田划为国家基本农田保护范围，保持哈尼梯田原有稻作用途。同时，组织村民修缮老虎嘴片区、多依树片区的废弃梯田，恢复耕种，开展测土配方施肥、粮食高产创建、农作物间套种、良种推广、病虫害防治和稻田养殖业，逐步提高农田生产力。

另一方面，实施退耕还林、荒山造林、封山育林，对国有公益林、自营生态林实行补贴政策，调动群众造林、护林积极性，提高森林覆盖率。2014年10月27日至31日，由国家文物局、云南省人民政府主办，云南省文化厅（现文化和旅游厅）、红河州人民政府承办的红河哈尼梯田可持续发展国际学术研讨会在红河州举行，会议围绕红河哈尼梯田文化景观，以"保护·发展·持续·共赢"为主题，加强国际学术交流，借鉴国际文化遗产保护管理的理念和方法，推动红河哈尼梯田遗产地区经济社会全面协调可持续发展。

4. 促进群众增收

实施梯田种粮农户良种补贴、农资综合补贴等政策性补贴，提高农民保护梯田、耕作梯田的积极性。红河州委州政府高度重视发展梯田传统特色经济，出台了《关于加快推进南部山区综合开发的决定》,将梯田红米产业作为"六个百万亩"优势产业培育建设,全面推广种植梯田红米,打造红河绿色生态品牌。先后有红河州哈尼梯田产业发展有限公司、云南红河酷爱哈尼梯田产业发展有限公司等以哈尼梯田红米为主打品牌的农特产开发企业,通过"公司+农户"模式,建立梯田红米生产合作社,引导企业进行品牌包装,开发哈尼梯田红米、梯田茶、稻鸭蛋等生态农产品,提升产品附加值,提高农民种植和维护梯田的积极性。

5. 传承梯田文化

开展了《哈尼族口传文化译注全集》(100卷)的编译工作;出版发行《哈尼古风·哈尼族古谚语》《哈尼古风·哈尼族习俗礼仪(上、中、下卷)》《哈尼古风·哈尼族古歌——人之歌》等哈尼古风系列丛书;编写了面向小学生的《可持续发展的未来——哈尼梯田与青少年》等乡土教材,加大对濒危传统文化的拯救力度。2006年,哈尼梯田保护区的"哈尼《四季生产调》、哈尼族多声部音乐《栽秧山歌》入选第一批国家级非物质文化遗产名录;2008年,哈尼族创世史诗《哈尼哈巴》入选第二批国家级非物质文化遗产名录;2011年,"祭寨神林"被列为第三批国家级非物质文化遗产名录;2009年12月,在"哈尼梯田农业文化遗产保护与发展论坛"上,与中科院地理科学与资源研究所、社科院文化研究中心、云南省社科联联合建立"哈尼梯田文化遗产联合研究基地",就哈尼梯田文化遗产及其保护开展研究;2012年6月,《云南哈尼族传统生态文化研究》顺利通过国家评审,标志着哈尼族文化研究领域已经进入国家级课题研究层面;2014年底,州委、州政府又出台了《红河州文化建设"1046"春天工程(2015—2020)》,明确把哈尼梯田文化保护工程列入红河十大文化保护工程的首要工程,把哈尼十月长街宴、哈尼文化产业园建设列入红河文化展示与利用的重要内容;2015年6月,在意大利米兰世博会上,原生态歌舞《哈尼古歌》作为唯一驻场演出节目,每天在中国馆演出数小时,向全球展示红河哈尼文化的魅力。

6. 改善民生水平

哈尼梯田自身价值和旅游热度的逐渐提升,让健康、环保的梯田产品受到更多的关注,目前已有一定的开发基础。近年来,相关部门和企业正在积极引入市场机制推广种植梯田红米。着力开发肉、鱼、蛋等农产品及相关绿色生态食品。通过加快优质、特色梯田农产品的品牌建设,增加文化附加值,提高梯田产品的综合价值,促进遗产地农民增收,推动哈尼梯田可持续发展。哈尼梯田是一个活态的自然遗产,我们将采取有效措施,科学保护好这一珍贵的世界遗产,充分挖掘和展示哈尼梯田的文化内涵,延续其丰富的遗产价值,合理利用其自然生态、梯田农业、生态林业、民族文化、历史文化等丰富资源,发展梯田文化、旅游等产业,提升综合产值和效益,让发展成果惠及群众、改善民生,增强民族自豪感和凝聚力。

参考文献

[1] 周小凤,张朝枝.元阳哈尼梯田遗产化与旅游化的关系演变与互动机制[J].人文地理,2019(3).

[2] 韩晓芬,秦莹,刘红.农业文化遗产在旅游影响下的传统生态文化保护——以元阳哈尼梯田为例[J].生态经济评论,2018(1).

[3] 王浩,叶文,薛熙明.遗产视角下的元阳哈尼梯田旅游开发——基于国内外梯田旅游发展模式的研究[J].旅游研究,2009(3).

作者简介:

解长雯,云南财经大学旅游与酒店管理学院讲师,博士研究生,主要研究方向为旅游管理。

周裴妍,云南财经大学旅游管理研究生教育中心硕士研究生,主要研究方向为文化旅游。

史晨旭,云南财经大学旅游管理研究生教育中心硕士研究生,主要研究方向为文化旅游。

B16 保山高黎贡山生态旅游发展案例报告

史晨旭　闫昕　解长雯

摘　要：高黎贡山是我国西南地区的绿色生态安全屏障，是中国和世界生物多样性代表性地区，是实施"一带一路"中缅印跨境保护的重要地段。在生态优先、保护第一的前提下，高黎贡山紧紧抓住推进旅游品牌化发展和打造"高黎贡山东方黄石公园"这个契机，在准确定位、科学规划的前提下，以品牌打造为核心，以特色小镇创建和重点项目为突破口和支撑点，与高黎贡山西坡的腾冲形成旅游协同发展的态势，由粗放经营向集约发展转变，努力将高黎贡山旅游度假区打造成为环境更加优美、功能更加健全、内涵更加丰富的生态旅游观光和休闲度假胜地，积累了宝贵的生态旅游发展经验。高黎贡山生态旅游发展的主要经验包括：顶层"谋设计"、规划"做文章"；体制"求突破"、管理"夯基础"；生态"立根本"、保护"守底线"；社区"广参与"、资金"注活力"四个方面。与此同时，高黎贡山旅游发展也存在着有品质少品牌，生态旅游知名度较低；有资源少设施，生态旅游体验感较差；有项目少资金，生态旅游投融资较弱；有产品少产业，生态旅游辐射力较小；有保护少利用，生态旅游转换力较慢等问题。建议从高位推动，强力突破体制机制创新；统筹布局，主动融入区域发展战略；塑造品牌，系统构建示范型旅游IP；整合要素，锐意拓展优质发展资本；跨界融合，广泛展开生态旅游合作等方面着手，对高黎贡山生态旅游发展加以优化。

关键词：高黎贡山；生态旅游；资源整合；产业转型升级

Abstract：Gaoligong Mountain is a green ecological and security barrier in southwest China, and a key area of biodiversity in China and the world, it is also an important area for the implementation of "One Belt and One Road" China-Myanmar and India cross-border protection. Under the premise of giving priority to ecology and protection, Gaoligong Mountain firmly seizes the opportunity of promoting tourism brand development and building "Oriental Yellowstone Park of Gaoligong Mountain", on the premise of accurate positioning and scientific planning, it takes brand building as the core, the creation of Characteristic Towns and key projects as the breakthrough and support point, with Tengchong on the west slope of Gaoligong Mountain, it forms a trend of tourism coordinated development and transforms from extensive operation to intensive development, makes great efforts to build the tourist resort of Gaoligong Mountain into an ecological and leisure destination with more beautiful environment, more perfect functions and richer connotation, and accumulates valuable experience in the development of ecotourism. The main experiences of ecotourism development in Gaoligong Mountain include these four aspects: top-level managers are responsible for design and planning, the system seeks a breakthrough and lays a foundation, ecological protection as the fundamental and bottom line, broad participation of the community and funding injection. At the same time, there are some problems in the tourism development of Gaoligong Mountain, such as low brand quality, low awareness of ecotourism, more resources but less facilities, the experience of ecotourism is poor, there are some projects but lack of funds, the investment and financing of ecotourism are weak, more products but less industries, the radiation of ecotourism is small, the utilization rate of protection is low, the transformation ability of ecotourism is slow and so on. This paper suggests that we should promote from a high position and make a strong breakthrough in the innovation of system and mechanism, overall layout, carry out active integration into regional development strategy, create strong brand and build demonstration IP system of tourism, integrate the elements and expand the high-quality development capital, cross border integration and carry out extensive ecotourism cooperation so as to optimize the development of ecotourism in Gaoligong Mountain.

Keywords：Gaoligong Mountain；Ecotourism；Resource Integration；Industrial Transformation and Upgrading

一、高黎贡山概况及生态旅游发展现状

(一)高黎贡山概况

高黎贡山地处云南西部中缅边境地区,北接青藏高原唐古拉山,南衔中印半岛,东邻横断山系的怒山(碧罗雪山)山脉,西毗印缅山地,从北到南共600余千米,最高海拔5128米,最低海拔210米,是我国西南地区的绿色生态安全屏障,是中国和世界生物多样性关键性地区,是实施"一带一路"中缅印跨境保护的重要地段。1962年,高黎贡山国有林被划为国有林禁伐区;1983年,云南省政府批准高黎贡山建立省级自然保护区;1986年,高黎贡山省级自然保护区晋升为森林和野生动物类型的国家级自然保护区;1992年,世界野生生物基金会将高黎贡山评定为具有国际重要意义的A级保护区;2000年,高黎贡山被联合国教科文组织批准接纳为"世界生物圈保护区网络"成员;2003年,被联合国教科文组织世界遗产委员会列入《世界自然遗产名录》;2006年,被国家林业局(现国家林业和草原局)批准为全国林业示范建设自然保护区。目前,高黎贡山共有高等植物5726种、特有植物有434种、有脊椎动物928种。此外,高黎贡山两侧分布有汉族、傣族、傈僳族、景颇族、怒族等共12个世居民族约70.58万人。

(二)高黎贡山生态旅游发展现状

在生态优先、保护第一的前提下,借助高黎贡山资源特色"名片",加快打造"世界高黎贡山·东方黄石公园"品牌,建成火山热海、玛御谷、邦腊掌、康藤·高黎贡帐篷营地等一大批不同层次、不同类型的休闲度假产品,截至2018

年,已建成中国乡村旅游模范村 3 个、省级旅游特色村 12 个、省级民族特色旅游村 13 个、市级旅游特色村 49 个[①]。成功推出"高黎贡山国际观鸟节""白眉长臂猿的呼唤""拜访世界杜鹃王""重走远征军之路"等精品生态旅游体验之旅。美国、英国、法国等 20 多个国家和地区的多批团队到高黎贡山进行观鸟、探险等生态旅游活动。

近年来,依托高黎贡山开展徒步健身、科考探险、生态体验、国际观鸟等旅游活动逐年增多,探访千年古道之旅、科考之旅、观鸟摄影之旅等广受国内外游客欢迎,旅游产业已经形成一定规模。2018 年,区域内共接待游客 1115 万人次,实现旅游业总收入 124 亿元,同比增长 17.12% 和 27.83%。已形成了百花岭五星级观鸟、保山小粒咖啡体验、高黎贡山生态徒步游以及其他度假产品等不同特色的旅游产品。下一步,高黎贡山将紧紧抓住推进旅游品牌化发展和打造"世界高黎贡山·东方黄石公园"这个契机,在准确定位、科学规划的前提下,以品牌打造为核心,以特色小镇创建和重点项目为突破口和支撑点,与高黎贡山西坡的腾冲形成旅游协同发展的态势,逐步将多种资源、多种产业、多种要素整合在一起,推动旅游业由单一化向多元化转型,由粗放经营向集约发展转变,打造更多更好具有先进理念、深受游客喜爱的休闲度假产品,不断提升配套服务体系和服务水平,努力将高黎贡山旅游度假区打造成为环境更加优美、功能更加健全、内涵更加丰富的生态旅游观光和休闲度假胜地[②]。

二、高黎贡山生态旅游发展的主要做法及经验

(一)顶层"谋设计"、规划"做文章"

早在旅游活动还未触及高黎贡山自然保护区时,保护区就已经编制了适

---

① 《"东方黄石"高黎贡,超拔不群的世界品牌》,https://baijiahao.baidu.com/s?id=1615354233319231603&wfr=spider&for=pc。
② 《让高黎贡山旅游名片享誉世界》,http://yn.people.com.cn/news/yunnan/n2/2020/0407/c385762-33931897.html。

合自身发展的总体规划,根据总体规划,保护区现已开辟了多条生态旅游线路,完成了百花岭澡塘河温泉、瀑布生态旅游小区的初步开发,2002年8月,保山市旅游局(现保山市文化和旅游局)配合高黎贡山自然保护区局编制完成了《百花岭——江苴生态旅游可行性报告》[1],为启动高黎贡山、怒江生态旅游创造了条件。此外,各种不同区域的旅游发展规划也在近年内相继完成,这就使得保护区的发展有了明确的方向和指导[2]。2011年3月,云南省人民政府批准建立高黎贡山国家公园,2011年7月,云南省人民政府正式批准关于高黎贡山国家公园创建的总体规划。此后,保山市一直致力于高黎贡山国家公园建设工作,提出"世界高黎贡山·东方黄石公园"目标,近年来,《保山旅游发展总体规划》《保山市旅游文化产业发展规划(2017—2020年)》《保山"东方黄石"——高黎贡山国家公园发展规划》等一系列规划的出台,为高黎贡山生态旅游高质量发展提供了科学指导。

(二)体制"求突破"、管理"夯基础"

从1994年开始,高黎贡山自然保护区管理处为整合保护区旅游资源,邀请各方专家进行了多次论证。为了促进高黎贡山生态旅游的快速发展,高黎贡山保护区以百花岭为突破口,于20世纪90年代建起了百花岭科考旅游接待中心,培训了导游人员,成立了保山高黎贡山生态旅游发展中心,初步形成了专业化的生态旅游管理部门。近几年来,为深入推进高黎贡山生态旅游发展,保山市各级党委政府思想统一,高度重视国家公园建设工作。保山市委市政府始终把高黎贡山国家公园建设作为统领全市旅游产业发展的"牛鼻子"工程和促进保山经济社会发展的重大事项,成立了保山市高黎贡山旅游度假区管理委员会、云南高黎贡山国家级自然保护区保山管理局和保山市高黎贡山国家公园管理局,逐步理顺体制机制,推动工作开展。截至2019年,云南高黎贡山国家级自然保护区保山管理局(保山市高黎贡山国家公园管理局)对国家公园和保护区进行管理,实行"两块牌子、一套人马"的管理体制,下设2个管护分局,11个管护站,现有人员编制(含局、分局、管护站)121人,实有工作人员113人,另有护林员262人,实行管护局、分局、管护站三级管理体制,将生态保护与旅游开发结合起来,有效推进了高黎贡山生态旅游的发展。

(三)生态"立根本"、保护"守底线"

自高黎贡山保护区成立以来,保山市对高黎贡山生态保护由单纯森林保护迈向以自然资源、自然环境和自然景观综合保护为本,科学研究、资源监测、中外合作、推动周边发展等多领域拓展的道路,"绿水青山就是金山银山"的"绿色效应"逐步显现。

首先,高黎贡山积极应对生态环境破碎化的世界难题。建立近5000公顷(1公顷=10000平方米)生物走廊带,并纳入保护区建设管理,成功实现高黎贡山国家级自然保护区与小黑山省级自然保护区"牵手",有力改变了该区域野生动物栖息地孤岛化和破碎化的现状,野生动物栖息地质量得到明显改善,种群数量得到有效恢复,被中外专家高度评价为云南省乃至中国生物走廊带建设较为成功的典范[1]。

其次,高黎贡山积极开辟国际科研合作新途径,关注高黎贡山生物多样性保护,多批中外合作保护项目落户高黎贡山。与此同时,高黎贡山开启物种科考研究新方法,建立动植物科学监测体系,以流动考察和固定监测等方式开展科学研究,《高黎贡山植物》《高黎贡山自然与生物多样性研究》《云南高黎贡山国家级自然保护区腾冲市横河村傈僳族传统文化传承与生物多样性保护》等生物多样性专著影响深远。以白眉长臂猿为代表的珍惜动植物在高黎贡山"露面",2018年5月,保山市被冠名为"中国白眉长臂猿之乡"。

(四)社区"广参与"、资金"注活力"

在社区参与方面,高黎贡山一方面吸引社区参与旅游规划、景区开发建设,旅游规划内容包含社区旅游(农家住宿、民族文化、山乡风情等),景区建设让社区群众有偿投劳;另一方面,鼓励社区群众直接参与旅游活动,如提供向

---

[1] 《美丽云南·穿越自然保护区】寻寻觅觅百花岭:追寻高黎贡山保护与发展的足迹》,http://www.baoshandaily.com/html/20170523/content_149550592950758.html。

导、食宿、出售农副产品、旅游纪念品等服务活动,从事民族歌舞表演等旅游活动。近年来,高黎贡山逐渐摸索出了一条通过社区参与进行保护开发的独特之路,对周边社区农民拓宽收入来源、提高农业生产技术和管理水平、引导群众积极投身社会公益事业等方面产生了重要影响,受益人口达16万人,为生态旅游的开展提供了基础支持。

在资金投入方面,高黎贡山生态旅游的资金来源在早期多受惠于国际保护组织的资助。1997年1月保护区利用麦克阿瑟基金会资助的6万元项目经费,修建了3.5公里的游道,开辟了百花岭澡塘河温泉、瀑布生态旅游小区。1998—2000年中荷合作云南森林保护与社区发展项目(FCCDP)在保护区周边24个自然村实施社区发展项目(内容包括发展经济林、节柴改灶、建沼气池、发展社区生态旅游等)。随着对高黎贡山生态旅游发展的不断重视,一批以高黎贡山为主题打造的精品旅游项目,如高黎贡山摄影小镇、高黎贡山国际观鸟周等开始推进,在扩大高黎贡山生态旅游知名度的同时,也拓宽了资金来源,开始进入项目驱动的投资发展阶段。

三、高黎贡山生态旅游发展的主要问题及障碍

(一)有品质少品牌,生态旅游知名度较低

近年来,保山市旅游品牌化发展思路不断完善,旅游产业转型升级步伐明显加快,但有品无牌、有牌无品的发展困局尚未有效冲破,"满天星星没有月亮"的问题依然十分突出,各县(市、区)旅游业发展不平衡问题亟待有效破解。高黎贡山虽然拥有世界级的生态旅游资源,但在长期的发展中品牌意识淡薄,没有将高品质的生态旅游资源转化为世界级的旅游品牌,尤其是在大理、丽江、香格里拉、西双版纳等市(州)旅游品牌日益成熟的情况下,高黎贡山生态旅游发展将面临巨大压力。

(二)有资源少设施,生态旅游体验感较差

近年来,尽管高黎贡山生态旅游在不断发展,但相关基础设施建设并没有紧跟旅游发展需求,这也成为高黎贡山生态旅游在市场规模和效益方面受限的重要原因之一。例如,怒江州泸水市与保山市、腾冲市沿边高速(国道)长期以来为"断头路",在项目推进过程中,由于沿边高速(国道)涉及保山和怒江两个州市,项目推进困难重重,原因有三:一是路线方案尚未确定;二是审批审查制约因素多;三是项目施工困难。保泸高速公路后期正式建成通车会对促进高黎贡山旅游发展具有重要意义。但总体而言,高黎贡山周边旅游配套服务设施仍较为薄弱。

(三)有项目少资金,生态旅游投融资较弱

长期以来,高黎贡山生态旅游发展在项目招商引资方面存在很大短板。高黎贡山生态旅游在资金支持方面曾一度受国际性的生态保护组织资助,资金来源较为单一,缺乏强力资本的注入。与此同时,高黎贡山周边区域发展相对滞后,部分地区处于相对贫困区域,自身发展资金有限。亟待拓展投融资渠道,为生态旅游发展注入强劲动能。目前,在重点项目的科学规划之下,一批具有代表性、创新性、高品质的生态旅游项目正在深入推进,对投融资能力提出了更高的要求,需要尽快突破资金限制。

(四)有产品少产业,生态旅游辐射力较小

当前,保山市围绕高黎贡山旅游资源,逐步推出一批生态旅游、度假旅游、红色旅游产品,并积极在赛事、节庆等产品上培育品牌,使产品体系不断优化成熟。然而,与此形成鲜明对比的是,受到区位环境、发展基础等综合因素的制约,高黎贡山尚未形成竞争力强、辐射性高、差异化明显的旅游产业链,与工业、农业等的融合程度偏低,缺少大型旅游集团的引领带动,各类要素的整合力度不足,在产品打造、品牌宣传、生态保护、招商引资、市场管理等各个环节都需要强化市场作用,形成区域性的旅游产业链。

(五)有保护少利用,生态旅游转换力较低

良好的生态环境具有巨大的"磁场效应",是决定一个地方发展空间、发展高度、发展后劲的重要因素,高黎贡山作为保山跨越发展、群众脱贫致富的最大本钱,"绿水青山"转换化为"金山银山"的能力和速率都存在一些问题。一是法律法规不明确。现行法律法规和规章、标准、规程对保护区开展生态旅游的约束和规范不够明确具体;二是商品林与国有林等"借山造林"历史遗留问题尚未解决。2017年,腾冲市已提出以政府赎买方式解决借山造林问题,但尚未最终解决,这将极大限制高黎贡山生态旅游的发展。

四、高黎贡山生态旅游发展的主要建议及措施

(一)高位推动,强力突破体制机制创新

体制机制的创新是高黎贡山突破发展障碍,实现生态旅游高质量发展的关键之一。高黎贡山应尽快成立以保山市委书记、市长为双组长,各县市区政府、高黎贡山旅游度假区管委会主要领导,市发展和改革委、市文化和旅游局、云南高黎贡山国家级自然保护区保山管理局等相关部门主要负责人为成员的领导小组,明确职能职责,确保工作强力有序推进;对高黎贡山旅游度假区管委会和云南高黎贡山国家级自然保护区保山管理局进行整合,研究、探索实行主任与局长由同一人兼任的机制,并给予高黎贡山国家公园周边社区一定政策和资金倾斜,实现资源开发的有效利用与地方经济的协调发展。成立高黎贡山国家公园专家委员会,适时启动国家公园调规和资源摸底调查工作,划清国家公园界线。

(二)统筹布局,主动融入区域发展战略

随着云南省构建万亿级旅游文化产业体系的提出和大滇西旅游环线建设

的持续推进,高黎贡山生态旅游发展面临着重要的发展机遇。保山市应立足高黎贡山优质旅游资源,围绕打造"世界高黎贡山·东方黄石公园",加快构建"一圈一环一线"旅游大发展格局。整合各类自然保护区资源,着力构建以高黎贡山国家级自然保护区为核心,辐射周边的自然保护区生态旅游圈;着力构建以高黎贡山旅游度假区和怒江大峡谷景区为核心,沿线公路为纽带,百花岭五星级观鸟圣地、高黎贡山摄影小镇等多点支撑的高黎贡山旅游环;着力构建以弘扬抗战文化、传承艾思奇的理论创新精神和以杨善洲精神为核心的红色经典旅游线。

(三)塑造品牌,系统构建示范型旅游IP

保山市应立足生态旅游发展热点,做好"世界高黎贡山·东方黄石公园"全域旅游品牌策划。通过"'永子杯'国际围棋大师赛""腾冲国际马拉松""高黎贡山超级越野赛""'高黎贡山杯'国际观鸟摄影对抗赛"等国际性品牌赛事的持续培育,加大"世界高黎贡山·东方黄石公园"全域旅游品牌的宣传;通过生态旅游论坛、新媒体平台、友好城市交流等形式,增强高黎贡山生态旅游品牌宣传效应;加大机场及各类旅游交通设施旅游宣传广告投放力度,大规模开展主要客源地实地促销和新媒体平台旅游推介;加强高黎贡山东西坡两侧乃至各县市区的区域合作和品牌整合,系统构建示范型旅游IP。

(四)整合要素,锐意拓展优质发展资本

高黎贡山生态旅游发展关注的单元应该由产品、线路和品牌转移到生产要素,通过有效整合要素资源实现优质发展,强化资本吸引力。首先,要提升对人才、科技、金融等的重视力度,使之与生态旅游发展及自然保护区生态环境优化相结合,全力促进机制整合、产业融合、人才聚合,引导以高黎贡山为中心和引擎的全域旅游高质量发展,将生态旅游与乡村旅游、红色旅游、民族旅游等融合贯穿,形成多层次产品体系,逐步完善基础设施建设,增强旅游投融资吸引力;其次,串联政府、市场、行业协会、社区等多方利益相关者,加大资金资本的政策倾斜,创新招商引资、人才引进、技术引入的机制创新,通过高黎贡

山资本数据平台的搭建,对接各方资本要素,形成生态旅游发展新优势。

(五)跨界融合,广泛展开生态旅游合作

在以国内循环为主体的格局下,国内旅游消费活力进一步释放,旅游产业自我循环能力不断加强,畅通国内大循环意味着区域之间的旅游合作进一步增强。在大滇西旅游环线深入推进的背景下,保山市应展开与周边市(州)的广泛合作,尤其是怒江、迪庆等生态旅游资源丰富的地州。通过"世界高黎贡山·东方黄石公园"的品牌打造,积极实现与怒江的品牌共建、市场共享、产业共通、效益共融;通过与丽江、大理、西双版纳等市(州)及周边国家的友好合作,学习生态旅游发展的先进经验,扩大区域影响力;通过区域间工业、农业、交通运输业、康养、体育等产业、业态的融合发展,实现区域产业、业态间融合合作,创新产品业态研发模式,推进高黎贡山生态旅游高质量发展。

参考文献

[1] 肖朝霞.高黎贡山生态旅游管理存在问题及对策研究——以百花岭景区为例[J].边疆经济与文化,2011(8).

[2] 罗辉.论云南省自然保护区的旅游开发与管理——以高黎贡山国家级自然保护区为例[J].学术探索,2004(9).

作者简介:

史晨旭,云南财经大学旅游管理研究生教育中心硕士,主要研究方向为文化旅游。

闫昕,云南财经大学旅游管理研究生教育中心硕士,主要研究方向为文化旅游。

解长雯,云南财经大学旅游与酒店管理学院讲师,博士,主要研究方向为旅游管理。

B17 怒江州生态旅游扶贫案例报告

史晨旭 邓媛媛 解长雯

摘 要：怒江州具有特色鲜明、组合度良好的世界级旅游资源。怒江州是云南省和全国脱贫攻坚的"硬骨头"，以生态旅游发展带动怒江州贫困群众脱贫致富，把怒江第一大难题变成旅游第一大动力势在必行。本文在阐述了怒江州发展概况的基础上，分析怒江州当前的做法以及这些做法取得的成效，同时也指出其中存在生态旅游基础设施薄弱、生态旅游交通通达率低、生态旅游投融资平台尚未建立、缺乏生态旅游人才、生态旅游要素产品有待进一步升级等问题。进而探讨如何更好地促进怒江州生态旅游发展：进一步完善生态旅游基础公共服务设施建设、加快构建高效便捷交通网络、充分利用各种投资渠道、培养和吸引高素质人才、提升生态旅游产业附加值、开展立体化市场营销、培育生态旅游新业态及以"生态旅游+"推动发展模式变革等。

关键词：怒江；生态旅游；扶贫

Abstract: Nujiang Prefecture has world-class tourism resources with distinctive characteristics and good combination. However, Nujiang Prefecture is the "hard bone" for Yunnan Province and the whole country to fight against poverty. Therefore, it is imperative to turn the biggest problem of Nujiang into the biggest driving force of tourism and drive the poor people in Nujiang Prefecture to get rid of poverty and become rich with the development of ecotourism. Based on the general situation of the development of Nujiang Prefecture, this paper analyzes the current practices of Nujiang Prefecture and the achievements of these practices, and points out some problems, such as there are some weaknesses in ecotourism infrastructure, the traffic accessibility of ecotourism is low, the investment and financing platform of ecotourism has not been established, lack of talents for ecotourism, products with ecotourism elements need to be further upgraded, etc. Then this paper discusses the countermeasures to better promote the development of ecotourism in Nujiang Prefecture: the construction of basic public service facilities of ecotourism should be further improved, the construction of efficient and convenient transportation network should be accelerated, the various investment channels should be made full use, high quality talents should be cultivated and attracted, the added value of the ecotourism industry should be enhanced, three-dimensional marketing should be developed, new forms of ecotourism should be cultivated, the reform of development model with "ecotourism ＋" should be promoted.

Keywords：Nujiang River；Ecotourism；Poverty Alleviation

怒江州地处滇缅、滇印、滇藏结合部，全州98％以上的面积是高山峡谷，是世界自然遗产"三江并流"腹地，享有"地质地貌博物馆"和"世界生物基因库"等称誉。怒江州旅游资源富集，怒江大峡谷自然风光神奇瑰丽，有峡谷奇观"石月亮"、怒江第一湾、独龙江秘境、人神共居丙中洛、罗古箐丹霞地貌等自然景观。怒江州少数民族人口约54万，占总人口约94％，境内居住着傈僳族、怒族、独龙族、普米族等22个民族，独有的民族有独龙族和怒族，是傈僳族和普米族的主要聚居区，是全国唯一的傈僳族自治州。怒江州民族文化灿烂、多彩、多元，是云南省旅游的一张"王牌"。

旅游业是经济发展中的动力产业，是改善民生的幸福产业。充分发挥生态旅游扶贫的战略作用，实施生态旅游产业扶贫，是贫困地区脱贫致富的最佳选择。怒江州充分贯彻落实国家生态旅游产业扶贫的发展新思路，截至2018年底，怒江州贫困人口已经由2011年的31万多人下降到14万多人，贫困发生率由七成多下降到不足1/3[①]，扶贫成效显著。在新一轮的生态旅游扶贫工

---

① 《云南怒江州：10万乡亲"挪穷窝"》，http://society.people.com.cn/n1/2019/0416/c1008-31031813.html。

作中,将会有一批生态旅游项目和设施建设纳入国家和省级扶持计划统筹推进,全州生态旅游产业发展面临着重要的政策机遇。怒江州如何把握这一历史机遇,把资源优势转变为经济优势从而实现生态旅游扶贫值得探讨。

一、怒江州生态旅游扶贫发展现状

(一)生态旅游扶贫产业开展基本情况

1.高位推动实施

怒江州委、州政府对旅游扶贫重点项目高度重视、高位推进,州委书记纳云德、州长李文辉多次提出明确要求,做出重要指示。怒江州人民政府分管领导、州旅游革命指挥部、州文化和旅游局多次组成调研督导工作组,深入泸水市、福贡县、贡山县、兰坪县的旅游扶贫示范村、旅游扶贫示范户和独龙江生态旅游扶贫整体提升项目现场,就规划编制、评审、实施方案编制、规划执行、资金效率等方面开展调研指导工作。

2.完善顶层设计

怒江州文化和旅游局编制印发了《怒江州人民政府关于推动旅游革命加快旅游产业转型升级的实施意见》,提出要按照夯实基础、完善配套、打造精品、融合发展的思路,努力打造怒江大峡谷世界知名旅游品牌,着力把旅游产业培育成为怒江最重要的战略性支柱产业,把怒江建设成为国内一流的自驾徒步旅游胜地,世界知名的生态旅游目的地,旅游扶贫带动脱贫攻坚示范区。

3.细化落实责任

紧盯"盯项目、转作风、抓落实、促脱贫"主题实践活动,梳理了旅游扶贫示范村、旅游扶贫示范户、独龙江生态旅游扶贫整体提升项目等32项总投资9.01亿元的旅游扶贫重点项目,明确了项目建设内容、规模、时限、挂联领导、责任领导和责任人员。

(二)生态旅游产业扶贫项目推进情况

深入贯彻落实党的十九大关于坚决打赢脱贫攻坚战精神和《中共中央 国务院关于打赢脱贫攻坚战三年行动的指导意见》的安排部署,2018—2020年旅游扶贫建设项目概算投资9.01亿元。其中建设30个旅游扶贫示范村,每个村投入2000万元,共6亿元;培育750户旅游扶贫示范户,每户投入10万元,共0.75亿元;独龙江生态旅游扶贫整体提升工程2.26亿元。

1. 30个旅游扶贫示范村推进情况

1)泸水市

9个扶贫示范村中,有7个村规划已完成市级评审,并已开工建设。维拉坝、百花岭2个村正在编制规划。

2)福贡县

6个扶贫示范村中,红旗、红卫、亚乌都等5个村已通过县级评审,沙瓦村正在编制规划中,亚乌都村已开工建设。

3)贡山县

7个旅游扶贫示范村的规划目前都已通过县级评审。由县扶贫办和县文旅局实施的雾里、茶腊等7个村的民居改造、庭院整治、环境整治等项目目前进展顺利。

4)兰坪县

8个旅游扶贫示范村实施方案,县扶贫领导小组已经批复。目前正在抓紧完成项目征地、编制施工设计等前期工作。

2. 750户乡村旅游经营户培育情况

全力推进30个旅游扶贫示范村组建旅游专业合作社,通过"平台公司+旅游经营公司+合作社+农户"的发展模式,采取扶持资金收益分配和产业带动的扶贫方式推动建档立卡户出列。截至2019年底,泸水市已印发《泸水市旅游扶贫行动实施方案(2018—2020)》和《泸水市旅游扶贫示范户培育实施方案(2018—2020)》的通知。

3. 推进"独龙江生态旅游区"整体提升工程情况

第一,独龙江景前区建设项目,完成地勘、地形测绘和规划设计,支付征地拆迁费439万元。景区大门概算投资224万元,已完成工程量的80%,支付工程款179.36万元。

第二,已开发"独龙人家家访""独龙王子"及"独龙纹面"等5个独龙族文化旅游体验项目。

第三,独龙江国家5A级旅游景区创建已经启动,县人民政府已委托规划单位开展创建规划编制等工作,通过调研确定了创建国家4A级旅游景区的范围,梳理独龙江创建短板。

二、生态旅游产业发展的主要做法

(一)高度重视、靠前指挥

第一,2019年5月6日下午,怒江州委召开全州旅游文化产业发展务虚会议。州委书记纳云德要求把怒江的旅游产业放在全省、全国乃至全球旅游业发展的大格局中来规划,认真思考研究近期怎么抓长远的问题。要深入分析怒江州的旅游资源优势和短板,换个思维看短板,在劣势转化为优势上下功夫。

第二,2019年5月26日,云南省政府大滇西旅游环线怒江调研座谈会在六库召开。州委书记纳云德希望调研组结合怒江丰富的自然旅游资源优势、丰富的人文旅游资源优势和区位优势,把大滇西旅游环线规划与怒江综合交通体系、悬崖酒店、绿色香料产业、怒江花谷、脱贫攻坚、乡村振兴等结合起来,充分发挥怒江在大滇西旅游环线中的重要作用,紧紧围绕环线区域旅游开发,在带动地方经济社会持续健康发展的同时,助推云南旅游产业提质增效,巩固脱贫攻坚成果。

第三,2018年5月,国家文化和旅游部在兰坪县罗古箐举办旅游扶贫对接活动,为怒江州提供旅游规划帮扶、宣传推广帮扶、智力帮扶、对口帮扶等一系列帮扶措施。

第四,2018年年底国家文化和旅游部、省文化和旅游厅、珠海帮扶办先后组织15位权威专家深入怒江州各县市,针对在行业扶贫中存在的问题现场答疑解惑,并指导编制扶贫方案、景区创A方案、营销方案等。

第五,2018年8月,怒江州委、州政府在六库召开全州旅游扶贫推进会,会议指出要进一步凝聚全州力量,紧紧围绕"打造一个品牌、凝聚三个共识、解决五个难题、推进九项工作、压实五个责任"来推进旅游扶贫工作。

第六,2018年10月,怒江州政府成立旅游扶贫和旅游革命指挥部,抽调专班强力推动旅游扶贫工作。

第七,怒江州30个旅游扶贫示范村,每个村分别由一位州级领导挂联,形成州级领导牵头负责工作机制。

(二)谋划统筹,加强指导

怒江州委、州政府把旅游产业作为重点支柱产业培育,印发《怒江州脱贫攻坚旅游建设发展规划(2016—2025年)》《怒江州人民政府关于推动旅游革命加快旅游产业转型升级的实施意见》《怒江加快推进丙中洛旅游小镇建设》,云南省扶贫开发领导小组也印发了《云南省全力推进迪庆州怒江州深度贫困脱贫攻坚实施方案(2018—2020年)》《云南省全力推进怒江州深度贫困脱贫攻坚实施方案(2018—2020年)》。

(三)争取支持,助力发展

第一,与携程集团签订宣传营销扶贫协议,与桂林旅游学院签订智力帮扶协议,签订湖州乡村旅游人才培训帮扶及旅游消费扶贫协议。

第二,上报泸水市天眼高空悬崖旅游景点等13个项目,被云南省发改委审核并录入国家发改委"十三五"旅游重点项目库,每个项目国家补助1000万元。

第三,申报独龙江酒店项目为中国农业发展银行金融支持生态旅游扶贫重点项目,百花岭傈僳风情小镇、悬崖酒店、登埂温泉等项目作为备选项目实行动态管理。

(四)强化宣传,展示形象

持续举办"中国怒江皮划艇野水国际公开赛",实现与国际市场全面接轨,吸引国内外众多旅游客源关注怒江。2019年承办"中国怒江皮划艇野水世界杯"。2018年先后组织参加"原美生态情'三州'"旅游推介会、2018年南博会、2018中国大香格里拉旅游推广联盟联席会暨第四届中国西藏旅游文化国际博览会、2018中国国际旅游交易会、海南休博会和珠海"江海情·携手行"等旅游宣传推介活动。

(五)精准扶贫,提高技能

怒江州乡村旅游人才较为匮乏,为解决这一问题,州委、州政府组织行业管理人员、旅游扶贫示范村书记和主任等参加2018年全国贫困地区旅游扶贫培训班和全国旅游特色村村干部培训班,总计27人次。组织旅游客栈、农家乐、示范村村民代表等6批共280人次到省内外生态旅游发达地区学习。邀请省内外专家、专业教师到示范村现场教学培训,培训旅游从业人员达3760余人次。

三、生态旅游扶贫取得的成效

(一)旅游经济稳步增长

2018年,全州累计接待海外游客3.75万人次,比上年增长7.31%;接待国内游客401.94万人次,比上年增长8.36%;实现旅游业总收入55.54亿元,同比增长17.06%。2019年接待国内外游客477万人次,比上年增长15.1%。

旅游业总收入68.75亿元,比上年增长23.8%①。

(二)基础设施逐步完善

当前,怒江州正努力破解旅游发展瓶颈,从东南西北四个方向打通与周边旅游发达地区的旅游通道,增强怒江州的旅游通达能力,构建与周边区域的旅游网状链接,完成了跃片、亚坪、独龙江等景区公路改造,启动建设保泸高速公路、怒江美丽公路、德贡公路等一批重点旅游公路。内部交通也得以改善,建成独龙江隧道和一批"索改桥",建成怒江州游客服务中心,兰坪通用机场于2019年年底实现通航,怒江民用机场、贡山通用机场正在抓紧推进前期工作。

(三)要素规模逐步扩张

截至2017年2月,怒江州有星级酒店15家(其中二星级6家、三星级8家、四星级1家);旅行社19家(其中分社3家),在册导游47名;经营住宿类企业423家,农家乐、民宿、特色客栈79家,总床位数15836个;各类餐饮企业2809家;旅游客运企业2家,旅游客运车辆总数为70辆;民族文化演艺团队118家;游客观光体验休闲度假的景区景点有30多个,全州旅游直接从业人员14942人。旅游产业规模逐渐扩大,旅游要素从无到有,旅游接待能力有所提高。

(四)招商引资实现突破

中国交通建设集团、云南省能源投资集团、云南省建设投资控股集团、云南省交通投资建设集团等大型国有企业先后落户怒江州;深圳市格诺投资集团、常青国际养老产业集团、云南滇峰通用航空有限责任公司、云南方业建筑工程有限公司等一批投资企业先后入驻怒江州;启动建设了独龙江精品酒店、百花岭傈僳风情小镇、悬崖小镇、怒江西岸等一批生态旅游重点项目。已开展

---

① 2019年怒江州国民经济和社会发展统计公报,见https://www.nujiang.gov.cn/xxgk/015279200/info/2020-136657.html。

直升机、热气球空中观光怒江大峡谷等新业态旅游体验项目。

(五)乡村发展初获成效

近年来建设了泸水百花岭、大南茂、滴水河、下片马,福贡老姆登、知子罗、腊竹底、亚乌都,贡山甲生、重丁、秋那桶、雾里、茶腊,兰坪啦井、罗古箐、大羊场、桃树湖17个示范村项目,概算投资达2.79亿元。着力改善村寨道路交通等公共基础服务设施,培育特色餐饮、住宿、特色商品、娱乐等配套服务设施。在示范村选取有发展潜力的经营户,采取资金扶持、培训提升、能人带动等方式扶持经营户。例如,丙中洛的阿白、阿土、陈建海,老姆登的郁伍林、娅珍等旅游致富带头人,通过发展民宿、客栈、餐饮等乡村旅游项目,户年均收入近30万元,同时还带动了种植养殖、民族服饰、特色餐饮、手工艺等产业产品的发展。三河源公司带动贫困户、雾里村旅游合作社带动贫困户等典型示范正在形成,群众对乡村生态旅游产业的认识不断提高,"乡村生态旅游+"的发展雏形基本形成。

四、存在的问题

怒江州生态旅游产业有着得天独厚的资源优势和后发优势,但整体发展尚处于培育阶段,地方财力薄弱,资金匮乏,投资乏力,导致怒江州生态旅游产业发展严重"贫血",发展缓慢。怒江州生态旅游产业存在以下不足。

(1)生态旅游基础设施薄弱,还不能适应全域旅游的需要,公共服务体系和产业要素建设的力度还不能适应打造世界级生态旅游目的地的需要。

(2)生态旅游交通通达率低,区域联动不够,导致孤岛效应和外部效应。怒江州虽是三江并流世界遗产核心区,但由于缺乏与周围区域的合作且州内景点孤立、缺乏紧密联系和黄金游线,出现了与外部区域互动性不强的孤岛效应。要拉动全州线路布局,引流入境,带动怒江州生态旅游发展。

(3)怒江州生态旅游投融资平台尚未建立,无融资能力,生态旅游项目开发严重滞后,严重影响生态旅游产业的发展。

(4)缺乏生态旅游人才,从业人员整体素质不高,服务总体水平低下,急需提高。

(5)生态旅游要素产品有待进一步升级,生态旅游消费有更大的提升空间。目前怒江州生态旅游要素层次低,民族文化旅游产品、精品旅游休闲产品、特色旅游体验产品等高消费产品尚未得到完全开发,再加上怒江州的餐饮、住宿、购物、娱乐等旅游要素开发层次低,生态旅游消费点少,导致全州整体生态旅游消费不足,对经济的带动作用不明显。

五、发展对策及建议

围绕"峡谷怒江 养心天堂"生态旅游品牌,按照路景一体、景村一体、文旅融合的思路,全力实施生态旅游产业七大工程,把怒江建成大滇西区域生态旅游集散地、云南全域旅游示范地、国内一流自驾徒步旅游目的地、世界独一无二的生态旅游胜地,把生态旅游业培育成全州推动脱贫攻坚的主导产业、带动贫困群众脱贫致富的民生产业、拉动全州经济社会发展的战略性支柱产业。实现到2025年,全州接待国内外旅游人数突破1000万人次,旅游总收入突破250亿元,游客人均消费2500元以上。

(一)完善基础建设与公共服务体系

推动生态旅游景区、旅游小镇、旅游特色村的新建,以及改建一批游客服务中心。完善主要交通干道、交通节点的生态旅游标识;完善生态旅游景区、生态旅游城镇、生态旅游特色村的路标、景观引导标识、景点说明、景区导览图、安全警示。深入实施旅游厕所革命,制定出台怒江州实施意见,通过明确规划、标准、职责、政策支持、资金补助等做法,在全州主要旅游城市和城镇游客聚集公共区域、旅游交通线路沿线新建、改建旅游厕所。推进公共休闲设施建设,重点加强生态旅游景区景点、旅游城镇的休闲街区、休闲广场、步道系统、文化场馆等公共休闲设施的建设。

(二)构建高效便捷的旅游交通网络

重点打通主要景区的生态旅游专线、景区之间连接公路和生态旅游环线断头路,有效解决旅游交通"最后一公里"末端衔接问题。从全域旅游的视角出发,结合州内外高速路、旅游轻轨和铁路建设,对沿线旅游资源、线路产品进行有效整合和统筹利用,实现区域的内外联动,以更好地适应生态旅游发展的需求。

(三)大力推动政府和社会资本合作

加快组建"产权清晰、权责明确、管理科学"的旅游集团公司——怒江州旅游投资有限公司(以下简称州旅投),推动怒江州生态旅游由资源经营向资本经营转变。以州旅投为平台,与省内央企、国企等积极开展政府与社会资本合作(PPP)模式,投资怒江州生态旅游项目。结合村寨的优势产业和发展方向,如住宿业、手工业、农业等,地方政府出台相关优惠政策,筛选国内外对口品牌公司,通过一系列经营方式开展定制扶贫。对经营性质突出且赢利较好的PPP项目,政府要从"财政直补"向"投资入股"方向转变;对公益性质突出且赢利一般的PPP项目,政府要从"补建设"向"补营运"方向转变;对有投融资需求且达成合作的PPP项目,政府要从"直补项目"向"金融支持"方向转变。另外,围绕全州生态旅游产业发展的重点工程和项目,充分利用全州各级各部门的招商渠道,借助各级政府驻外机构、行业协会、商会等平台的地缘和客户资源优势、创新招商方式和途径,推进生态旅游项目招商引资工作。努力引进一批国内外知名企业进入怒江投资开发或运营管理生态旅游项目。

(四)加大高端人才引入与培养力度

首先,加大人才培养力度,重点实施乡村旅游骨干培训工程,提高生态旅游从业人员职业技能和综合素质,提升全州生态旅游服务质量。建立常态化的人才培训交流机制,设立生态旅游人才培训基地,将"走出去"与"引进来"相结合。

其次，创新人才引进模式。引进高层次和复合型生态旅游人才，出台生态旅游人才奖励政策，把生态旅游高端人才的引进纳入全州高层次人才引进计划，大力引进怒江州生态旅游产业发展急需的设计、经营、营销方面的人才，对列入国家、省、州、县各级非遗传承人、优秀生态旅游工作者以及对生态旅游做出贡献或表现突出的人才实施奖励。争取选调省级有关部门优秀年轻干部到怒江州挂职，缓解怒江州专业人才严重缺乏的矛盾。在州旅发委内部建立专家委员会，聘请专家定期开展培训，同时依托中国生态旅游改革发展咨询委员会、中国生态旅游研究院专家智囊，通过讲座、培训、专门咨询等方式，对怒江生态旅游发展提供智力支持。与高校建立紧密联系，通过校企合作、政校合作，建设高标准产学研相结合的实训基地。

(五)提升生态旅游相关产业附加值

深入挖掘地方文化内涵，充分释放怒江州"生态旅游＋"对相关产业和领域的拉动力、融合力，形成新业态，打造生态旅游精品，提高生态旅游六要素的发展水平和综合价值。深入挖掘民族风味和地方小吃，打造生态、绿色、健康、有机、多元形象和少数民族文化餐饮品牌。以本地民族特色村寨、生态旅游资源为基础，围绕树品牌、创特色、抓服务、建配套、重体验等关键环节，适度发展一批立体化、多层次的旅游住宿产品。创造自然风光、动态场景、地域文化、体验文化完美结合的活态景区、活态村寨，充分融合怒江大峡谷的山水和文化元素。加快形成旅游购物产业链，加快建立一批主题型的生态旅游休闲购物街区，培育地方生态旅游商品生产户。推进旅游与本地生态资源的产业融合发展，努力实施民族体育产品、民族医药产品、农特产品、民族旅游商品、民族民间工艺品和纪念品、地方名特产品等旅游商品加工基地项目。

(六)开展全方位的立体化市场营销

采用项目特质引领客源层，先定客源层，再定客源地最后选择营销工具的方式，同步开展政治营销、生态旅游营销、扶贫营销。政治营销利用各级政府对独龙江、怒江州脱贫的关注，将生态旅游业作为老少边穷地区脱贫奔小康的抓手进行主动营销。生态旅游营销加强"天境怒江"宣传,编制实施好怒江生态旅游市场营销1—3年的推广计划,准确定位怒江生态旅游形象和产品市场目标,通过点(宣传点)、线(线路营销)、面(重点区域营销)、圈(圈子营销)四大手法,提升全州生态旅游知名度和影响力。扶贫营销针对帮扶怒江建设的对口单位、企业、协会、个人建立相关数据库,对其人员的家属、亲戚、同事进行专门的推介营销,让其走进怒江州,参观脱贫建设成果。重点加强对北京、上海、广东等省市的扶贫营销力度。

(七)坚持市场为导向提升供给能力

大力推进露营自驾游。在丙中洛旅游区、独龙江旅游区、片马旅游区分期打造一批道路依托型、目的地依托型露营地产品,推进自驾定制、救援等自驾游管理服务系统建设,构建特色露营地产品体系。大力发展体育旅游,建设一批以民族体育为依托的户外运动公园和一批连接旅游景区景点的越野跑道、登山步道、漂流河道,形成以人为本的慢游交通系统。

探索低空旅游。进一步开发航空体验、滑翔伞、热气球、直升机等低空飞行旅游特色项目,加强与地面生态旅游产品的结合。

大力发展公益旅游。生计扶贫、青年成长、城乡贸易甚至企业团队建设等都可通过定制扶贫、公益扶贫、互助合作等方式,架设政府、企业、高校、乡村及旅游爱好者间的信息桥梁,将怒江打造成公益旅游先行先试区。

(八)提高生态旅游信息化发展水平

建设生态旅游信息化平台,完善智慧生态旅游服务体系,形成信息的互通互联和信息共享,使旅游者更方便地接入和使用互联网信息服务和在线互动。积极发展旅游电子商务平台,利用互联网发布生态旅游营销信息及景点实时概况,以便于游客能更好地掌握怒江生态旅游环境。

参考文献

[1] 杨胜琴.怒江州生态旅游开发研究[J].绿色科技,2017(23).

［2］ 杨春梅.怒江生态旅游的发展建议［J］.中国林业经济,2013(6).

［3］ 云南怒江州打造生态旅游示范村［J］.新西部(新闻版),2012(11).

作者简介：

史晨旭,云南财经大学旅游管理研究生教育中心硕士,主要研究方向为文化旅游。

邓媛媛,云南财经大学旅游管理研究生教育中心硕士,主要研究方向为文化旅游。

解长雯,云南财经大学旅游与酒店管理学院讲师,博士,主要研究方向为旅游管理。

B18 生态旅游风景区研学旅行产品开发——以武汉东湖为例

李会琴　王蕊　陈星　刘福江　林伟华

摘　要：依托生态旅游景区开展研学旅行有利于生态文明建设。东湖生态旅游风景区具有重要的生态价值，动植物品种繁多优良，研学旅行资源丰富，是开展研学旅行的优质自然大课堂。基于RMP（昂普）理论对东湖生态风景区生态旅游资源和旅游市场进行分析，提出了包含自然生态研学产品、文化生态研学产品在内的六条研学路线及对应的开发策略。

关键词：研学旅行；RMP分析；生态旅游资源；东湖生态旅游风景区

Abstract: It is beneficial for the construction of ecological civilization to conduct study tour in ecotourism scenic spots. With rich ecological resources and excellent animal and plant species, the East Lake Ecotourism Scenic Area has significant ecological value. It is a high-quality natural classroom for conducting study tour. Taking the East Lake Ecotourism Scenic Area as an example, this paper analyzes its ecotourism resources and tourism market based on RMP theory, and puts forward 6 study tour routes containing both natural and cultural ecological study tour products as well as further development strategies of study tour products based on its ecotourism resources.

Keywords: Study Tour; RMP Analysis; Ecotourism Resources; East Lake Ecotourism Scenic Area

一、引言

党的十七大提出要建设生态文明,强调共同呵护人类赖以生存的地球家园。党的十九大指出,加快生态文明体制改革,建设美丽中国,体现了人类尊重自然、顺应自然、保护自然,与自然和谐相处的文明理念。

生态旅游风景区是指没有受到过度人类活动干扰的自然区域,为游客提供享受并了解自然(包括与其密切相关的社区文化)的场所[1]。生态旅游风景区因其对区域生态系统的调节,在生态文明建设过程中扮演着重要的角色。

2017年教育部颁布了《中小学综合实践活动课程指导纲要》,将研学旅行纳入必修课程。随着国家对研学旅行的重视,基于生态旅游风景区开展研学旅行已成为必然。研学旅行指由学校有计划地组织安排,通过集体旅行、集中食宿方式开展的研究性学习和旅行体验相结合的校外教育活动。在生态旅游风景区开展研学旅行可以使中小学生融入景区的生态环境,通过情境体验和主动参与,更好地认识生态旅游风景区的生态功能,激发学生保护环境的意识,以身作则传承绿色发展理念。同时,研学旅行的开展也为生态旅游风景区带来一定的经济收入,可以更好地保护景区生态和文化。

东湖生态旅游风景区位于湖北省武汉市中心城区,是国家5A级旅游景区、国家生态旅游示范区,以大型自然湖泊为核心,集山地、湿地、植物、动物、文化等资源为一体,具有重要的生态价值[2]。东湖生态旅游风景区的生态资源十分丰富,是开展研学旅行的优质自然大课堂。

目前生态研学产品的设计还较少,因此,本文在生态文明建设的背景下,基于RMP(昂普)理论[3]对其旅游资源和旅游市场进行分析,从而提出相关研学产品的设计思路,以期为丰富东湖生态旅游风景区研学产品提供参考,为保护东湖生态风景区做出相应的贡献。

二 东湖生态旅游风景区 RMP 分析

(一)概况

东湖生态旅游风景区总面积约为 61.86 km²,主要包括磨山景区、听涛景区、落雁景区、吹笛景区和白马景区,水域面积达 32.5 km²;湖岸线长 133.7 km,沿湖有 101.98 km 的生态绿道。

2019 年 11 月,东湖绿道被列入首批武汉市中小学生研学旅行基地。

景区内共有大小山峰 34 座,东西向呈雁行排成三列,另外还有自然林和人工林,总面积近 7000 亩,雪松、水杉、池杉、樟树、枫香、柏等树木 375 种;有对节白蜡、红豆树、金桂、垂直重阳木、古朴等古树名木以及梅园、荷园、樱花园等 13 个植物专类园。其中,东湖梅园是中国梅花研究中心,拥有梅花品种 320 余种,居全球第一;东湖荷园是中国荷花研究中心,有荷花 700 多种,是世界上规模最大、品种最全的荷花品种资源圃;东湖樱花园拥有樱花品种 50 余种,定植樱花树上万余株,与日本弘前樱花园和美国华盛顿樱花园并称为"世界三大赏樱胜地"。

景区内拥有珍稀鸟类 5 大类 234 种,其中濒危鸟类 2 种、二级保护鸟类 9 种。野生水禽鸟类有雁、野鸭、白鹭、百灵、黄莺、兰雀、白头翁、丝雀、鸠、八哥、啄木鸟等 30 余种[①]。

(二)研学生态旅游资源分析(R)

东湖生态旅游风景区生态旅游资源十分丰富,包括地貌岩石、古树名木、动物植物。具体种类有花、鸟、虫、鱼、湿地、山、林、泽、园、岛、堤、田、湾等自然生态旅游资源。人文生态旅游资源如毛泽东故居、楚天台、离骚碑、东湖宾馆、苍柏园、行吟阁、鹊桥相会等。根据 GB/T18972—2017《旅游资源分类、调查与

---

① 数据来源:东湖生态旅游风景区管委会相关资料。

评价》,东湖生态旅游风景区研学旅行资源分类可如表1所示。

表1 东湖研学旅行资源主要分类

主类	亚类	基本类型	具体景点
A 地文景观	AA 自然景观综合体	AAA 山丘型景观	磨山、都山、猴山、风筝山、团山、珞珈山、南望山、喻家山、大渔山
B 水域景观	BB 湖沼	BBA 游憩湖区	郭郑湖、团湖、喻家湖、小潭湖、汤菱湖、天鹅池、水果湖、后湖、菱角湖、庙湖、黄鹂湾
		BBC 湿地	东湖国家湿地公园
C 生物景观	CA 植被景观	CAA 林地	马鞍山森林公园、水杉林
		CAD 花卉地	杜鹃园、牡丹园、玫瑰园、梅花园、樱花园、荷花园
	CB 野生动物栖息地	CBA 水生动物栖息地	碧潭观鱼
		CBC 鸟类栖息地	东湖飞鸟世界
E 建筑与设施	EA 人文景观综合体	EAC 教学科研实验场所	武汉植物园
		EAE 文化活动场所	东湖海洋世界
		EAI 纪念地与纪念活动场所	东湖宾馆毛泽东故居、苍柏园
	EB 实用建筑与核心设施	EBE 桥梁	鹊桥相会
		EBH 港口、渡口与码头	落霞水榭
	EC 景观与小品建筑	ECA 形象标志物	楚天台、楚城门
		ECC 亭、台、楼、阁	长天楼、行吟阁
		ECE 雕塑	楚才园、南国哲思园
		ECF 碑碣、碑林、经幢	离骚碑
		ECJ 景观步道、甬路	东湖绿道

(数据来源:作者自制。)

(三)研学旅行市场分析(M)

2016年,教育部等11部委印发《关于推进中小学生研学旅行的意见》,要求将研学旅行纳入中小学教育教学计划。2017年研学旅行纳入必修课程,要求每学年学生至少有两次研学旅行。武汉市2016年先后进行了中小学研学旅行市级试点学校申报工作;发布了《武汉市中小学生研学旅行标准》并举办了一系列研学旅行活动。据武汉市统计局官方数据,2019年武汉市共有在校中小学生96.71万人,研学旅行市场前景广阔。

2019年3月,武汉市开展中小学生研学旅行暨公园大课堂第二届自然笔记评选活动,一个月内共有150所学校30多万名中小学生参加,市内28家公园以"绿色生态"和"绿色环保"为主题,开展了1300多场研学旅行活动①。2020武汉市中小学生自然生态研学旅行系列活动通过湿地、森林等不同系列的课题,陆续走进全市100所中小学,对武汉湿地及武汉湿地公园生态、动植物等进行科普传播,以生态旅游风景区为依托的旅游研学产品备受青睐。

2019年,东湖生态旅游风景区针对其自然和人文资源开展了"东湖大讲堂"研学活动,备受关注。武汉市已有研学旅行产品多是基于研学旅行基地或营地开展的,基于生态旅游风景区开展的研学旅行活动景点较为分散,区域跨度较大。相较而言,东湖生态旅游风景区位于城市中心,有开展研学旅行的区位优势;并且,东湖是武汉市的名片,生态研学旅游资源种类丰富且等级高,是开展生态研学旅行的优质课堂。

三、东湖生态旅游风景区研学产品设计

(一)设计原则

1. 教育性

研学旅行要求学生不仅要"旅"更要"学",遵循教育优先的原则[4],即研学

---

① 李杰:《基于武汉模式的后疫情时代研学旅行实践案例与发展逻辑》,出自《2020中国旅游科学年会论文集 疫情应对》。

旅行应具有鲜明的教育性，因而研学旅行产品设计要注重教育的主导地位。"学"的内容十分广泛，在专业知识、课本知识的基础上，还可融入相关的道德、法制、体育和艺术教育等。东湖的屈原文化和海光农圃等就可作为思想、政治、道德及爱国主义教育的场所。

2. 专业性

校外研学的开展要求有专业的导师以及相应的组织机构。文化和旅游部发布的《研学旅行服务规范》规定了研学旅行的行业标准和服务流程，每个研学旅行团队至少设置一名研学导师负责制订教育工作计划，在带队老师、辅导员等工作人员的配合下提供研学旅行的教育服务。研学活动的设计、统筹安排，研学导师的作用举足轻重。东湖丰富多样的生态资源需要有专业能力强的研学导师指导。

3. 针对性

湖北省教育厅在启动全省中小学研学旅行试点工作中指出，研学旅行要根据小学、初中、高中不同学段的研学旅行目标，有针对性地开发自然类、历史类、地理类、科技类、人文类等多种类型的课程。因此研学旅行产品的开发要依据不同学段研学者的教育需求有的放矢，设计多样的、有广度、有深度的研学旅行产品，促进研学者情感、认知和能力的提升，进而实现教育目的。东湖丰富多样的生态资源广泛适用于中小学生的研学旅行，可开发出针对性强的研学产品。

4. 生态性

基于生态资源开展的研学旅行更要体现生态意识。生态研学旅行的开展不仅要教给学生自然生态知识，还要融入生态文明教育，潜移默化培养学生保护生态环境的意识和责任。在进行研学产品设计时要避免因学生过度、过量的活动对生态环境带来破坏。东湖是城市绿心，其大面积湿地可为整个城市及周边地区带来巨大的生态效益，无论是研学旅行还是其他开发活动都应牢牢守住生态保护的底线。

(二)研学产品设计

1. 自然生态研学产品

1)研学主题一:探东湖地质之谜

研学路线:磨山一带(南望山—都山、猴山、风筝山、团山—磨山)。

研学目的:认识磨山的古生物化石,探索东湖 4 亿年的沧桑巨变,从地学角度揭示东湖的成因。

研学内容:东湖的形成既有地球的内力作用也有后来的人工干预。东湖范围内还发现有珊瑚、贝壳等海洋生物化石,本条研学线路将循着化石、岩石和土壤等地质踪迹来探寻东湖的地质地貌形成过程。研学者通过观察三叶虫化石、鹦鹉螺化石、菊石化石、珊瑚化石、腕足类化石、贝壳化石等来推断东湖的古地形地貌,了解东湖成因、东湖区域地貌演化过程、化石形成过程和东湖化石种类等;通过观察东湖岩石、土壤,发现并辨别东湖主要土壤类型,了解土壤、岩石、地层等相关地质知识,如外力作用(风化、侵蚀、搬运、堆积等)对土壤、岩石的塑造;通过观察东湖内高大植被的生长特征,学习植被与土壤的关系及植被生长对地层、地貌的影响等。

研学组织:在研学导师的带领下,以小组为单位就近寻找化石,分享找到的化石,并采集土壤、岩石样本;利用现场收集的卵石、石英砂等进行简易过滤水实验;观察植被生长信息,撰写研究报告。

研学评价:通过小组评比学生找到的化石种类的多少、土壤或岩石样本的采集、对东湖成因的分析、简单过滤水实验的操作等,综合评价学生研学知识的掌握情况。

2)研学主题二:撷东湖花卉之芳

研学路线:梅园—东湖樱花园—东湖磨山杜鹃园。

研学目的:探寻、观察、鉴赏不同种类的梅花、樱花和杜鹃等,感受东湖花卉之美。

研学内容:东湖是中国梅花、荷花研究中心所在地,也是"世界三大赏樱胜地之一",东湖杜鹃园又是国内最大的城中杜鹃园。本线路选择在不同花卉盛开的时节,即1—6月,不同时段进行磨山缤纷花园的研学。研学者通过观察不同品种的花卉,了解其花期、生长习性等,学会分辨不同种类的差异。比如通过观察樱花园内不同品种的樱花,了解樱花的花期和生长习性,学会分辨不同种类樱花的异同,更进一步了解武汉和樱花的人文故事。

研学组织:研学者以小组为单位收集园区内凋落的梅花、樱花和杜鹃的花瓣,同时分享自己了解的花卉知识以及相关的励志故事等。行程结束后,培养学生循环利用的环保意识,发挥创意,合理处置收集的花瓣,如利用统一收集的花瓣和枝叶制作书签或其他手工艺品。

研学评价:评比小组成员对花卉的了解,参与分享与花卉相关的气节和故事,对花瓣进行合理再利用,对花瓣进行艺术绘画等创意加工。

3)研学主题三:寻东湖生物之秘

研学路线:碧潭观鱼—东湖海洋世界—东湖飞鸟世界—东湖华侨城湿地公园。

研学目的:学习东湖生物的生长习性,探寻东湖多样生物的奥秘。

研学内容:东湖作为城中央的大面积森林湿地公园,是青少年观察生物的绝佳场所。碧潭观鱼内有多种鱼类和龟类;海洋世界可进行海洋生物观赏;飞鸟世界是湖北省唯一的集鸟类观赏、鸟类驯养繁殖,以及鸟类科普教育和救护为一体的主题公园;湿地公园动植物资源更加丰富。本条线路将这些景点串联起来,形成一条多样性突出的生物探秘线路。研学者通过观察碧潭观鱼内的四大家鱼(青鱼、草鱼、鲢鱼、鳙鱼),了解我国常见的渔业养殖品种;通过观察东湖海洋世界的海狮、海豹、企鹅等海洋生物,了解海洋生物的生活习性、极地海洋生态环境;通过观察东湖飞鸟世界的飞禽猛禽,学习生物多样性的有关知识;通过对东湖华侨城湿地公园的探索,树立人与自然融合、和谐共生的生态意识。

研学组织:研学者可分享自己所熟知的鱼类品种、相关鱼类饲养经验、曾与鸟类动物的接触经验等,还可以通过知识竞赛分享自己所了解的海洋知识和鸟类知识;也可分小组在湿地公园内进行小范围的自由探索和调研,选举小组长进行成果汇报。

B18 生态旅游风景区研学旅行产品开发——以武汉东湖为例

研学评价:抢答形式的知识竞赛可以提高学生的积极性,研学小组长的评选可以锻炼学生的社交及领导能力。根据统计研学者知识竞赛的抢答分值、每个成员的知识汇总能力、小组组长的汇报表达能力以及小组调研报告的丰富程度等进行评价。

4)研学主题四:体绿道骑行之趣

研学路线:①环湖线路:东湖大门—双湖桥(水果湖)—武大凌波门—风光村—八一游泳池—环湖绿道—沙滩浴场—九女墩—梨园大门;②小段精华线路推荐:东湖大门—行吟阁—滨湖画廊—水榭码头—梨园广场—湖光序曲—九女墩—华侨城湿地公园(穿越听涛景区)。

研学目的:纵览东湖风景,骑行健身,体验别样游览乐趣,感受团队合作精神。

研学内容:东湖绿道是依托东湖的山、林、泽、园、岛、堤、田、湾8种自然风貌设计而成的。通过骑行环湖线路,研学者在强身健体的同时不仅可以纵览东湖环湖风光,感受人文风采,还可以体会漫步湖边、走进森林、登上山顶的自然乐趣。小段精华线路,适合年龄较小的学生。研学过程可安排团队骑行竞赛项目,以加强团队情感交流,培养团队合作意识。

研学组织:线路采用骑行、定点休息、步行相结合的方式。根据实时情况组织短距离骑行竞赛,穿插知识问答,以沿途的知识点为停留休息点。步行路段学生可欣赏沿途风光,研学导师对学生提出的问题进行答惑解疑。在线路终点,研学者对所学知识进行总结并分享感悟和体会。

研学评价:知识问答活动是引导式学习,而非课堂的接受型学习,有利于培养学生主动观察和思考的能力,研学目标通过这种参与式学习得以实现。

2. 文化生态研学产品

1)研学主题一:研荆楚文化之彩

研学路线:楚城—楚才园—离骚碑—南国哲思园—楚天台。

研学目的:欣赏楚文化游览区标志性建筑,体会楚文化的博大精深。

研学内容:楚文化同吴越文化、巴蜀文化一样,是中华民族古代文明的重要组成部分,东湖磨山景区是中国最大的楚文化游览区。研学者可以通过欣赏楚天台的编钟演奏《橘颂》,了解楚国舞乐的知识;通过观察离骚碑及其碑文,了解屈原的人物事迹、楚辞文体,以及进行《离骚》赏析。在楚城中,通过观察建筑结构,了解楚国建筑艺术与风格。在楚才园通过观察群雕,学习楚文化,了解楚国八百年风云人物及重要事件,包括名君、名相、名人的事迹以及楚国的矿冶、纺织、艺术、农耕、战争和日常生活。

研学组织:安排楚文化知识竞赛。引导研学者事先了解楚文化,后续进行问题导向型游览;通过欣赏"惟楚有才"组雕,分享名人事迹;通过对《离骚》的背诵或朗诵,分享对屈原、楚辞或骚体的了解。欣赏故事性雕塑,尝试讲解熟知的春秋故事,研学导师对其内容进行指正和补充。

研学评价:对学生回答问题情况、楚文化名人事迹的分享,以及如何理解楚文化精神等进行评价。

2)研学主题二:赏东湖诗意之美

研学路线:黄鹂湾—行吟阁—长天楼—落霞水榭—东湖牡丹园。

研学目的:感受东湖诗意,欣赏中华诗词之美。

研学内容:东湖的诗词文化十分丰富,风景区处处有景,处处有诗意,对开展中华传统诗词文化活动具有积极的研学意义。人文景观、生态景观与诗词相结合,增加了学习的主动性和趣味性,也使研学者对生态文明思想有更深刻的体会。研学者通过观察黄鹂湾周边的柳树、花鸟等景观,可联系到杜甫的《绝句》,体会垂柳青天的诗意;通过游览行吟阁,可深入学习屈原的《离骚》等作品;通过游览长天楼,可欣赏"秋水共长天一色"的自然美景,感受自然与人文的统一;通过游览落霞水榭,了解其与《滕王阁序》的渊源;通过观赏牡丹园内的牡丹,学习中国历史上文人墨客对牡丹赋予的意象,学习与牡丹相关的诗词。

研学组织:通过东湖诗词大会,研学者可进行诗词背诵或诗词朗诵的比拼,主动进行交流学习,增加诗词储备量,将自然风景欣赏上升到诗歌的意象体验。

研学评价:情景式教学符合素质教育的观念,有助于学生对诗歌的抽象意象进行理解。可以通过学生诗词的背诵与朗诵,以及对诗词的意象解读等进行评价。

四、东湖研学产品开发的相关策略

(一)突出生态环境保护教育

建设生态文明是实现人类文明永续发展的必然选择。在东湖生态研学产品开发中要突出生态教育功能,突出亲近自然、人与自然和谐共处的优势,向研学者进行生态环境保护教育。对于学生而言,从小学习生态文明知识,接受生态文明思想的熏陶有利于持久的环境保护意识的形成。学生们带着问题与思考进行游览,从生态和人文景观中体会到"天人合一"生态思想的真实意义,达到研学的目的。

(二)坚持可持续发展原则

良好的生态环境是东湖研学产品开发的宝贵资源和重要保证,产品的经营决策需要考虑到利益相关者的生态意识培养,坚持适度适量原则,减少或者取消不利于景区环境维护的其他活动。除此之外,在开发过程中,东湖的研学产品设计开发还可分阶段进行,根据环境承受能力逐步深入开发设计研学活动,留有继续开发的余地。坚持可持续原则既可以为经营决策者带来长期的经济利益,也有利于东湖景区环境的自我修复和保护。

(三)研学旅行需反作用于生态保护

东湖研学产品开发应该注重经济效益、社会效益和环境效益相统一。在开发初期积累一定收益后应该将其中一部分"反哺"给东湖风景区,用于环境的维护、生态动植物的培育,还可加强和完善基础设施。东湖内动物的救助、植物的修剪照顾、污染及垃圾的清理等都需要资金投入。将东湖研学产品开发的获利反作用于项目依靠的资源保护,不仅可以延长自身项目的开发利用周期,也可树立良好的企业形象,增强行业话语权。

参考文献

[1] 张凌云.旅游景区管理[M].4版.北京:旅游教育出版社,2009.

[2] 周文昌,史玉虎,潘磊,等.2017年武汉东湖湿地生态系统最终服务价值评估[J].湿地科学,2019(3).

[3] 吴必虎.区域旅游规划原理[M].北京:中国旅游出版社,2001.

[4] 马波,刘盟.中小学生研学旅行研究的三个关键问题[J].旅游学刊,2020(9).

作者简介：

李会琴,副教授,研究生导师,中国地质大学旅游系副主任,主要研究方向为乡村旅游、旅游扶贫、研学旅行。

王蕊,中国地质大学(武汉)经济管理学院研究生。

陈星,中国地质大学(武汉)经济管理学院本科生。

刘福江,副教授,研究生导师,主要研究方向为自然资源与环境遥感应用研究、研学旅行平台开发及应用。

林伟华,副教授,研究生导师,主要研究方向为地理计算与空间分析、研学旅行。